国家社会科学基金项目成果(08**BKS**040)

当代资本主义的后物质主义发展趋向研究

胡连生　著

人　民　出　版　社

责任编辑:陈寒节
责任校对:湖 傕

图书在版编目(CIP)数据

当代资本主义的后物质主义发展趋向研究/胡连生 著.
-北京:人民出版社,2011.4
ISBN 978-7-01-009755-8

Ⅰ.①当… Ⅱ.①胡… Ⅲ.①资本主义-研究-现代
Ⅳ.①D033.3

中国版本图书馆CIP数据核字(2011)第044142号

当代资本主义的后物质主义发展趋向研究
DANGDAI ZIBENZHUYI DE HOUWUZHIZHUYI FAZHAN QUXIANG YANJIU
胡连生 著

人民出版社 出版发行
(100706 北京朝阳门内大街166号)

北京集惠印刷有限责任公司印刷 新华书店经销

2011年4月第1版 2011年4月第1次印刷
开本:710毫米×1000毫米 1/16 印张:16.25
字数:240千字 印数:0,001-2,500册

ISBN 978-7-01-009755-8 定价:35.00元

邮购地址:100706 北京朝阳门内大街166号
人民东方图书销售中心 电话:(010)65250042 65289539

目　录

引　言

二十世纪八十年代以来,当代资本主义社会发生了重大的价值变迁。有相当多的人开始放弃物质主义价值观转而接受后物质主义价值观。这种价值理念的转变,对当代资本主义各国的经济发展方式、社会生活方式和社会政治生态产生了深刻而重大的影响。过去,资本主义各国普遍推行物质主义的发展范式,热衷于经济高增长、产品高产量和经济规模的迅速扩张。产值、产量、利润成了各国竞相追逐的基本经济指标。人们追求赚更多的钱,开更豪华的车,住更大的住房,穿更华丽的服装,吃更精美的食物,过更奢侈的生活。在政治生活领域,决策者和主流社会热衷于炫耀武力和阶级对抗,原子弹、导弹、战略轰炸机、航空母舰是许多人梦寐以求的"安全保障"。物质价值成了人们的核心价值目标,物欲无度成了人们的基本生活态度。然而,自二十世纪八十年代起,当代资本主义社会的价值理念发生转变,许多人开始从热衷于经济高增长、生活更奢华转向对生态环境、生活质量、人权与公民自由等后物质价值的关注。在后物质主义价值观的影响下,节能经济、循环经济、生态经济相继出现并快速发展,减物质化、非物质化、物质享受合理化成为发展趋势,身心的健康、有质量的生活、丰富多彩的人生成为社会的核心价值,物质主义还是后物质主义也成了当代西方各色政党所必须面对的"政治"议题。后物质主义的兴起成为当代资本主义的最新发展趋向。

一

当代资本主义的后物质主义发展趋向值得人们高度关注。

首先,对后物质主义发展趋向的研究有助于深化人们对当代资本主义的了解和认识。当今世界,“两制”并存,矛盾交织。社会主义同资本主义在相互斗争、相互较量、相互影响、相互借鉴中平行发展,“两制”具有颇为紧密的互动关系。20世纪初,自由竞争资本主义发展到垄断资本主义(即帝国主义),致使社会主义革命能够在帝国主义链条的薄弱环节处首先突破,诞生第一个社会主义国家;在第二次世界大战中,德、意、日帝国主义垮台,英、法帝国主义势力受到严重削弱,与之相联系,一个由十几个社会主义国家组成的社会主义阵营诞生;战后半个世纪,当代资本主义出现二十世纪五六十年代的“黄金时代”和“从摇篮到坟墓”的社会福利“橱窗”,启动了针对社会主义的“和平演变”攻势,这些构成了苏联、东欧十个社会主义国家垮台的外部原因;二十世纪七八十年代,新的科技革命率先在当代资本主义各国兴起,和平与发展成为时代主题,世界形势的新变化成了中国改革开放和实现社会主义现代化“新长征”的重要契机。

在社会主义和资本主义发展变化高度相关的世界格局面前,中国特色社会主义事业要赢得主动、抵御风险、繁荣发展,就必须深入而全面地了解当代资本主义,深刻而准确地认识当代资本主义。“只有了解对手,方能战胜对手”。只有对当代资本主义“进行深入研究,努力作出有理论深度、有说服力的科学分析”,才能对世界社会主义的发展前途和发展道路做出科学判断,对中国特色社会主义的发展战略作出正确决策。改革开放以来,基于对当代资本主义的了解和正确认识,以邓小平为代表的中国共产党人适时做出了以经济建设为中心,坚持四项基本原则,实施社会主义改革开放的战略决策,既大胆借鉴和吸收资本主义的文明成果,又坚决抵制资本主义敌对势力对我国的“西化”和“分化”,在同资本主义的博弈中努力发展经济,练好社会主义的“内功”。坚持以经济的繁荣,人民生活的改善来赢得社会主义同资本主义较量中的优势地位,在“兵不血刃”中粉碎西方敌对势力“西化”、“分化”我国的图谋,走出了中国特色社会主义的成功道路。正是在这个意义上,江泽民同志曾明确指出:“要加强对当代资本主义自我调节和发展的研究,作出有说服力的理论分析,进一步丰富和发展马克思主义理论。”

多年来,我国学术界高度关注当代资本主义的发展问题,有一大批学者在当代资本主义的研究方面取得了丰硕的研究成果或重要的理论突破。然而,当代资本主义各国处在不断变化的动态发展过程中,我们对它的研究和认识也必须是一个动态发展的过程。二十世纪八十年代以来,当代资本主义出现了后物质主义的发展趋向。对这一发展趋向进行深入研究,是我们在动态发展中深入了解和认识当代资本主义的重要一环,是把握资本主义最新发展动向而应完成的任务。

其次,对后物质主义发展趋向的研究有助于我们进一步把握现代人类文明的发展趋势。人类文明是一个绵延不绝的发展过程,后一个社会发展阶段总要在前一社会发展阶段的基础上创造新的人类文明,社会主义只有在人类文明成果的积淀中方能创造辉煌。因此,中国特色社会主义事业的健康发展,既要遵循社会主义社会的发展规律,也要遵循现代人类文明的发展规律;既要解决中国特色社会主义面临的特殊问题,也要解决现代人类文明面临的共性问题。社会主义是资本主义的对立物,也是资本主义的替代物。社会主义是在资本主义文明基础上产生的、高于资本主义的社会形态。这要求我们在中国特色社会主义的发展进程中,既要抵制资本主义的渗透和影响,也要思考资本主义文明为社会主义提供的启示和借鉴,既要发挥社会主义制度的优势,又要吸收资本主义的文明成果,推动人类文明的发展。

后物质主义发展趋势出现在当代资本主义社会,带有资本主义“印记”,但它解决的不是特定社会制度和特定意识形态的问题,而是人类文明发展的共性问题。后物质主义是人类从工业社会进入后工业社会的必然产物,是人类文明进入新的发展阶段的信号和标志。它一方面引领着资本主义的特定发展趋势,另一方面也预示着现代人类文明的发展趋势。

建国60多年来，社会主义事业在曲折中胜利发展。党的十一届三中全会前，我国社会主义事业虽然走过弯路，但所取得的成就毋庸置疑。在建国初的30年中，中国的社会主义在极其困难的条件下，奠定了坚实的社会主义工业基础。改革开放30多年来，社会主义持续、健康、快速发展，综合国力迅猛增强，人民生活水平显著提高。我国经济总量已经跃居世界第二位，人均国内生产总值达到4000多美元。随着社会生产力的快速发展，全面小康社会的临近，我国将面临当代资本主义各国曾经遇到过的类似问题的挑战，诸如环境恶化的压力、民众价值观的变迁等等。我国民众也必将对生态环境、生活质量、人权与公民自由等后物质价值给予高度关注，后物质主义趋向在中国的出现也是必然的。因此，深化对后物质主义发展趋势的研究，不仅能够深化对资本主义的了解和认识，同时还有助于我们更深刻地认识现代人类文明发展规律，更准确地把握现代人类文明发展的趋势，也有助于我们从当代资本主义的后物质主义发展趋向中发现现代人类文明发展所面临的共性问题，寻找到正确的解决路径及办法。

二

对于当代资本主义的后物质主义发展趋向，人们尚未给予应有的关注和足够的重视。这方面的研究国内外还刚刚起步。最早关注这一问题的是美国密歇根大学研究员罗纳德·英格利哈特。他于1977年出版了《寂静的革命——西方公众变化中的价值观和政治时尚》一书，首次提出后物质主义的命题，并论证了后物质主义价值观的出现。1997年罗纳德·英格利哈特又出版了《现代化与后现代化》一书，书中运用大量的调查资料证明，在西方社会正在发生从物质主义到后物质主义的价值变迁。与此同时，德国乌珀塔尔气候与能源学院施密特·布雷克(F. Schmidt - Bleek)教授从环境保护和经济可持续发展的视角于20世纪末又提出了非物质化的概念，探讨用非物质形式取代有形物质产品来满足人们的需要，从源头上减少资源、能源消耗，进而推动社会进步。在国内，中国社会科学院的周穗明研究员较早研究后物质主义问题。他于1998年在《后物质主义价值观和全球环境主义》一文中,评介了美国学者关于后物质主义与环境主义相互关系的讨论。1999年在《"后现代"的选择:西方兴起后物质主义价值观》一文中,周穗明研究员从后现代的视角评述了西方社会的后物质主义现象。继之,中国青年政治学院的吴鲁平先生于2001年在《英格利哈特的后现代理论》一文中介绍了英格利哈特的后物质主义理论,复旦大学的任军峰于2003年在《后工业、后物质、政党》一文中从后工业时代社会变迁的视角解读了西方的后物质主义理念。除此之外,国内学界尚未注意到当代资本主义的后物质主义发展趋向问题。

虽然人们对当代资本主义的后物质主义问题没有给予应有的关注,但对与后物质主义关联度颇高的生态社会主义以及绿色政治思想则予以足够的重视。二十世纪七八十年代以来,西方(尤其是欧洲)学者开始关注绿色政治思想和生态社会主义的问题。有一大批学者和社会活动家致力于绿色政治思想和生态社会主义的研究,推出了一系列有重要影响力的研究成果。英国学者安德鲁·多布森著有《绿色政治思想》,美国学者威廉·莱斯(William Leiss)著有《满足的极限》,法国学者安德烈·高兹(Andre Gozz)著有《资本主义、社会主义和生态学》,英国学者大卫·佩珀(David Pepper)著有《生态社会主义:从深生态学到社会正义》,加拿大学者本·阿格尔(Ben Agger)著有《论幸福和被毁的生活》,詹姆斯·奥康纳著有《自然的理由:生态学马克思主义研究》,英国学者哈维(D. Harvey)著有《资本的极限》。上述学者从不同的视角分析了人类所面临的生态问题,研究了生态问题的成因及其所应采取的对策。上述一系列的研究成果也引起了人类对生态文明和环境保护工作的高度重视。在国内,山东大学郇庆治教授对绿色政治思想进行了较系统地研究,翻译了一批绿色政治方面的书籍。复旦大学的陈学明教授撰写了《生态社会主义》一书,对国外的生态社会主义进行了评介。华侨大学的曾文婷教授在《"生态学马克思主义"研究》一书中,对国外的生态社会主义进行了较为系统地分析、评价。此外,国内还有众多学者就生态社会主义和绿色政治思想撰写论文,从不同的视角进行研究。

上述研究对人们深入研究后物质主义问题具有重要的理论启示和参考价值，但尚存的问题是：关于后物质主义的研究还停留在介绍性层面，缺少深度分析，仅有零星论述，尚无系统性展开。尽管人们对生态社会主义和绿色政治思想的研究较为深入，而且这一问题与后物质主义高度关联，但二者的研究视域明显不同。生态社会主义和绿色政治思想从环境保护和生态文明的视角，探索人类经济社会发展与自然生态平衡的和谐关系。而后物质主义则从后物质价值的视角，探索人的生活质量、全面发展及自我实现等后工业社会所面临的社会文明发展问题。目前，有关生活质量、自我实现、公民自由等后物质价值的意义，后物质主义对当代资本主义社会经济发展方式、社会生活方式以及政治生态的影响，后物质主义兴起的深层次原因，后物质主义光环后面资本主义的内在矛盾等问题，尚未引起人们的关注，有待人们加以深入探索和分析。

三

笔者从2004年起，开始对当代资本主义的后物质主义问题进行跟踪研究，并先后到英国、法国和日本做了考察。在此过程中，笔者研读了上述诸多专家学者的著作和学术论文，获取了重要的理论启示。在诸多学者已有的研究基础上，笔者先后发表了论文《从物质主义到后物质主义》、《论后物质主义对当代资本主义社会转型的影响》、《当代资本主义非物质化趋势评述》、《论西方资本主义的生态文明与发展中国家环境恶化的关系》等，分别探讨了后物质主义对当代资本主义社会经济发展方式、社会生活方式、政治生态的影响，后物质主义兴起的物质基础、社会条件，非物质化的社会进步意义等等。上述探讨虽然是零星的、概要的，但却推动了笔者对后物质主义认识的深化并为撰写本书准备了条件。

本书认为，当代资本主义社会出现了从物质主义向后物质主义的价值变迁，后物质主义价值观被多数西方社会民众所接受。越来越多的人开始从热衷于经济高增长、生活更奢华转向对生态环境、生活质量、人权与公民自由等后物质价值的关注。后物质主义成为当代资本主义的最新发展趋向。后物质主义价值观对当代资本主义社会产生了深刻影响。

其一,后物质主义对当代资本主义的经济发展方式产生深刻影响,使各国出现了从线性经济向循环经济、从高能耗经济向节能经济、从物质化经济向非物质化经济转变的趋向。

其二,后物质主义价值观对当代资本主义的社会生活方式产生重要影响。维护生态文明已经成为多数民众的自觉行为,人们普遍接受物质享受合理化的生活方式,告别奢侈性的物质享受方式,对生活质量的重视及对幸福生活的追求成为社会生活中的核心价值,重视自我价值的实现和人的全面发展,追求丰富多彩的人生是人们的基本诉求。

其三,后物质主义对当代资本主义社会的政治生态产生重要影响。"后物质主义化"开始超越"左"、"右"冲突,使社会公众的共同诉求凸显,使各政治派别的"同质"性价值增多,"共识政治"逐渐取代两极化的意识形态。"后物质主义化"使当代资本主义出现"解意识形态化"趋势。

由资本主义性质所决定,后物质主义发展趋向不可能摆脱资本主义制度的窠臼,它存在着明显的内在冲突。

其一,后物质主义发展趋向存在着价值取向上的矛盾和悖理。一方面,它显示出当代资本主义推动了社会文明的发展,创造了现代人类文明新成果。但另一方面,后物质主义发展趋向带有资本主义的"原罪"。当代资本主义各国在国内坚持后物质主义,而在发展中国家却大肆聚敛物质资源和物质财富,以牺牲其生态环境、加剧贫穷为代价;当代资本主义各国今天坚持后物质主义,而在过去相当长的时间里却全力推崇物质主义,过度消耗了人类的资源、环境,严重损害了劳动者的健康。与其说当今的后物质主义发展趋向是在推动人类文明,毋宁说是当代资本主义的一种"救赎"。

其二,后物质主义发展趋向在结构上存在着冲突和裂痕。在西欧、北欧,后物质主义发展趋向真实存在,但在美国,富人物欲横流,穷人贫困加剧。物质价值依然是美国主流社会的基本价值理念。

当代资本主义出现后物质主义发展趋向具有深刻的时代背景和社会原

因。第一,当代资本主义社会由工业社会进入到后工业社会,由工业经济时代进入到知识经济时代。知识经济时代和后工业社会科学技术与生产力的高度发达为后物质主义的发展奠定了物质基础。第二,从摇篮到坟墓的社会福利制度,创设了“无风险社会”的制度基础,使人们心理上的安全感增强,使民众追求物质财富和经济收入的“边际回报递减”,这为后物质主义发展提供了社会条件。第三,发达国家利用发展中国家廉价劳动力和低廉的物质资源,实现对其物质价值最大限度地攫取,这是后物质主义发展的国际条件。第四,工业社会带来的生态环境问题是出现后物质主义趋向的直接原因。

当代资本主义的后物质主义发展趋向为我们提供了重要的理论启示。

第一,当代资本主义社会是充满内在矛盾与冲突的社会,因而,对于其后物质主义发展趋向应有辩证认识。当代资本主义的发展,要遵循现代人类文明发展的一般规律,更要遵循资本主义发展的特殊规律。所以,当代资本主义既引领现代人类文明的发展趋势,形成后物质主义文明,又是人类解放和文明发展的制度障碍。尽管当代资本主义遵循现代人类文明发展一般规律,推动了后物质主义的兴起,但资本主义制度及其本质则必然束缚后物质主义的进一步发展,使其难以走得更远;尽管当代资本主义目前出现了后物质主义发展趋向,但它对待发展中国家却一直坚持过度攫取物质资源、转嫁生态危机的物质主义价值。

第二,胡锦涛同志提出的科学发展观和构建社会主义和谐社会的战略思想,契合了发达国家的后物质主义发展趋势,同样引领了现代人类文明的发展。新世纪,我国坚持科学发展、协调发展、可持续发展理念和以人为本理念,坚持经济发展与环境保护相协调,经济发展与改善民生,提高生活质量相协调,以实现人的全面发展,人和自然和谐相处为目标,不断提高人民群众的幸福指数,努力构建社会主义和谐社会。实践证明,我国虽然还处在工业化时期,但由于以胡锦涛为总书记的党中央正确提出了科学发展观,带领全国人民在建设中国特色社会主义的进程中,既脚踏实地、求真务实,又高瞻远瞩,远见卓识,既深刻揭示社会主义发展规律,又敏锐认识人类社会发展规律，因而，我国当今的发展理念、发展方式契合了后物质主义的发展趋势。我国的科学发展、协调发展和可持续发展，坚持以提高人民生活质量和促进人的全面发展为目标，坚持节约资源、保护环境的生态文明理念，准确把握了现代人类文明的发展规律，同样引领了现代人类文明的发展。

本书对当代资本主义的后物质主义发展趋向做了初步的探讨。受学识、水平等条件的限制，这里所进行的探讨无疑是粗浅的，甚至是幼稚的，其缺点和错误一定不少。浅陋之处，尚祈学人指正。

中国古代思想家荀子说过："不积跬步，无以致千里；不积小流，无以成江海"。奉献给读者的这项成果是微小的、粗浅的。但笔者诚望它能为深化人们对当代资本主义的认识和对后物质主义的研究积累一些资料，提出一种思考，增添一丝墨迹。

热诚欢迎来自各方面的任何形式的批评。

第一章 从物质主义到后物质主义：当代资本主义的价值转向

英国学者彼德·桑德斯曾经说过："对利润的竞相追逐意味着资本主义企业一直都在寻求新市场，推出新产品，开发能够降低生产成本的新技术。每家企业都在力图获取竞争优势"。[①] 正是这一点使资本主义成为"物欲横流"的"物质世界"，物质主义大行其道。然而自二十世纪八十年代以来，当代资本主义世界发生了一场"静悄悄的革命"，社会民众的价值观开始转向。越来越多的人开始放弃物质主义价值观而接受后物质主义价值观。

一、资本主义工业社会的物质主义价值观及其影响

人类五千年的文明史，是一部不断加速开发、利用物质资源为人类享用的历史。尤其是资本主义工业革命使人类对各种自然资源的开发和利用发生了革命性的变革。"资产阶级在它不到一百年的阶级统治中所创造的生产力，比过去一切时代创造的生产力还要多，还要大。自然力的征服，机器的采用，化学在工业和农业中的应用，轮船的行驶，铁路的通行，电报的使用，整个整个大陆的开垦，河川的通航，仿佛用法术从地下呼唤出来的大量人口"，[②]生产力如此快速的发展，致使发达国家进入物质"丰裕社会"，使人类物质文明达到前所未有的程度。人类征服自然、改造自然，开发、利用自

---

① [英]彼德·桑德斯：《资本主义——一项社会审视》，吉林人民出版社 2005 年版，第 14 页。

② 《马克思恩格斯选集》第 1 卷，人民出版社 1972 年版，第 256 页。

然资源的能力达到了难以置信的地步。“这时，人类在传统生存方式上的工业生产和经济增长率达到最高点；资源开发利用的数量和人口增长率达到最高点；发达国家进入所谓高消费社会，过度消费达到空前高水平的鼎盛时期。”[①]由工业社会的生产方式所决定，一种物质主义的价值观在资本主义社会中盛行。

1. 物质主义在资本主义工业社会的兴起

“在迄第二次世界大战以后20年为止的时期内，在所有的欧洲社会占支配地位的是一种唯物质主义的基本取向，它极高度重视安全、收入提高、物质消费和个人职业升迁机会对于自己生活的价值”。[②] 德国学者托玛斯·迈尔所说的唯物质主义是指一种过分追求物质价值而忽视人的精神价值和忽视生态文明的价值理念。它表现为过度追求物质产品的生产和占有而忽视自然资源的节约与合理利用，过度贪恋物质享受和物质消费而忽视人的全面发展和生态文明。尽人皆知，物质产品的开发与生产是人类生存与发展的物质基础，物质消费和物质享受是人类社会生活必不可少的组成部分。但人类对物质产品的开发与生产，人类对物质的占有与享受均要以自然资源和生态环境的承受能力为限，超出这一限度，人类就将面临生态危机，经济发展就难以持续。十分遗憾的是，在资本主义工业社会，人们被工业文明冲昏了头脑，陶醉于空前强大的社会生产力，把物质主义当成社会生活的主流，无节制的物质生产成为社会的永恒主题，物欲无度成了人们的基本生活态度，自然界的承受能力成了不合时宜的“梦呓”。在物质主义的影响下，社会“只在于取得劳动的最近的、最直接的有益效果。那些只是在以后才显现出来的、由于重复和积累才发生作用的进一步结果，是完全被忽视的。”[③]资本主义的工业文明演化成真正的“唯物”文明和不可持续的文明。

首先，人们热衷于经济高增长、产品高产量和经济规模的迅速扩张。产

---

① 余谋昌：《文化新世纪》，中国林业大学出版社1996年版，第25页。

② ［德］托玛斯·迈尔：《社会民主主义的转型》，北京大学出版社2001年版，第67页。

③ 《马克思恩格斯选集》第3卷，人民出版社1972年版，第519页。

值、产量、利润成了各国追逐的基本经济指标,物质价值成了人们的基本价值诉求。受剩余价值规律的影响,资本主义的各个企业为追求经济利益最大化,为在优胜劣汰的激烈竞争中击败对手,都不遗余力地进行着产品的开发,产量的扩大,经济规模的扩张。经济利益和金钱成了唯一的追求,物质产能的扩张成了生存保障。在国家层面,决策者和主流社会热衷于炫耀经济实力和物质力量。国家间的竞争,几乎就是 GDP 的竞争和经济增长指标的竞争。钢铁、石油、电力、汽车、飞机成了国家间进行对话和博弈的"王牌",原子弹、导弹、战略轰炸机、航空母舰成了各国梦寐以求的"安全保障",黑色家电、白色家电成了各国取悦民众的"招牌",物质主义、物质价值几乎成为当代资本主义工业社会的全部生活内容。正如德国学者登霍夫所说:在工业社会,"人们的雄心壮志全都瞄准了经济方面的利益:国民生产总值、产量、贸易,而重中之重的是金钱。"①在此种理念指导下,大量生产、大量消费和大量废弃成为资本主义工业社会最基本的生产方式,物质产品产量的高速增长是资本主义工业国家的一致追求。

如果将西方发达国家 1980 年的各种产品的生产指数均设为 100 的话,那么,到 1993 年,塑料制品的生产指数,美国是 179,德国是 170,英国是 155,法国是 164,日本是 135;化学制品的生产指数,美国是 149,英国是 174,法国是 174,日本是 165。此外,到 1993 年,美国装饰材料的生产指数达到 153,橡胶制品生产指数达到 157,日本电器机械生产指数达到 283。②从中可以看出,西方各国对物质价值和经济发展规模的倾心追求。物质主义成了资本主义工业社会的鲜明特征。到二十世纪七八十年代,工业文明达到鼎盛时期。"伴随着奢靡生活而来的一切物品的急遽增加,和利用剩余收入来增加生产工具的源源不绝的投资——从开采更多的矿山和建立新的工厂到轮船的增加,铁路的添筑,机器的增加和市场的不断开辟",③西方各国经济快速增长,物质财富大量涌流。钢铁、电力、电子、汽车、飞机、轮船等

① [德]玛利昂·格莱芬·登霍夫:《资本主义的文明化?》,新华出版社 2000 年版,第 19 页。

② 张塞主编:《国家统计年鉴 1996》,中国统计出版社 1996 年版,第 258 页。

③ [英]锡德尼·维伯等:《资本主义文明的衰亡》,上海世纪出版集团 2005 年版,第 63 页。

物质产品花样翻新,层出不穷。据统计,到 1980 年美国家用电视机的产量已经高达 1032 万台,英国同期产量是 236.4 万台,法国是 192.8 万台。而到 1993 年美国家用电视机的产量则又猛增至 1429.7 万台,法国增至252.3 万台,英国到 1988 年则猛增至 302.4 万台。[①] 物质价值、经济利益成了人们为之“疯狂”的追求,商品拜物教、货币拜物教愈演愈烈。

其次,人们热衷于追求赚更多的金钱,开更豪华的汽车,住更大的住房,穿更华丽的服装,吃更精美的食物,过更奢侈的生活。人们不加区别地生产和贪婪地消费,这种唯“增长经济下的生活将会逐步远离高尚而趋向卑鄙与物质主义”。[②] 在追逐“物质主义”方面,美国可谓首当其冲。据统计,美国的汽车注册拥有量,1960 年是 7386.9 万辆,到 1970 年增至 10840.7 万辆,1980 年为 15579.6 万辆,20 年间已经翻了一倍。而到 1996 年,拥有 2.5 亿人口的美国竟然拥有超过 2 亿辆的汽车,人均 0.8 辆。在物质主义价值理念的影响下,美国的汽车拥有量越来越多,而车上乘坐的人则越来越少,人们的物质占有欲望持续高涨。一辆轿车本可乘坐 5 人,但美国的轿车乘坐人数则很少。1977 年上下班的轿车平均一车坐 1.3 人,1990 年平均一车做 1.1 人,而到 1996 年则减少到 1 车 1 人。美国民众尽情享用着汽车带给人们的物质享受,汽车的燃油消耗直线上升。据统计,1960 年汽车耗油量是 20390 万吨,1970 年增至 31075 万吨,1980 年达到 37097 万吨,1994 年则高达 45194 万吨。[③] 其他西方发达国家存在着与美国类似的物质主义“气派”。只拥有 5000 多万人口的意大利 1938 年拥有私家车 75 万辆,到 1975 年激增到 1500 万辆。日本、德国、英国、法国等国家的汽车拥有量也都出现了“爆炸性”的增加。

在住房方面,资本主义工业社会的人们被经济的快速发展冲昏了头脑,几乎忘记了什么叫节约。房子越住越大,装修越来越豪华。每户居住 300 ~400 平方米司空见惯,每户独居一栋小楼也很普遍。在吃的方面,资本主

---

① 张塞主编:《国家统计年鉴 1996》,中国统计出版社 1996 年版,第 258 页。

② [英]安德鲁·多布森:《绿色政治思想》,山东大学出版社 2005 年版,第 101 页。

③ 张泽清:《美国,你为何强大?》,中国城市出版社 1999 年版,第 175—179 页。

义工业社会已经达到无所不有、无所不足、无所不精的程度。饕餮大餐被当成最惬意的享受。人们吃掉的美味佳肴远远超过人体对营养物质的需求，吃已经成为一种奢侈的物质享受和物质炫耀形式。在有些国家，牛奶的饮用量甚至超过水的饮用量，在人们几乎毫无节制地吃进的食物中，产生肥胖症等副作用的食物量甚至远大于人体对食物营养的需要量。物质追求、物质享受几乎成了人们生活的唯一乐趣。

2. 物质主义对资本主义工业社会的双重影响

国内有学者指出：资本主义工业社会显示出自相矛盾的发展态势。它“有着无限的建设能力和创新能力，但又有同样的破坏力和毁灭力。财富稳步增加，对食物、能源、原材料、水、土地等自然资源的需求与日俱增，人类对自然界的压力前所未有，导致了自然资源的稀缺、冲突和环境危机。”[①]也就是说，物质主义的盛行，给资本主义工业社会乃至人类社会带来的是双重后果。

众所周知，物质主义对物质产品生产和占有的倾心与追求使人类征服自然、利用自然、改造自然的能力达到了前所未有的高度，使人类社会的劳动方式、生活方式、交往方式均发生了根本性变化，使人类的物质文明有了飞跃性的进步。在物质主义的驱动之下，当代资本主义各国进入到“丰裕社会”，资本主义创造出以往社会难以想象的物质财富。恰如美国学者拉迪·多恩布什先生所说：“无论是汽车、电视机的人均占有量，电话通讯成本的下降，还是电子计算机容量爆炸性地增长都体现了这种进步。根据这个标准，站在今天的水平上进行比较，1900 年简直就是石器时代。”[②]物质主义对物质产品生产和占有的倾心与追求也使资本主义各国民众的物质生活水平得到了大幅度的提升。那种“甚至不能保证自己的奴隶维持奴隶的生活”的境况已经不存在了。“过去仅为少数特殊阶级生产服务的产品，如今

① 参见龚臣编著：《资源战争之迷》，光明日报出版社 2009 年版，第 156 页。

② 转引自张世鹏：《二十世纪末西欧资本主义研究》，中国广播出版社 2003 年版，第 306 页。

开始大量产销,向广大的群众市场推出;""以往被视为豪华奢侈的享受,如今已成为家常便饭,标准的生活舒适条件,……如冰箱、家用洗衣机、电话等等。1971年时,全球已有2.7亿万部电话机,主要是在北美和西欧地区,而其扩展之势,更以加速度的比例增加:10年之后,即已倍增。在已开发的市场经济地区,平均每两人便有一部以上的电话。简言之,这些国家的居民,如今已经可享用他们父辈只有极富之人才能拥有的种种享受。"①归极少数富人享用的高档奢侈品用不了几年就在多数社会成员中普及,轿车、手机、手提电脑、飞机旅行等莫不如此。物质主义推动了资本主义社会乃至人类社会经济的发展,也推动了社会进步。

然而,在人们欢呼物质主义发展模式创造神奇的时候,也必须清醒地看到物质主义的负面作用。物质主义对物质产品生产和占有的过度追求和对物质享受与物质消费的过分贪恋,远远超出了人类赖以生存的自然生态环境和自然资源所能承受的限度,扭曲了人生的意义,因而带来了十分严重的后果。

首先,物质主义生产方式和生活方式对资源的过度消耗引发了严重的资源危机。资本主义工业社会对自然资源的过度开发和无节制的消耗,使地球上的自然资源已无法满足人类可持续发展的需要。淡水危机、森林资源锐减、荒漠化加剧,人类生存面临威胁。正如英国学者锡德尼·维伯所说:资本主义工业社会将"原始森林夷为平地;天然草原剥得精光;处女地的土壤变成贫瘠;煤和金属、石油和天然气——所有蕴藏的动力资源——都被浪费和耗尽;连河流也弄成涸地,气候本身也遭到损害。"②物质主义的发展模式成了"竭泽而渔"的发展模式。据国外学者研究分析,1961年,人类对自然资源的需求相当于地球再生能力的70%,1980年左右持平,而1999年,人类对自然资源的需求与索取已超过地球再生能力的20%,即人类在12个月中消耗的自然资源,地球生物圈需14.5个月才能再生,或者说,需

① [英]霍布斯鲍姆:《极端的年代》(上册),江苏人民出版社1999年版,第395—396页。
② [英]锡德尼·维伯等:《资本主义文明的衰亡》,上海世纪出版集团2005年版,第74页。

要1.2个地球才能满足人类对资源的消耗。[①] 物质主义发展模式使自然资源急剧减少,生态环境频频告急。根据联合国粮农组织公布的报告,由于世界各国无节制地开采,全球的热带雨林以每年1100万公顷的速度在减少,全球森林则以每年2600万公顷的速度在消亡。在1990年至1995年间,世界森林面积净损失5630万公顷,相当于一个法国的面积。这其中,70%以上的木材被发达国家消耗掉。地球森林覆盖率已不足27%。工业社会的非理性发展,对水的消耗量与日俱增。致使世界水资源日益减少。目前,全世界有15亿人缺乏饮用水,一半以上耕地缺乏灌溉水。石油是工业的血液。一百年来,作为资本主义工业社会日益发达的巨大代价是石油资源的锐减。为了争夺石油,中东战争,海湾战争频频发生,石油价格一路飙升,一度高达147美元一桶,资源危机,可见一斑。

其次,物质主义生产方式和生活方式对资源的过度消耗引发了严重的环境污染。资本主义工业社会的物质主义发展模式一方面使人类获得了前所未有的物质财富,但同时也使世界各国的环境质量以惊人的速度下降,使自然环境严重恶化。大气污染、臭氧层破坏、酸雨频发、地球变暖。二十世纪九十年代,全球每年排入大气中的各种有害气体达10亿吨以上;南极上空的臭氧空洞已达2839万平方公里。美国人生活标准的提高就是以工业废弃物的大量增加和污染环境为代价的。美国所有汽车排放的汽车尾气严重污染空气,并导致各种疾病的发生。美国工业每年释放2400万吨的硫氧化物,造成"酸雨"频发。[②] 据统计,1994年美国燃烧矿物燃料向天空的排碳量为13.71亿吨,人均排放量为5.26亿吨,为世界之首,并占世界20个排放量最大国家排放总量的25%。[③] 战后,西德工业发展迅速,但同时给环境带来的恶劣影响也很大。二十世纪七十年代西德排放到大气中的毒气占世界总量的1/5,所形成的酸雨降到瑞典的硫酸每年达100多万吨。由于大气污染致使中国、印度及南亚诸国在内的约2590万平方公里土地上空笼

---

① 毛磊:《人类自然资源消耗量超过地球再生能力》,《中国环境报》2002年6月29日。

② 黄也平主编:《今日美国全书》,中国城市出版社1998年版,第1358—1359页。

③ 钱俊生等:《环境、资源、人口与可持续发展》,党建读物出版社2000年版,第26页。

罩着3公里厚的褐色烟云常年不散。[①] 除空气污染严重以外,水污染和垃圾污染也困扰着世界。二十世纪六七十年代,美国有40%的饮用水受到污染,许多河流和湖泊成为工厂倾倒垃圾和污水的场所,美国的伊利湖实际上已经变成“死湖”。其他国家水污染亦很严重。目前,全球有17亿人无安全用水,每年有数百万人死于饮用水污染。二十世纪九十年代西方发达国家每年产生出天文数字的垃圾,美国当时年产垃圾20多亿吨,占地1.2万平方公里,严重污染了地表。为了摆脱垃圾污染的困扰,发达国家还将大量垃圾倾倒到发展中国家,使垃圾污染遍及世界。

再次,物质主义给人们的生活质量也带来了明显的负面影响。物质主义使人们形成“商品拜物教”和“货币拜物教”。为了物欲追求,人们犹如被直接强迫征募一样,成了一种被金钱和物质强制的生产工具和赚钱机器。“这种发展不可避免地导致精神上的空虚、失意和异化。”[②]本来,物质占有只是人们社会生活的物质基础,物质享受只是人们社会生活的一部分。然而在物质主义语境下,物质占有成了生活的目的,物质享受成了生活的全部意义,“弄钱是人生的主要之事”。人生的价值和意义被严重扭曲,人们实际上与幸福人生渐行渐远。在物质主义盛行时期,资本主义社会“为物质利益所驱使,道德沦丧,犯罪增加,真、善、美为欺诈、邪恶、暴力所取代,人际之间和谐、友善、互助的良好关系被简单的金钱关系所取代。”“人类为了无休止的物质追求而失去了很多珍贵美好的东西。在物质的驱动下,人类不自觉地乘上高速行进的列车,不能主动停下来修养身心”。[③] 在物质财富越来越多的同时,人们的工作压力则越来越大,患有心理疾病和精神疾病的人与日俱增。过劳死、抑郁症、亚健康等问题在美、日等国日益严重。在人们的食物越来越精、车越做越大的同时,社会道德则遭遇挑战,社会问题日益严重。“美国的人均GDP在过去的50年增长了3倍,但是美国人却未必更加幸福,美国的暴力犯罪增加了3倍,不和邻居交往的人数增加了4倍,四分

① 宗新:《“亚洲褐云”危害深重》,《中国环境报》2002年8月17日。

② [德]玛利昂·格莱芬·登霍夫:《资本主义的文明化?》,新华出版社2000年版,第7页。

③ 刘东国:《绿色政治》,上海社会科学院出版社2002年版,第224页。

之一的人不幸福和抑郁。”①二十世纪六七十年代，美国出现三大社会病：离婚、自杀、吸毒。1978年，美国初次结婚的夫妻有38%离婚，离婚又再婚的占75%，再婚又离婚的占44%。据1984年统计，在美国2.3亿人口中，长期吸食可卡因者有2300万人，占人口的10%；在12岁以上的全国人口中吸过大麻的人高达5700万，占总人口的25%。大学生吸过大麻的人占大学生总数的1/3；1970年到1980年，美国有28.7万人自杀，平均每年2.8万起；此外，强奸、抢劫、暴力凶杀等恶性犯罪事件已成为美国社会的顽症。二十世纪九十年代初，平均每6分钟发生一次抢劫，每11分钟发生一次强奸，每26分钟有1个人被杀。

显然，人们对幸福人生和美好的社会生活的理解，绝非是上述的恐怖景象。是物质主义的流行扭曲了人们的社会生活和人生追求。当然，上述社会问题，究其根本原因，在于资本主义的根本制度。病态的社会制度必然产生病态的社会问题。但不能否认的是，物质主义的盛行以及人们对物欲的过度追求加剧和恶化了这些社会问题。正如德国的社会主义者登霍夫所说：“经济上的成功是衡量一切——包括成就、威望、生活水平——的标准，因而不必惊讶大家的野心便是尽可能地多赚钱。在这种情况下，伦理的观点自然也就退到了次要的位置，而那些令人烦恼的道德上的条条框框也就被抛到了一边。”②

物质主义给人类带来的文明是不可持续的文明和“唯物”的文明。它使人类追求物质财富、索取物质财富的行为走向了极端，进而给人类带来适得其反的后果。人类需要对物质主义进行反思。

二、当代资本主义社会对物质主义的反思

在物质主义给资本主义工业社会乃至整个人类社会带来十分严重的负

① 尹伊文：《用国民幸福总值代替GDP》，《南方周末》2009年5月7日。

② [德]玛利昂·格莱芬·登霍夫：《资本主义的文明化?》，新华出版社2000年版，第53—54页。

面影响的背景下,当代资本主义各国的有识之士自二十世纪六十年代起开始对物质主义进行反思。

1. 专家学者从科学和学术层面质疑物质主义发展模式

在传统的物质主义发展模式的负面作用日益彰显的背景下,西方社会的一些经济学家、生态学家、社会学家开始从科学和学术层面质疑和批评物质主义发展模式。最早对物质主义发展模式提出尖锐抨击的是美国海洋生物学家雷切尔·卡逊(Rachel Carson)。她于1962年发表了名著《寂静的春天》。书中论证了工业污染对地球上的生命形式的损害,向人们描述了一个没有蓝天丽日、鸟语花香的死寂的春天。

书中写到:春天,绿色的原野上繁花似锦,蓝天中漂浮着朵朵白云;秋天,点缀在松林之间的橡树、枫树和白桦树映射出金色的光芒。丘陵上经常能听到狐狸的叫声;被秋日的晨雾半遮掩着的赤鹿,悄悄地出没在农田间。每当春天和秋天,便有成群结队的候鸟在迁徙时途经此地停息,远近的人们慕名前来观看。更有洁净而又清凉的小溪从山中流出,形成了清澈见底的、有无数鳟鱼游动的小池塘,引来许多垂钓者。

然而,当第一批拓荒者开抵此地,砍树建房,挖井筑仓,耕种开荒,并且使用了一种"神奇的"化学药剂以后,一切都开始改变了:神秘的疾病夺走了成群的小鸡,牛羊气息奄奄,继而毙命。死亡的阴影笼罩着一切。农夫们诉说家中的种种疾病,医生面对病人的痛苦束手无策,有人(特别是儿童)不明原因地暴卒。

农场的母鸡仍孵蛋,却没有雏鸡钻出来。母猪产下的猪崽甚少,而且只能存活数日。苹果树依然开发,但再也看不见授粉的蜜蜂。曾经是引人入胜的道路两旁,如今排列着的是仿佛被火灾洗劫过的枯萎的植物。小溪也失去了活力,因为河里的鱼已经绝迹……

这是一个寂静的、死气沉沉的春天……①

卡逊的这部书提出了20世纪人类生活中环境保护这一重大课题，拉开了绿色运动的序幕，同时也对物质主义的经济发展方式和生活方式提出了尖锐批评，引发了西方社会的有识之士对物质主义的深刻反思。

继之，经济学博士奥雷利奥·贝切伊先生联合欧美的一批学者于1968年组建了旨在研究当代威胁人类生存的全球问题的罗马俱乐部。1972年罗马俱乐部推出了美国麻省理工学院管理学教授丹尼斯·梅多斯等人的研究报告——《增长的极限》。报告对物质主义的发展方式进行了学理性的，然而是具有极大震撼力的剖析，对物质主义发展模式的可怕后果进行了极而言之的预警。报告从定性和定量两个角度，对影响世界经济增长的五种主要因素：世界人口、粮食生产、工业发展、污染和资源消耗进行了系统研究，最后得出结论：如果上述各个因素按照现有趋势继续下去，那么在未来100年内，人类将面临全球规模的增长极限，最终结果很可能是人口和工业生产能力发生非常突然和无法控制的崩溃。② 毫无疑问，梅多斯教授所说的"现有趋势"就是物质主义的发展趋势。这种发展趋势必然造成资源枯竭、环境污染等"全球性问题"，必将使世界经济增长无法持续下去。梅多斯教授认为，要避免100年后经济的崩溃，就必须在15年内停止人口和经济增长，达到"零增长"的"全球均衡"状态。梅多斯先生的结论未必正确，但他提醒人们必须摒弃以往那种单纯追求经济高速增长的物质主义发展模式则具有划时代意义。它改变了相当多的人对物质主义发展模式的认识，使人们在经济快速发展面前多了一分清醒，在"物欲"面前多了一分理性，使人们不再沉醉于产值、产量和利润，开始思考世界经济的可持续发展问题。

受卡逊和梅多斯的启发，当代资本主义世界的诸多有识之士从不同角度和视域质疑和批评传统的物质主义发展模式，思考可持续的经济发展模

① 转引自何怀宏主编：《生态伦理——精神资源与哲学基础》，河北大学出版社2002年版，第291—292页。

② 参见池元吉主编：《世界经济概论》，高等教育出版社2003年版，第85—86页。

式。

首先,人们提出了经济增长的代价问题。长时期以来,人们陶醉于传统的物质主义经济增长模式,只关注经济增长,不关注经济增长所付出的代价。随着对物质主义的反思,人们开始重视经济增长的代价问题。德国学者玛利昂·格莱芬·登霍夫深刻指出:“现在特别在经济领域存在着毫无顾虑的无限制。人们总是说,经济增长是应对贫困和不发达的必要手段。但是人们没有考虑到增长也许会造成更加贫困,因为为生态环境的破坏而支付的代价(越来越多的树林被砍伐,二氧化碳含量增加,越来越多的有毒物质正在危害着农业生产)超过了经济增长所带来的好处。”[①]美国未来学家托夫勒也指出:“从来没有一个文明,能够创造出这种手段不仅可以摧毁一个城市,而且可以毁灭整个地球。从来没有整个海洋面临中毒的问题。由于人类贪婪或疏忽,整个空间可以突然一夜之间从地球上消失。从未有开采矿山如此凶猛,挖得大地满目疮痍。”[②]显然,传统的物质主义发展模式是有代价的,其最为突出的代价就是环境的破坏和资源的过度消耗。1997 年康斯坦茨(Costanza)研究小组在《自然》杂志上发表的论文中计算出全球生态系统对社会经济发展的服务价值约为 33 万亿美元,是当年全球国民生产总值的 1.8 倍。这一研究的意义在于强调,发展社会经济所使用的自然资源是有代价的,因而也是应该付费的。[③] 康斯坦茨研究小组的论断从学理上颠覆了物质主义价值观,证明那种不计成本与代价而过度开发和消耗自然资源的物质主义价值观是完全错误的。正是由于经济增长是以资源消耗和环境污染为代价的,因此,二十世纪九十年代,德国学者施密特·布莱克(Friedrich Schmidt - Bleek)提出了“减物质化”的理念。认为经济达到可持续发展水平时,物资流量应该减少一半。应使用环境保护再生原料和先进设计工艺,形成闭合循环回路以便重复使用元器件,降低生产过程中的资源消耗。在大型工业项目中,采用低能耗与低能耗的高科技产品,可以减少对

① [德]玛利昂·格莱芬·登霍夫:《资本主义的文明化?》,新华出版社 2000 年版,第 213 页。

② [美]A. 托夫勒:《第三次浪潮》,三联书店 1983 年版,第 175—176 页。

③ 参见金涌等编著:《资源·能源·环境·社会》,化学工业出版社 2009 年版,第 54 页。

钢铁、化工产品和石化燃料的依赖。这种“替代效应”决定了其能源、资源消耗的“减物质化”特征。

在资本主义工业社会不合理的发展模式使生态环境退化，将人类自身置于生存危急困境之中的背景下，人们发现“工业资本主义文化”已经“无力解决今天面临的巨大危机，因为这一危机正是这些文化本身由于疏忽和错误而造成的。”人类要摆脱困境，“必须创造一种新的文化。”[①]那种只看到经济增长和物质财富增多而看不到资源的衰竭和环境恶化的发展理念正在被摒弃，一种新的发展理念和文化已经浮出水面。

其次，人们提出了绿色 GDP 问题。鉴于经济增长是以资源消耗为代价，以环境污染为“成本”的，因而，面对日益严重的生态危机，越来越多的人认识到单纯追求 GDP 是人类文化的一种破坏性基因。一种绿色 GDP 的理念在反思物质主义发展模式的过程中出现。

1972 年，美国学者托宾提出净经济福利指标，主张将都市中的污染等经济行为所产生的社会成本从 GDP 中扣除。1973 年日本政府提出净国民福利指标，将环境污染列入考虑之中。1978 年挪威推行了资源环境存量核算统计制度，为绿色 GDP 核算体系奠定了基础。1989 年卢佩托等人提出净国内生产指标，重点考虑了自然资源的消耗与经济增长之间的关系。1993 年荷兰统计局的克宁(Keuning)等人编制了国民经济核算矩阵(NAMEA)。该核算体系不仅提供了反映常规经济总量的指标，也提供了反映环境状况的综合指标。在此基础上，联合国于 1993 年提出生态 GDP(EDP)。美国马里兰大学的经济学家赫尔曼·E. 戴利(Herman E. Daly)和他的合作伙伴小约翰·B. 科布(John B. Cobb Jr.)在二十世纪八十年代建立了一种新的财富计算方法——可持续发展经济财富指标(ISEW)。这一指标扣除了那些明显的损失——大气污染和水污染所带来的总支出、湿地的破坏、耕地质量的恶化、长期的环境威胁(如臭氧的枯竭)以及对不可再生资源的消耗。在

① [印]萨拉·萨卡:《生态社会主义还是生态资本主义》，山东大学出版社 2008 年版，第 331 页。

戴利看来,传统的经济发展理念遗漏了最重要的资产——自然资本,而它是所有经济活动的根本。因此,戴利的指标计入了自然资本的损耗。戴利的指标体系就是一种“绿色GDP”的指标体系。

所谓绿色GDP就是传统GDP减去自然资源、环境资源破坏的补偿,再减去人文社会原因造成的虚数部分所得出的GDP。绿色GDP的要义就是要计算出自然资源和环境被破坏的部分价值。绿色GDP的评价指标体系包括三类因素:第一类是人工生产形成的经济增长;第二类是人类资源水平;第三类是自然资源水平。这样就能准确地评价一个国家可持续发展的程度。

“绿色GDP”指标的出现,改变了人们对经济发展模式的认识。根据传统的GDP统计,从二十世纪七十年代中期以来,美国的人均收入实际价值上升了大约25%。而戴利的指标表明,虽然实施了降低污染支出这项计划,但从1976年开始,经济在可持续发展期间的结果是美国的人均收入持续下降了10%,后退到二十世纪六十年代中期的水平。[①] 瑞典学者霍刚·吉古斯言简意赅的表述了与戴利一致的见解。他说:“经济增长的含义已经不同于以往了,这个概念现在也包含了经济增长对生态和社会发展的意义。”[②]戴利、吉古斯等人的理论阐述警告世人:过去那种靠过度消耗自然资源以追求经济增长与物质享受的发展模式必须否定。挥霍浪费自然资源,无节制地追求物质享受,犹如饮鸩止渴,只会加剧人类自身的危机。人类要在这个世界上世世代代幸福地生存下去,必须从价值取向到生活习惯来一个根本的转变,确立“绿色GDP”理念和生态文明的发展模式。

再次,人们提出了生活的真正意义问题。传统的经济增长方式给人类带来了物质财富的丰富和物质生活水平的提高。但物质主义发展模式使人们的社会生活发生异化。正如美国学者弗洛姆所说:物质主义使“人本身越

---

① [美]威廉·格雷德:《资本主义全球化的疯狂逻辑》,社会科学文献出版社2003年版,第572—581页。

② [瑞典]霍刚·吉古斯:《变化中的北欧国家创新体系》,知识产权出版社2006年版,第19页。

来越成为一个贪婪的被动的消费者。物品不是用来为人服务，相反，人却成了物品的奴仆。”[①]实际上，物质的满足并不是社会生活的全部，也不是生活的真正意义。在批评传统的物质主义发展方式使人们的生活发生异化的同时，西方社会的有识之士也探讨了生活的真正意义。加拿大学者本·阿格尔提出，社会生活的真正意义在于人们在“生产活动中实现自己本身的基本愿望和价值”，“非异化的社会不仅是实现经济无增长的社会，而且还必须使人们能通过生产性活动来自我表达。”[②]为了将经济发展同社会生活的真正意义有机结合起来，英国学者怀特根据大规模的问卷调查数据制定出了量化的幸福指数，并把世界上的178个国家和地区按照幸福指数高低排列出来。这一幸福指数不仅考虑一国经济发展状况，也将一国民众的生活质量作为重要的统计变量。这里测量的生活质量，不仅包括物质满足程度，还包括人的健康、精神愉悦、生活的丰富多彩等变量。印度出身的诺贝尔经济学奖得主阿玛蒂亚·森等人提出了新的“发展观”，认为判断一个国家的发展水平，应以“每个国民追求自己认可的有价值生活的可行能力”为标准，即“健康长寿、教育及体面生活”是否得到扩展。1990年，联合国开始采纳上述两种观点。参考人均预期寿命、教育及人均GDP值等指标，加权平均计算出人类发展指数(HDI)，以此来反映人类的生活质量。HDI已经引起当代资本主义各国的重视。[③] 怀特的幸福指数、阿玛蒂亚·森等人新“发展观”的提出以及联合国HDI指数的推出，实际上是对物质主义发展模式的否定，是对生活的真正意义的有益探寻。

2. 民众团体从人类命运的视角质疑物质主义发展模式

在物质主义发展观的支配下，资本主义工业社会在创造巨量物质财富的同时，也给生态环境带来了越来越严重的破坏。出于对生态环境的关心，对人类发展前景的忧虑，越来越多的社会团体和民众开始对物质主义发展

---

① ［美］埃里希·弗洛姆：《在幻想锁链的彼岸》，湖南人民出版社1986年版，第174页。

② ［加］本·阿格尔：《西方马克思主义概论》，中国人民大学出版社1991年版，第499页。

③ 庚欣：《不要只用GDP评估日本》，《环球时报》2008年12月4日。

模式的正确性和科学性产生怀疑。在质疑物质主义发展模式的共识中,在保护生态环境的旗帜下,西方各国的绿色运动、绿色团体、绿色政党应运而生。

从二十世纪七十年代末开始,绿色运动首先出现在斯堪的纳维亚五国,继而遍及西欧各国。绿色运动以维护人类生存环境为宗旨,以物质主义经济发展模式为抨击对象。绿色运动的参加者们声称:“绿色运动不隶属任何党派,既不是左派,也不是右派,而是反对掠夺人类和自然界的前进派。”在这样的理念之下,人们纷纷走上街头,抗议传统工业发展模式和利润至上的野蛮资本主义对生态环境的破坏,呼吁民众积极行动起来,共同维护人类的生存环境,要求政府采取有力措施治理和控制环境污染,改变物质主义的经济发展模式。除举行抗议示威活动外,绿色运动以积极的环境保护行动来对抗物质主义发展模式。人们或是自发、或是自觉地组织起来,保护海洋资源,保护森林,保护绿地,保护野生动植物,反对工业废水对河流的污染、工业废气对空气的污染,积极进行绿化。巴黎民众在希拉克任市长的九年中,共兴建公园绿地面积相当于前一世纪的总和;德国许多青年到大森林中建立生态村,以此表达其保护生态环境的主张。

在绿色运动兴起的过程中,绿色团体相继出现。如“环境保护—绿色行动”、“未来—绿色行动”、“第三条道路行动”以及“森林保护小组”、“反污染小组”、“反噪音小组”等等。这些绿色团体以否定物质主义发展模式,维护人类生存的生态环境为核心理念,以反对和制止“危害和毁灭人类赖以生存的环境的现象”为准则,积极组织民众开展针对物质主义发展模式和生态环境的调查活动、科学研究活动和和平示威活动。如有的欧洲绿色团体经过计算提出,一般成年人每天需要吸进 0.75 公斤氧气,排出 0.9 公斤二氧化碳气,所以,人均至少要有 10 平方米绿地,一个国家的森林面积至少要达到国土面积的 30% 。这些团体以这种研究证明,物质主义发展模式使森林大面积减少,是对人类生存的严重威胁。还有西方的绿色团体对喜马拉雅山上的雪水进行检验,发现这里每毫升雪水中含有铜 5.8 微克、铅 17.5 微克、锌 35.0 微克、锰 8.4 微克。绿色团体以此证明传统的经济发展方式对人类生存环境的严重威胁。

二十世纪六十年代末,新西兰出现了人类历史上第一个绿党——“价值党”。它率先反对物质主义发展模式,强调环境保护,主张稳态经济、生态平衡、分散化的政府并自外于“左派”和“右派”。1981 年,德国绿党在法兰克福正式成立。1980 ~ 1984 年间,欧洲主要资本主义国家比利时、奥地利、意大利、英国、法国、芬兰、希腊、爱尔兰、卢森堡、瑞典、瑞士等相继建立了绿党。各国绿党将批判片面追求工业生产的增长,忽视自然资源的有限性的物质主义发展模式作为其核心政治主张。德国绿党在其联盟纲领中明确指出:“我们代表一种完整的理论,它与那种片面的、以要求更多生产为牌号的政治学是对立的。我们的政策以未来的长远观点为指导,以四个原则为基础:生态学,社会责任感,基层民主以及非暴力。”[①]绿党的出现,得到了众多西方民众的拥护和支持。德国绿党成立不久,其注册党员便达 25222 人,追随者超过 200 万。在 1983 年大选中成为德国第四大政治力量,在 1995 年大选中成为第三大政治力量,1998 年,德国绿党同德国社会民主党联合执政,成为德国执政联盟的成员。从二十世纪八十年代后期开始,其他国家的绿党也获得了重要的选举和议会成功。在法国、意大利、比利时和芬兰,绿党也进入“全国性政府”。[②] 二十世纪九十年代,德国、奥地利、比利时、芬兰、卢森堡和瑞士等国的绿党在 3 次大选中的选举支持率都高于 5%。绿党在欧洲的影响力日渐增强。

参加西方绿色运动、绿色团体和绿党的人成分复杂、政治主张各异,但有一点却高度一致:人们都认为物质主义的发展模式破坏了生态环境,威胁到人类的生存,人类需要用全新的理念和价值观来寻找新的经济发展模式和新的生活模式。在西方资本主义社会蓬勃兴起的绿色政治运动与后物质主义不是一回事,但二者之间存在着紧密的联系。绿色政治运动反对物质

① [美]弗·卡普拉、查·斯普雷纳克:《绿色政治——全球的希望》,东方出版社 1988 年版,第 58 页。

② [德]斐迪南·穆勒—罗密尔等主编:《欧洲执政绿党.》,山东大学出版社 2005 年版,第 1 页。

主义发展模式,探寻人与自然和谐互动的发展模式和新的生活模式,这为后物质主义的兴起准备了阶梯。绿色政治运动的高涨是后物质主义兴起的前奏。

三、后物质主义在当代资本主义社会的兴起

在资本主义由工业社会向后工业社会的转型期间,在社会民众和社会精英一致质疑和抨击物质主义发展模式的大背景下,受绿色运动、绿色团体和生态主义的影响,一种新的价值观——后物质主义价值观在当代资本主义各国兴起。

1. 后物质主义概念的提出

1977年,美国学者、密歇根大学教授罗纳德·英格利哈特出版了《寂静的革命——西方公众变化中的价值观和政治方式》一书。书中第一次提出"后物质主义"概念。英格利哈特认为,在对物质主义及其荼毒进行反省的基础上,西方民众开始转向新价值观。当战后繁荣期孕育的欧美国家新一代在二十世纪六十年代末、七十年代初成为选民时,这一转变便开始了。新一代人不太关心食物、住所等直接物质需要,能够投入较多的时间去考虑诸如环境保护等社会问题。他们的价值追求与战前一代人注重人身保障和安全的物质主义价值观已有明显差别。他们的后代出生在二十世纪六十年代至七十年代。这一代人甚至不在乎财富,远离物质主义价值目标。而出生于二十世纪八十年代的人在更加富裕的社会环境中长大,具有明显的个体自觉和全球环境关怀。他们崇尚"生活质量"和个人自由,是后物质主义价值观的重要社会基础。

英格利哈特认为,在经历二十世纪六十年代的越南战争、七十年代的世界能源危机、反核运动等一系列事件后,上述几代人开始重新思考生活的意义,检讨自身生活方式的合理性。于是,一种新的价值观——后物质主义价值观应运而生。由于发达国家从二十世纪五十年代到八十年代的持续繁

荣,使战后的几代人中出现了越来越强的后物质主义价值趋向。[①] 他们强调"生活质量"、"自我实现"和"公民自由"。其中,对"生活质量"的重视是后物质主义的主要特征,而由于当代生态环境已经影响了人们内在的和外在的"生活质量",因而后物质主义将环境保护和生态文明作为核心诉求。

后物质主义价值观最初是一种流行于西方资本主义各国民间的社会思潮。然而,随着社会的发展以及人们对物质主义发展模式反思的深入,后物质主义在二十世纪九十年代已经成为欧美大学和研究机构中的热门话题,成为当代资本主义各国得以广泛传播的价值理念。

为了证明西方社会价值观的变迁以及后物质主义价值观的出现,美国学者罗纳德·英格利哈特组织了"世界价值观测量"(World values Surveys)。世界价值观测量进行了多次。它测量了60个社会,代表了世界75%人口。调查发现随着收入从生存线到每年几千美元,预期寿命急速提高,但是到了先进工业社会的水准时,上升的幅度较小。德国人的预期寿命与爱尔兰相差无几,尽管德国人的收入高于爱尔兰的两倍。这表明工业化的经济增长着眼于提高人类的生存,但是在达到一定点之外,回报率减少。

人类的幸福与经济发展之间也是一种正相关关系。当从维持生活的社会到先进的工业社会调查时,对生活整体上感到幸福或非常满意的人口比例在大幅度上升。但是超出一定的水平(韩国或爱尔兰目前的水平),曲线开始变成水平。在先进的工业社会,在收入水准和主观的幸福感之间实际上没有任何联系。在这方面,爱尔兰的排列高于德国。

收入水平的提高伴随着幸福和生活的满意度上升。它们之间的关系非常强。当超过一定的点时,曲线开始变成水平。当我们从低收入的国家转到高收入的国家时,主观的幸福感大幅度上升。但是当我们达到人均10000美元时,收入的影响开始停止。超过这个点之外,收入和主观上的幸福之间实际上没有任何联系。尽管德国人的财富是爱尔兰人的两倍,但是

---

① 参见周穗明:《"后现代"的选择:西方兴起后物质主义价值观》,《马克思主义与现实》1999年第1期。

爱尔兰人比德国人幸福。[①] 多年来,西方社会搞过多次涉及人们“幸福度”和“对生活满意度”的调查。调查使人们“得出了惊人的结论:尽管多年来人均 GDP 在不断增长,但是人们的康乐水平却并没有显著提高。日本在 1958 年 ~ 1991 年间的人均收入增长了 6 倍,然而日本的生活满意度报告却显示没有什么变化。在美国,从 1945 年起经济增长虽然放缓,但仍然增速相当。人们的生活幸福指数却没有任何起色。”[②]上述调查说明两点:其一,物质的占有与享受程度不是影响人对生活的满意度和幸福感的唯一因素,人对生活的满意度和幸福感还要受到非物质因素,如健康、精神愉悦、体面、生活自由自在等等的影响。其二,当人们的生活水平达到一定高度时,人们的价值观会发生改变,由关注物质占有转向关注生活质量和人的全面发展。

正像上述调查表明的那样,先进工业社会的民众其基本价值观和目标的确发生了渐进的但却是根本的变化。当经济发展达到先进工业社会程度时,主体从经济发展中获益开始停止。在曲线早期阶段的社会倾向于不惜一切代价强调经济增长,但是当超过一个门槛后,他们开始强调关注诸如环境保护和生活方式等生活质量的问题。尽管经济增长依然重要,但是当经济增长与环境保护发生冲突时,大部分公众把环境保护置于经济增长之上。[③] 由此证明,由于西方发达资本主义国家已经达到先进工业社会的水准,因而,西方社会民众的基本价值观和目标已经发生根本的变化,一种新的价值观——后物质主义价值观开始出现。

2. 后物质主义在当代资本主义各国的兴起

美国学者英格利哈特依据 1981 年和 1990 ~ 1993 年西方社会所做的两次大规模的“世界价值观调查”数据和二十世纪七十年代至九十年代每年一度的“欧洲晴雨表调查”数据,实证性地分析和研究了当代资本主义社会

---

① 参见吴鲁平:《西方发达国家青年价值结构的转型及其社会经济根源》,《中国青年政治学院学报》2002 年第 2 期。

② [英]安德鲁·格林:《放纵的资本主义》,东方出版社 2009 年版,第 169 页。

③ 罗纳德·英格尔哈特:《全球化与后现代价值观》,《国外社会科学文摘》2001 年第 4 期。

的价值变迁。发现二十世纪七八十年代以来,西方发达资本主义各国民众的价值取向发生了明显变化,接受后物质主义价值观的人越来越多。从1981年到1990年期间,"后物质主义者"所占比重逐年上升,到二十世纪九十年代,在当代资本主义主要国家中接受后物质主义价值观的人数均超过了坚持物质主义价值观的人数(见表1)。

英格利哈特的观点在欧美国家得到了进一步的证实。有人曾选取西方六个国家进行调查,发现:1970年倾向物质主义与倾向后物质主义的数量之比是3.4:1,到1985年,这一比例下降到2:1。[①] 据统计,二十世纪九十年代以来美国持后物质主义观念的人数大增。从1972年到1992年,美国人口中后物质主义者的比例从9%上升到18%;物质主义者的比例由35%降为16%;居间者的比例由55%上升为65%。[②]

表1　1981~1990年世界21个国家从"物质主义价值观"向"后物质主义价值观"转变的情况

("后物质主义者"的比例减去"物质主义者"的比例)

国家	1981	1990	净增长	国家	1981	1990	净增长
荷兰	-2	26	+28	西班牙	-41	-6	+35
芬兰	21	23	+2	阿根廷	-20	-6	+14
联邦德国	-11	14	+25	北爱尔兰	-45	-7	+38
加拿大	-6	14	+20	冰岛	-10	-14	-14
瑞典	-10	9	+19	墨西哥	-19	-14	+5
意大利	-39	7	+46	日本	-32	-19	+13
美国	-24	6	+30	挪威	-21	-19	+2
法国	-14	4	+18	南非	-16	-33	-17
比利时	-16	2	+18	韩国	-34	-34	0
英国	-13	0	+13	匈牙利	-50	-41	-9
爱尔兰	-20	-4	+16				

Ronald Inglehart, 1997, Modernization and Postmodernzation: cultural, economic, and political change in the 43 societes, Princeton University Press. p. 157.

① 参见刘东国:《绿党政治》,上海社会科学院出版社2002年版,第5页。

② Charles McCarry, Citizen Nader, N. Y. Saturday Review press, 1972, pp. 3-29.

德国社会也有越来越多的人信奉后物质主义。根据调查,在后工业社会中,倾向于后物质主义价值取向的公民达到了57%,而非后工业社会倾向于后物质主义价值的人口仅为22.4%。[①] 而在1992年的另一项调查显示,在原西德地区,持后物质主义价值取向者在左派中占67.2%,在中间偏左者中占59.9%,在中间立场者中占49.9%,在右派之中占37.4%,在全部调查者中,持后物质主义价值观的人数占51.6%。[②] 在德国,"年轻人区别于那些和他们生活经历不同的老年人,不是将自己的经济利益置于第一位,而是将后物质主义的价值置于第一位,将美学、道德、权利和其他非物质的政治目标置于更为重要的地位。"[③]后物质主义价值观已经成为德国社会的主流价值理念。过去,德国民众大力追求经济和物质财富的增加,极力倡导人类征服自然,主宰自然,把人类的发展建立在对自然资源的掠夺性的开发和利用基础上。而后物质主义价值观的兴起,使人们更加重视生活质量和生存环境,追求个性解放和自我价值的实现,注重"自我表达、归宿感以及知识和美学的满足"等。[④] 尤其是德国中产阶级"忧国忧民"的意识更强烈,对社会问题和"实现自我价值"的关注程度高,有较强的政治参与意识。

有人在对北欧五国民众价值偏好的调查中发现,北欧社会发生了较明显的价值变迁。二十世纪九十年代,北欧民众对环境保护的价值偏好最高,偏好率达被调查人数的83%,对"维持法律和秩序"、"工作场所有更多的发言权"、"更加人性化的社会"等方面的价值偏好也比较高,偏好率分别为75%、60%、58%,而对强大的国防和经济增长的价值偏好则很低,偏好率分别只占22%和42%(见表2)。[⑤] 这表明,北欧大多数民众越来越关心生活目的、生活意义以及自身的幸福和快乐,而不是作为手段的经济增长。"工具理性"(instrumental rationality)正在让位于"价值理性"(value rationality)。

---

① William M. Chandler and Alan Siaroff, Postndustral Politics in Germany and the Origins of the Greens, Comparative Politics, Vol. 18, No. 3, Apr. 1986

② 参见邢来顺:《生态主义与德国"绿色政治"》,《浙江学刊》2006年第1期。

③ Jeffrey M. Berry, The New Liberalism: The Rising Power of Citizen Groups, pp. 35 – 36.

④ Jan W. Van Deth and Elinor Scarbrough, The Impact of Values, Oxford 1998, p. 125.

⑤ 转引自任军峰:《后工业、后物质、政党》,《欧洲》2003年第6期。

后物质主义理念已经成为主流价值。

表2 北欧五国物质主义和后物质主义价值项平均分布情况

环境保护(Aest/intel.)	83(78-88)
维持法律和秩序(Saf.)	75(61-83)
打击犯罪(Saf.)	62(48-72)
工作场所更多的发言权(Bel./est.)	60(52-72)
更加人性化的社会(Bel./set.)	58(46-68)
维持经济稳定(Sust.)	50(40-60)
平抑物价(Sust.)	45(31-60)
对政府管理更多的发言权(Beel./est.)	44(37-52)
经济增长(Sust.)	42(37-46)
保护言论自由(Aest./intel)	41(32-56)
观念重于金钱(Aest./intel.)	34(27-38)
强大的国防(Saf.)	22(17-33)

引自 Muller-Rommel & Thomas Poguntke eds.,NewPolitocs,Dartmouth,1995,p.69.

有人对法国绿党成员进行了调查,从中也可管窥出西方民众价值观的转向。调查发现,在被调查人中,最关注核议题的人占40.2%,最关注环境问题的人占27.7%,关注社会议题的人占26.2%,关注与改进民主进程有关议题的人占5.9%。① 这说明,在法国绿党中,人们对后物质价值的关注远远超过对传统物质价值的关注。

生态学马克思主义者戴维·佩珀先生于1991年走访了英国的12个公社(社区),访问了80多个公社社员,发现他们普遍关注生态健康,并积极进行资源分享、循环利用、减少资源使用的实践。"公社社员……持有一种实际上激进地和彻底地绿色的世界观。这种世界观很不规则地变成个体与

① [德]斐迪南·穆勒-罗密尔主编:《欧洲执政绿党》,山东大学出版社2005年版,第87—88页。

团体的实践。”[①]也就是说,英国民众更加关注后物质价值并在行动中加以实践,“绝大多数英国民众在民调中表示,政府应该把增加幸福放在增加财富之上。”[②]

从以上分析中可以看出,二十世纪九十年代以来,当代资本主义各国民众的价值理念发生了重要转向。坚持物质主义价值观的人数在不断减少,坚持后物质主义价值观的人数在明显增加;主流社会对传统物质价值的关注程度在明显降低,而对后物质价值的关注程度明显提高。“西方公众的基本价值优先性已经从物质主义转向了后物质主义——从优先强调物质生存和安全,转向更加重视所有权、自我表达和生活质量”。[③] 后物质主义在当代资本主义各国开始兴起。

① [英]戴维·佩珀:《公社与绿色视点:反文化、生活风格和新时代》,伦敦绿色图书出版社1991年英文版,第156页。

② 尹伊文:《用国民幸福总值代替GDP》,《南方周末》2009年5月7日。

③ [印]萨拉·萨卡:《生态社会主义还是生态资本主义》,山东大学出版社2008年版,第334页。

第二章 后物质主义诠释

美国学者罗纳德·英格利哈特在他1997年出版的《现代化与后现代化》(《Modernization and Postmodernization : cultural, economic, and political change in the 43 societes》)一书中指出:当今世界各国的价值观变迁实际上存在"两个维度"。一个是"现代化"维度,它反映的是从"传统价值观"向"现代价值观"转变的程度,另一个是"后现代化"维度,它反映的是从"生存价值"向"幸福价值"(或"自我表现价值")转变的程度。当今世界发达工业社会出现了从"物质主义价值观"向"后物质主义价值观"、从"现代价值观"向"后现代价值观"转变(shift)的文化变迁趋势。[①] 英格利哈特正确指出了后物质主义价值观的出现。但何为后物质主义?其具体含义是什么?后物质主义与生态社会主义,与绿色政治思潮是何关系?只有将这些问题讨论清楚方能更全面、更深入地认识后物质主义。

一、后物质主义的内涵

后物质主义是相对于物质主义而言的一种价值观。传统政治哲学认为,人们最主要的价值利益是人们的物质利益,其他的价值需求都是由此派生的。因而,一个理想社会的基本标志就是最大限度地满足人们物质方面的利益要求。然而,进入后工业社会后人们发现,理想社会不仅要满足人们

---

① 转引自吴鲁平:《西方发达国家青年价值结构的转型及其社会经济根源》,《中国青年政治学院学报》2002年第2期。

物质方面的利益要求，还要满足人们非物质方面的利益要求，诸如精神愉悦、自由、尊严、健康、人权、人的全面发展等。后物质主义就是包括了所有与从物质价值视角出发的价值认知相对立的价值认知的总和。在工业社会的物质主义文化语境下，人们认为人类的幸福与自由是与物质享受量的增加相一致的，经济的增长带来了人们物质财富占有量的增加，因而经济增长连同有利于增长的一切措施都被评价为有价值的。然而事实并非如此。人们发现我们虽然物质财富的占有量比前人增加了许多，但大多数人并没有因此感到更加幸福和快乐。这说明或许物质财富并不是测量人们幸福水平的唯一尺度或主要尺度。正因如此，后物质主义的价值认知得到了越来越多的西方民众的关注，成为后工业社会的主流价值理念。

1. 后物质主义是一种与物质主义相对立的价值观

所谓后物质主义是欧美在二十世纪八九十年代新兴并流行的价值取向，是对二十世纪七十年代以前占主流地位的物质主义价值观的检讨和合理替代。随着西方国家由工业社会进入到后工业社会，人们的价值理念开始改变。从热衷于经济增长和财富分配等物质价值转向对生态环境、生活质量、人权与公民自由等后物质价值的关注。其中，生活质量、自我实现和公民自由是后物质主义的基本诉求，而对生活质量以及与之相关的生态环境的重视则是后物质主义价值观最显著的特征。

后物质主义首先是人们的一种价值观，是超越和扬弃物质主义的价值理念。“它属于人们心中的深层信念，在人们的价值活动中发挥着行为导向、情感激发和评价标准的作用，构成人生观的重要内容，制约着个体行为的方方面面，是一个无形而有力的世界。”[①]自资本主义工业社会诞生以来，资本主义主流社会始终奉行着物质主义价值观，过度追求产值、产量、利润，过分追求物质享受、物质消费等等物质的刺激，进而带来了生态环境恶化和人的社会生活异化等严重问题。面对物质主义“灾难”，越来越多的人开始

① Rokeach, ed., Understanding Human Values, New York: Free Press, 1979.

反思贯穿于工业文明之中的错误发展理念和并不文明的生活方式,开始思考"为什么我们要毁灭环境、毒化生物圈?人类何以逐渐丧失了与生俱来的深度游戏感,而陷入机器式的单调劳作,甚至将无休无止的工作当成了人类存在的定义本身?什么时候、什么缘故,物质主义(materialism)替代了理想主义(idealism)"。[①] 在这样的思考过程中,人们的价值理念发生转变。"一种后物质主义取向不断在这些社会里发展起来,这种态度把个人的自我实现、社会感性体验、公平的生活条件、未遭损害的环境和本身生活的意欲满足当作确定自己生活取向的最重要的价值。"[②]人们不再将产值、产量、利润等物质价值看成经济活动中唯一重要的变量,而将生态平衡、资源合理利用、人的健康、生活质量以及良好的环境保护视为与产值、产量、利润等物质价值同等重要的变量,甚至将这些后物质指标视为最为重要的价值指标。后物质主义注重"生活质量而非只是财富积累,可持续发展而非无限制的物质增长,深度游戏(deep play)而非单调的持续劳作,普遍人权及自然界的权利而非只突出财产权,全球合作而非单边主义的霸权实践。"从这个意义上说来,后物质主义"是一种新的公民意识,一种新的思想观念"。[③]

在深刻反思物质主义"灾难"的基础上,人们发现,"在满足了基本的温饱需要后,物质的增长往往并不能带来更多的幸福感。"[④]因而,后物质主义淡化对"物"的追求和享受,注重"提升人类精神"和实现人的价值,注重社会和谐和社会的可持续发展。接受后物质主义价值观的人们不再将过分追求物质占有、物质享受和物质消费作为生活中的主要追求。人们对待物质价值开始趋向理性,逐步摒弃对物质的过分贪欲,不求更多,只求足够,不求奢侈,只求合理。人们对生活的理解已经升华,开始追求享受丰富多彩的人生和自我价值的实现,追求物质的、精神的、全面的、和谐的生活幸福。这样

① [美]杰里米·里夫金:《欧洲梦》,重庆出版社 2006 年版,第 XI 页。

② [德]托玛斯·迈尔:《社会民主主义的转型》,北京大学出版社 2001 年版,第 81 页。

③ [美]丹尼尔·A.科尔曼:《生态政治——建设一个绿色社会》,上海世纪出版集团 2006 年版,第 196 页。

④ 文佳筠:《中国环保,不学美国学古巴》,《环球时报》2009 年 6 月 15 日。

一种超越物质价值,关注后物质价值的价值理念人们称之为后物质主义。

追求生活质量和自我实现是后物质主义的核心理念。在反思物质主义的过程中,西方社会民众开始从人本主义视角思考人生价值和人生意义。人们发现工业社会的物质主义追求其实只是一种“工具理性”,人们对自然界的财富攫取以及人对物质财富的占有只是追求人生幸福和实现人生价值的手段。与物质主义不同,后物质主义从“价值理性”出发,认为“人活着并非只要有面包就够了。如果没有精神上的对话,……人类就将退化成一堆器官,而世界也将变成精神荒漠”。[①] 人生的目的和意义是享受丰富多彩的人生、自我价值的实现以及自身的幸福和快乐。因此,后物质主义的基本诉求是要“拥有一个更高的生活标准、更好的食品、更健康的身体、有报偿的工作、良好的伙伴关系、更清洁的空气、更大程度的自立、更支持性的社区和尤其是一个更加安全的生活世界。”[②]也就是在满足生存与发展的基本物质需要后要追求“物质需要以外的真正需要”。后物质主义要求“感受到纯粹的生活愉悦;运用我们身体的力量去享受;与阳光、微风和细雨相嬉戏;在满足人类本能的适当的身体欲望中得到欢乐,而不必担心环境退化或做错事的感觉,欣赏世界的自然美。”[③]后物质主义坚持,人生的核心诉求不在于物质价值的多少,而是人的健康、生活的质量和自我价值的实现。后物质主义优先考虑的是实现诸如“保证人民对工作中和社区内的事务有更大的发言权”,“政府在作出重要决策时应给予人民更大的发言权”以及“努力使我们的城市和乡村更美丽”等目标。[④]

关注生态文明是后物质主义最显著的外在表现。关注人的健康和生活质量必然关注生态文明。工业社会的物质主义发展模式破坏了生态环境,带来了严重的生态问题。空气污染、水污染和环境污染严重影响了人的健

---

① [德]玛利昂·格莱芬·霍登夫:《资本主义的文明化?》,新华出版社2000年版,第29页。

② [英]P.班亚德、F.摩根-格伦威尔:《绿色选择》,伦敦梅修恩出版社1987年英文版,第335页。

③ [英]戴维·佩珀:《生态社会主义:从深生态学到社会正义》,山东大学出版社2005年版,第182页。

④ [美]阿伦·利普哈特:《民主的模式》,北京大学出版社2006年版,第60页。

康和生活质量，资源的过度开采已经威胁到人类的生存。将人的健康和生活质量作为核心价值的后物质主义理所当然地关注生态文明问题。后物质主义主张“更全面的生活，即更生态化的生活。”倡导并积极参与环境保护，主张合理利用资源，倡导“更多的瓶子和报纸被循环利用，人们更多地购买无铅汽油，更少的有害物质被冲进排水孔。”[①]后物质主义主张经济发展要考虑自然环境的承受能力，推行物质享受合理化的生活方式。保护生态环境，倡导生态文明是后物质主义的明显表征。

后工业社会是后物质主义存在的社会条件。一种价值理念、生活态度或社会风尚的出现与发展要有一定的社会条件。在资本主义工业社会初期，资本主义各国生产力不甚发达，物质生产能力远远满足不了全体社会成员的基本物质需求。在此种社会条件下产生物质主义价值观是合乎逻辑的。进入后工业社会，当代资本主义各国已经达到“丰裕社会”的水平，西欧各国实行覆盖全民的“从摇篮到坟墓”的社会福利制度。在这种“无风险社会”的条件下，物质价值在人们心目中的重要程度开始降低，而健康指数、幸福指数、自我实现、生态环境等后物质价值越来越受到人们的关注。实践证明，人们对生活质量的追求，并不等同于物质追求；生活质量的提高与物质占有和物质享受也非正比例关系。在人们的物质生活达到一定水平时，“需求逐渐转入对健康和安全的追求，进一步追求视听享受、旅游观光、文化娱乐”，此时，人们“最大的幸福感是成功欲望的满足”，而非过多的物质占有或物质享受。[②] 可见，后物质主义是后工业社会的产物，是后工业社会占主流地位的价值理念、生活态度和社会风尚。

2. 后物质主义是标志着社会文明和进步的行为模式

所谓价值观是人们对客体满足主体需要所具有的用途及作用的评价和看法。它作为人们的价值判断理念必然影响人们的文化认同和社会行为，

---

① [英]安德鲁·多布森：《绿色政治思想》，山东大学出版社2005年版，第174页。

② 金涌等编著：《资源·能源·环境·社会》，化学工业出版社2009年版，第85页。

进而外化为人们的行为模式。后物质主义作为一种价值观同样会对人们的文化认同和社会行为产生影响,进而外化为人们的行为模式。故此,后物质主义不仅是一种价值观,同时也是一种生活态度、文化认同和行为模式。它贯通和渗透于社会生活各个领域,并对当代社会产生重大影响,它"正在改变社会、政治和经济生活"。

后物质主义作为行为模式,主张经济发展与生态文明的和谐与互动,倡导循环经济、节能经济、"减物质化"和"非物质化"经济,追求环保、节能、洁净、效益等科学发展和可持续发展,追求环境保护、经济发展、高质量的人民生活三者和谐统一的目标。后物质主义反对片面追求产值、产量、利润等物质价值,反对以牺牲和破坏生态环境为代价的传统经济发展模式。后物质主义反对把人异化为物质财富的"奴隶",反对为了物质财富的攫取、占有不惜牺牲人的健康、幸福和生活质量,主张经济发展同生活质量提高的一致性。

后物质主义作为行为模式,积极倡导和呼吁全社会参与环境保护工作,将生态文明作为最重要的价值取向。自觉选择更健康、更自然、也更正常的生活方式,奉行物质享受合理化,拒绝奢侈性的物质享受。在物质享受合理化的基础上追求丰富多彩的生活和生活质量的提高,关爱社会、关爱他人,注重人的价值的实现,自愿为建设更人性化的社会做贡献。

后物质主义作为行为模式,关注社会的政治参与,积极投身公益事业,反对军备竞赛、维护和平,主张建设更人性化的社会。

后物质主义作为行为模式还表现为民众自发的社会运动。接受后物质主义的民众基于对生活质量和生存环境的关注自觉兴起环境保护运动和"绿色浪潮",反对工业社会的传统发展模式对资源的破坏和对生态环境的污染,积极参与环境保护工作。基于对人的健康的关心,民众发起了"慢活"运动、"有机生活"活动;基于对社会公共利益的关心,民众发起了反战运动、反核运动、民权运动、女权运动、和平运动等"新社会运动",积极参与维护和平、保护妇女权益、保障人权的活动以及社会捐赠和志愿服务等慈善活动,彰显后物质价值。近几十年来,在当代资本主义社会兴起的"新社会运动”以及其他关爱健康、关爱社会的活动中都有后物质主义印记。从广义上讲,上述运动也都可以称之为后物质主义运动。

后物质主义是社会文明和社会进步的产物,也是社会文明和社会进步的体现。人类文明的发展是一个绵延不绝的历史过程。新的社会文明要在人类文明的历史积淀中孕育和发展,也必然要实现人类文明的历史性跨越。人类从农业文明进入到资本主义工业文明,是一次具有划时代意义的革命性的社会进步。资本主义工业文明显示了人类征服自然和改造自然的巨大能力,创造出“完全不同于埃及金字塔、罗马水道和哥特式教堂的奇迹”,①打开了一切物质财富的源泉。物质主义价值观应当说是资本主义工业文明的正常反映。然而,人类对客观世界及主观世界的认识是曲折而逐步深化的,人类文明是不断进步和发展的。随着知识经济时代和后工业社会的到来,人类开始自觉地解决物质文明和生态文明的和谐互动问题,经济发展、社会进步与人的发展的有机统一问题,人们开始超越对物质的满足,其价值追求开始向物质之外的更多领域延伸,比如政治、生活和社会环境的质量等,进而寻求生活的丰富多彩、精神愉悦和人的全面发展。后物质主义的上述诉求是社会发展和进步到后工业社会和知识经济时代的表现,是人类对现代人类发展规律认识的深化。它标志着人类文明发展进入了一个新的阶段。

二、后物质主义与生态社会主义

生态社会主义是产生于二十世纪七十年代的西方马克思主义的重要新兴流派,是在当代资本主义的“绿色运动”中脱颖而出的具有“红色”标志的“绿色”思潮。生态社会主义不同于一般的绿色政治思潮。面对资本主义工业社会的传统发展模式带来的种种生态问题,面临着日益严重的生态危机,生态社会主义将马克思主义理论和当代生态学、系统论思想结合起来,

① 《马克思恩格斯选集》第1卷,人民出版社1972年版,第254页。

从社会制度、社会生产方式以及文化层面深刻揭示当代生态危机的社会根源,对当代资本主义进行新的批判,描绘未来生态社会主义的图景,形成具有“红色”标志的“绿色”思想。

后物质主义在“绿色”主张以及对资本主义工业社会传统发展模式的否定方面与生态社会主义似成一家,但后物质主义与生态社会主义毕竟有着重要区别。搞清二者关系无疑有助于人们加深对后物质主义的认识。

1. 后物质主义与生态社会主义的差异

后物质主义与生态社会主义虽有诸多共同主张,但二者属于不同层级的政治流派和社会思潮。

首先,后物质主义与生态社会主义的内涵不同。所谓后物质主义是欧美在二十世纪八九十年代新兴并流行的价值取向,是对二十世纪七十年代以前占主流地位的物质主义价值观的检讨和合理替代。随着西方国家由工业社会进入到后工业社会,人们的价值理念开始改变。从热衷于经济增长和财富分配等物质价值转向对生态环境、生活质量、人权及公民自由等后物质价值的关注。其中,生活质量、自我实现和公民自由是后物质主义的基本诉求,而对生活质量以及与之相关的生态环境的重视则是后物质主义价值观最显著的特征。

所谓生态社会主义是从思考生态危机的根源入手,运用马克思主义理论揭露资本主义制度是造成生态危机的根源,将保护生态环境与争取实现社会主义结合起来,强调摆脱生态危机的根本道路只能是新型社会主义的一种社会思潮。这种社会思潮最为显著的特征是将环境保护和实现社会主义目标作为其基本诉求。

其中,后物质主义追求自我实现、公民自由、生活质量以及与之相关的生态环境等后物质价值,而并非一定要批判和否定资本主义,追求社会主义目标;生态社会主义虽然也关注自我实现、公民自由、生活质量等问题,但重点追求生态环境和社会主义目标。生态社会主义认为,“只有废除资本主义制度，建立新型的社会主义，才能彻底解决生态问题。”①后物质主义实际上是在现有制度的框架内来关注生活质量、自我实现的问题。批判资本主义，追求生态文明和社会主义的目标是生态社会主义的本质特征，追求自我实现、公民自由、生活质量以及与之相关的生态文明等后物质价值是后物质主义的核心价值。

其次，后物质主义与生态社会主义的理论层级不同。后物质主义作为一种价值观，既存在于人们的社会心理层面，也存在于人们的社会意识形态层面，涵盖民众处于自发状态的意识表白与社会精英高水平的理论阐释，交织着感性因素和理性因素。其一，后物质主义价值观存在于人们的社会心理层面，在民众的情感、风俗、习惯、时尚、信念、价值取向、生活态度和生活方式等方面表现出对自我实现、公民自由、生活质量以及与之相关的生态环境的关注、追求、诉求和认同。它没有明确的、众望所归的领军性的代表人物，没有经典的、标志性的代表性理论著作。它更多地、更有广泛而深刻影响地渗透于社会大众的心理、情感、信念、价值取向、意识、习惯以及生活态度之中。其主要载体是民众的社会心理和价值理念。其二，后物质主义价值观也存在于人们的社会意识层面，通过社会精英系统化的理论阐释，在政治思想、哲学、道德、科学等不同形式中表达对后物质价值的重视。但它更像一种“思想路线”，渗透于社会精英的政治思想、哲学、科学、伦理著述的字里行间，对其价值取向形成潜移默化的导向作用。其三，后物质主义作为一种价值观，对人们的生活方式、社会经济发展方式以及社会政治生态产生着全面的、深刻的影响，进而使当代资本主义的社会转型带有后物质主义的烙印。从这个意义上说来，后物质主义也是一种社会运动。

与后物质主义不同，生态社会主义作为一种社会思潮属于社会意识形态，是系统化的理论体系。它集中表达社会精英的理性思考，侧重从理论层面展开对现存资本主义制度的批判，理性表达对生态环境的关注和诉求，从社会发展规律的维度论证生态社会主义社会的必然性，宣示对生态社会主

① 曾文婷：《“生态学马克思主义”研究》，重庆出版社2008年版，第176页。

义的向往。它有确定的代表人物,形成了较系统而完整的理论体系,推出了一系列代表性的理论著作。如法国的安德烈·高兹(Andre Gozz)、加拿大的本·阿格尔(Ben Agger)、美国的威廉·莱斯(William Leiss)、詹姆斯·奥康纳(James O' connor)、英国学者大卫·佩珀(David Pepper)、豪沃德·帕森斯(Howard L. Parsons)、哈维(D. Harvey)等均是二十世纪八九十年代生态社会主义的领军人物和代表性人物。他们推出了一系列具有理论深度和学术价值的著作,如安德烈·高兹的《资本主义、社会主义、生态学》、《生态学与自由》,本·阿格尔的《西方马克思主义概论》,威廉·莱斯的《自然的统治》,大卫·佩珀的《生态社会主义:从纵深生态学到社会主义》,詹姆斯·奥康纳的《自然的理由:生态学马克思主义研究》等著作都是生态社会主义具有代表性的理论成果。生态社会主义的代表性人物多半都是具有坚实理论功底的学者,他们在其大部头的理论著作中都系统构建了生态社会主义的理论体系,使生态社会主义实现了理论化和系统化。生态社会主义基本上与情感、习惯、风俗等社会心理层面无关,也不涵盖民众的处于自发状态的意识表白。

再次,后物质主义与生态社会主义的特性不同。后物质主义作为价值观广泛存在于社会民众和政党精英的思想中,从而影响社会民众、政党精英以及社会团体的政治主张、思想观念以及行为倾向。可以这样理解:后物质主义是后工业时代西方发达资本主义社会所接受的一种"思想路线"。后物质主义作为社会转型过程中主流群体的价值取向和社会理念,具有较为鲜明的"解组织性"、包容性和"溶解性"特征。它不以某个特定的组织为载体,亦不依附于任何社会群体,而是涵盖了各色政党和社会民众,将持有不同政治主张和不同意识形态的组织、政党及民众"溶解"于对后物质价值的关注之上,统一在后物质主义的旗帜下,形成庞大的、多元的后物质主义者群体。

与之不同的是,生态社会主义是西方左翼生态运动中具有较大影响、最激进的政治流派。二十世纪八十年代,多数生态社会主义者们从属于绿党,二十世纪九十年代,生态社会主义在实践上发展成为在绿色运动内部足以与代表绿色运动主流的“绿绿派”(green - greens)构成鼎足之势的“红绿派”(red - greens)。它从生态学角度批判了当代资本主义,运用马克思主义的理论分析人类的生态问题,致力于马克思主义与生态学的结合。它的主要社会载体是西方马克思主义团体、信仰马克思主义的西方学者和社会精英,它更多地是从学理方面和意识形态视角来批判资本主义对生态的破坏,来论证只有社会主义方能真正解决生态问题。生态社会主义有着鲜明的意识形态倾向和完整的组织载体。

2. 后物质主义与生态社会主义的内在联系

尽管后物质主义与生态社会主义属于不同层级的政治流派和社会思潮,但双方并非毫无联系。二者在诸多方面具有重合之处。

首先,生态社会主义理论与后物质主义理念具有重合之处。生态社会主义的诸多重要理论观点实际上就是后物质主义价值观的理论表现。

第一,生态社会主义将保护环境、维护生态平衡、实现生态文明作为其基本理论主张,而这恰恰也是后物质主义的核心价值取向。法国学者安德烈·高兹指出:“生态理性是用这样一种最好的方式来满足(人们的)物质需求:尽可能提供最低限度的、具有最大使用价值和最耐用的东西,而花费少量的劳动、资本和资源就能生产这些东西。”①“经济的生态重建,包括从产品的设计(产品必须是耐用的和易于修复的)到消费和物质循环,涉及生产和能源改造的一切环节,并要求化学工业、运输和农业的生态重建。”②高兹不仅强调经济发展要尽量减少资源能源消耗,推行物质循环消费,还探讨了异化劳动问题。他指出:“技术革新必须不仅为生态重建和理性化服务,它还必须使用可能更少的劳动时间提高劳动生产率,并把我们从异化劳动中解放出来。总之,生产和利润最大化的经济标准服从于社会—生态标准。”③

---

① Andre Gorz. Capitalism, Socialism, Ecology, Verso, 1994, pp. 32 - 33.

② Andre Gorz. Critique of Economic Reason, Verso, 1989, pp. 31 - 32.

③ Andre Gorz. Critique of Economic Reason, Verso, 1989, p. 32.

高兹的上述理论观点,实际上就是后物质主义的观点。二十世纪九十年代以来,西方发达国家所出现的社会价值理念的转变,其基本标志就是越来越多的社会民众高度重视对环境的保护,将生态问题与人的生活质量紧密联系起来给予高度关注。人们开始摒弃单纯追求经济增长的物质主义价值观,转而接受后物质主义价值观,追求环境保护与经济发展的和谐统一,追求经济发展与人们生活质量提高的统一,强调人不能成为物质创造的"奴隶",而应让物质创造真正服务于人的生活和人的全面发展。从这个意义说来,关注环境保护和生活质量的主张属于后物质主义的主张。

第二,生态社会主义从维护生态平衡的角度出发,提出合理消费的主张,这同后物质主义的物质享受合理化的价值理念是一致的。美国生态社会主义学者威廉·莱斯强调,社会进步的前景取决于在消费领域之外的其他领域。"满足的可能性将主要是社会活动的组织功能,而不是像今天的社会那样主要是消费活动的功能。"[①]也就是说,人生的满足不仅仅局限于无节制的物质消费,实际上还有精神的、文化的消费和有意义的社会活动。这里提出的合理消费理念与后物质主义的物质需求合理化理念高度契合。被西方民众广泛接受的后物质主义价值观,倡导物质需求合理化。多数西欧民众奉行着"饭不能不吃,但不必太好;钱不能没有,但不必太多"的价值理念,越来越多的人愿意在物质享受合理化的前提下将额外的收入用于完善自我,享受丰富多彩的人生。显而易见,生态社会主义关于合理消费的主张实际上就是后物质主义价值观的一种理论表述。

第三,生态社会主义从人类中心主义出发,强调人的闲暇生活,这与后物质主义价值观是一致的。加拿大学者本·阿格尔认为,人类社会的进步和发展将使人们"从创造性的、非异化的劳动而不是从以广告为媒介的商品的无止境的消费中得到满足。""人们需要创造性的劳动和闲暇生活"。[②] 法国学者安德烈·高兹曾正确地指出:随着社会的发展与进步,"为经济目的

---

① William Leiss. The Limits to Satisfaction, McGill - Queen's University Press, 1988, p. 104.

② [加]本·阿格尔:《西方马克思主义概论》,中国人民大学出版社 1991 年版,第488 页。

所进行的劳动的进步性的减少将使自主的行为在社会中处于优势地位成为可能;‘自由时间将压倒非自由时间,闲暇将压倒劳动’;而‘闲暇将不再只是剩余或补偿,而是必不可少的生活时间和生活的原因,劳动将降低到仅仅是一种手段的地位’。”①

二十世纪九十年代在西方社会中兴起的后物质主义,其显著特征之一就是对生活质量的关注,追求丰富多彩的人生。后物质主义价值观认为:资本主义工业社会的传统发展模式片面追求物质价值不惜牺牲劳动者的健康,这实际上是一种异化。经济的发展归根结底要服务于人的健康和生活质量的提高,而劳动时间的适当缩短,闲暇时间的适当增加是人们享受丰富多彩的高质量人生的必要条件。在生存与发展无虞的前提下,创设更多、更有意义的闲暇生活是后物质主义的基本诉求之一。从这一点看来,生态社会主义的上述观点实际上就是后物质主义的一种表现形式。生态社会主义的理论也是后物质主义的一部分,是后物质主义价值观的理论升华。

其次,生态社会主义与后物质主义的主体具有重合之处。生态社会主义与后物质主义不仅在理论主张上具有重合之处,在坚持生态社会主义和坚持后物质主义的主体方面也有重合之处。生态社会主义者实际上都是后物质主义者。

所谓后物质主义者是一个涵盖广泛的社会群体。凡是接受后物质主义价值观的人均属于后物质主义者。他们的共同特点是将生态环境、生活质量、自我实现与公民自由等后物质价值作为核心价值和基本诉求,摒弃片面追求物质攫取、物质占有、物质享受的物质主义理念,追求生态文明条件下的人的健康、高质量的、丰富多彩的生活和自我价值的实现。生态社会主义者虽然大多是一些学者和社会精英,坚持鲜明的马克思主义意识形态,但他们在价值观上最坚决地反对物质主义理念,最鲜明地追求生态文明、人的健康和高质量的、丰富多彩的生活。他们每个人的行为本身就彰显着对自我价值实现的追求。生态社会主义不仅在价值观层面,而且在理论层面均将

① Andre Gorz. Critique of Economic Reason, Verso, 1989, pp. 139 - 169.

生态文明、生活质量、自我实现与公民自由等后物质价值视为核心价值和实现目标。生态社会主义者也是后物质主义者。当然,由于后物质主义者是涵盖广泛的社会群体,因而,相当多的后物质主义者不是生态社会主义者。

总之,生态社会主义属于后物质主义,生态社会主义者必然是坚持后物质主义价值观的后物质主义者。但后物质主义并不等同于生态社会主义。后物质主义作为一种价值理念和社会心理比生态社会主义具有更广泛的覆盖性。

三、后物质主义与绿色思潮

所谓绿色思潮是二十世纪七十年代在当代资本主义社会兴起的,以追求人与自然和谐相处为目标,以维护生态平衡,保护生态环境,反对传统经济发展模式为内容,呼吁经济发展与生态环境相协调,主张社会正义的社会思潮。它是二十世纪末在当代资本主义世界影响最广泛、参与人数最多的社会思潮。后物质主义同绿色思潮具有密切关联,亦有明显的差别。

1. 后物质主义与绿色思潮的差异

首先,后物质主义与绿色思潮的内涵不同。绿色思潮是一个涵盖和兼容各种政治倾向、各种社会界别的社会思潮。"绿党政治,一如其渊源所示,是多元的。绿党尊重多样性(或称兼容并包)的价值观展示了一种在原则上把所有人纳入其行动范围的决心。"它"把不同的观点和流派集合在同一场运动的同一政治纲领之下"。[①] 在保护生态环境的社会共识之下,绿色思潮内存在着诸多派别。其中,"深绿"派认为只有抛弃工业资本主义的整个体系方能真正实现绿化。"浅绿"派则相信工业资本主义社会经过调整就可以扭转环境恶化趋势。生态社会主义强调只有实现社会主义才能真正

① [美]丹尼尔·A.科尔曼:《生态政治——建设一个绿色社会》,上海世纪出版集团2006年版,第162页。

实现生态文明;生态自由主义强调资本主义制度的合理性。生态中心主义强调自然界的地位高于一切,崇尚原始生活;人类中心主义则以人的合理需要和人的利益为基点,主张人类对自然界改造的合理限度,实现人类利益与自然利益的和谐统一。

显然,后物质主义与绿色思潮不能同日而语。

其一,后物质主义同生态中心主义截然不同。生态中心主义"崇拜自然"、"敬畏自然",认为"一种健全的道德体系应把道德关怀不仅扩展到非人类的动物,植物,还应当扩展到一切存在物"。[①] 与这种强调自然界的地位高于一切的理念不同,后物质主义将生活质量、自我实现和公民自由以及人的全面发展等有关人的价值作为核心价值和基本诉求。后物质主义固然关注自然界的环境问题,但它是站在人类中心主义的立场来对待生态环境问题的。这与崇拜自然、敬畏自然的价值观没有共同点。

其二,后物质主义与"浅绿"派和生态自由主义也不相同。虽然后物质主义与"浅绿"派和生态自由主义都主张维护生态平衡,保护生态环境,但"浅绿"派和生态自由主义并不明显关注人们的生活质量和自我实现等后物质价值问题,也不明显反对物质主义的发展模式。他们着重强调资本主义制度的合理性和资本主义现有模式的可调整性,低估资本主义传统模式导致环境恶化和人的生活质量降低的严重性。后物质主义反对资本主义工业社会的物质主义发展模式,关注人的健康和生活质量。

其三,后物质主义与"深绿"思潮有明显区别。"深绿"思潮和生态社会主义强调是资本主义制度带来的生态问题,认为"正是资本主义制度下人类'干预'自然的方式是大量土地退化和由此造成的让人吃惊的人类后果的原因。"他们主张抛弃资本主义整个体系方能解决生态问题。[②] 后物质主义关注生态环境问题,但并不计较意识形态问题,也不去关注社会主义制度和资本主义制度问题,而是在现有制度框架下关注生活质量、自我实现等问

① 金涌等编著:《资源·能源·环境·社会》,化学工业出版社2009年版,第40页。

② [英]戴维·佩珀:《生态社会主义:从深生态学到社会正义》,山东大学出版社2005年版,第133页。

题。这同主张抛弃资本主义整个体系，强调唯有社会主义方能解决环境问题的“深绿”思潮和生态社会主义亦经纬分明。虽然生态社会主义者都是后物质主义者，但在接受后物质主义的人群中不赞成生态社会主义的也大有人在。

其次，后物质主义与绿色思潮存在形式不同。绿色思潮有明确的社会载体。二十世纪八十年代以来，当代资本主义各国相继成立了绿党，九十年代，一些国家的绿党还进入了议会。绿党成为绿色思潮的社会载体。绿色思潮有明确的表现形式。二十世纪七十年代以来，当代资本主义社会掀起了“新社会运动”。其中，影响最大、参与人数最多、持续时间最长的，首当其冲的运动就是绿色运动。人们走上街头，要求政府采取有力措施解决生态环境问题。这一运动集中表达了绿色思潮的主张和诉求。绿色思潮还有明确的理论。无论是生态中心主义抑或人类中心主义，均推出了系列的理论著述，系统阐述绿色思潮的理论观点。

与之不同的是，后物质主义没有明确的社会载体和政党依托。它作为一种价值观，作为一种文化认同存在于民众的意念之中，影响、支配人们的行为模式。后物质主义价值观渗透于各个社会阶层、各种社会派别，影响着具有不同意识形态的人们。后物质主义也没有系统的、完整而集中表达其思想的理论。作为常态，后物质主义往往表现为人们的理念、心理、文化认同、生活态度和行为方式。后物质主义也不像绿色思潮那样有集中的表现形式。虽然西方社会的多数“新社会运动”都表达着后物质主义诉求，其参加者也大都接受后物质主义价值观，但并没有一种专项的“新社会运动”公开打出后物质主义旗帜。

2. 后物质主义与绿色思潮的内在联系

后物质主义同绿色思潮虽然不能等同，但二者之间在许多方面是相互重合的。正如美国学者英格利哈特所说：“绿党的出现与成功看起来与公众的后物质主义价值转向相关。现在，大量的经验比较研究都表明，绿党除了内部的某些右翼少数派外，大都反映了这一后物质主义价值观变化。比如，绿党活动分子和投票人的社会基础、绿党的意识形态、绿党的组织和绿党的抗议政治偏好等,都与后物质主义的根本性特征完全吻合。"①

首先,后物质主义与绿色思潮在理念和主张上有重合之处。其一,绿色思潮追求人与自然和谐相处,强调维护生态平衡,保护生态环境,渴望实现生态文明。在这一点上后物质主义同绿色思潮的理念和主张完全一致。维护生态平衡,保护生态环境是后物质主义的基本诉求。其二,绿色思潮(就大多数绿色派别而言)反对传统经济发展模式,呼吁经济发展与生态环境相协调。绿党批判传统经济发展模式片面追求工业生产的增长,忽视了自然资源的有限性。德国绿党在其联盟纲领中指出:"我们代表一种完整的理论,它与那种片面的、以要求更多生产为牌号的政治学是对立的。我们的政策以未来的长远观点为指导,以四个原则为基础:生态学,社会责任感,基层民主以及非暴力。"②而后物质主义则是对传统的物质主义发展模式的检讨和合理替代。反对片面追求经济增长,强调经济发展与生态文明和谐互动,与人的发展和谐互动是后物质主义的核心内容。多数西方学者认为,正是后物质主义价值观的出现为绿色思潮的兴起提供了哲学文化基础。

其次,后物质主义者与绿色思潮成员有重合之处。由于所有后物质主义者都将生活质量以及与之密切相关的生态环境问题作为核心价值,都积极维护生态平衡,保护生态环境,因此,所有后物质主义者都是绿色和平主义者,都是绿色思潮的成员。而绿色思潮的多数成员也是后物质主义者。据统计,在支持绿党的选民中,持有后物质主义价值取向的人口超过绿色选民的三分之二,达到70.2%。在绿党成员中,持有后物质主义价值取向的人占到党员总数的94%,倾向于物质主义的成员仅占1.1%。这充分证明,在绿党成员和绿色思潮的成员中,绝大多数人属于后物质主义者。

综上所述,后物质主义也属于绿色思潮,是绿色思潮的哲学文化基础之

① 参见[德]斐迪南·穆勒-罗密尔主编:《欧洲执政绿党》,山东大学出版社2005年版,第1页。

② 弗·卡普拉、查·斯普雷纳克:《绿色政治——全球的希望》,东方出版社1988年版,第58页。

一,后物质主义者都是绿色和平主义者。但绿色思潮中的一些流派和少数成员不属于后物质主义者,一些绿色思潮中的流派其主张也不同于后物质主义。后物质主义虽然也属于绿色思潮,但却不能等同于绿色思潮。

第三章 后物质主义对当代资本主义社会生活方式的影响

后物质主义作为一种社会主流民众所接受的价值观,对人们的生活方式具有深刻的影响力和强大的穿透力。它能在日常生活中潜移默化地改变人们的生活态度、生活习惯、消费方式和生活方式。后物质主义作为一种当代资本主义社会主流民众的社会心理,具有极强的发散性和导向性。它能够通过社会舆情、大众心理共识、公共道德等载体演化为社会时尚,升华为生活美德,引导社会民众自觉接受后物质主义生活方式。后物质主义作为一种价值观无疑还具有道德规范的功能。它在升华为生活美德的同时,也为社会大众提出了一个道德评价标准,通过道德的力量教化民众接受后物质主义的生活态度和生活方式。

后物质主义作为一种价值观、一种社会心理,一种道德,它对社会大众的价值取向和行为模式必然产生广泛而深刻地影响,必然要使社会民众的生活方式发生一定的改变。从这个意义上说来,后物质主义价值观在现实生活中已经演化成为一种生活方式——后物质主义生活方式。

一、后物质主义引导人们自觉维护生态文明

后物质主义的核心价值是生态环境、生活质量、自我实现和公民自由。其中对生态环境的高度关注是后物质主义最为显著的外化特征。二十世纪七八十年代以来,人类面临的环境问题和生态问题日益严重。基于对人类生态环境的现状和未来的深度忧思,西方社会出现了价值理念和生活方式

的转向。有越来越多的人开始接受后物质主义价值观和后物质主义生活方式,这首先表现在自觉保护生态环境,维护生态文明。

注重生态环境的保护,维护生态文明已经成为当代资本主义国家大多数民众的自觉行为,成为民众社会生活的一部分。人们把保护环境,维护生态文明理解为人的健康生存的基本条件和每个社会成员所应具备的道德底线。从不乱扔垃圾,到废弃物利用,从自觉保护环境到节约能源,环境保护意识已经渗透到民众生活的各个方面。

1. 保护环境已成为民众的自觉行动

出于对生态文明的关注,当代资本主义各国民众积极参与环境保护工作,将保护环境当成每个公民所应承担的义务。

首先,人们形成保护环境的价值共识,自觉保护环境已经成为社会美德。由瑞典电视 4 台发起的一项调查显示:89% 的人认为个人应该主动承担起改善环境的责任;72% 的人表示在日常生活中能够做到对垃圾分类。还有许多被调查者表示,愿意购买环保产品和能够避免中间运输环节从而降低废气排放的本地产品。瑞典媒体的调查还显示,在每 10 个瑞典人中,有 7 人对气候变暖十分担忧,4 人愿意为阻止全球变暖和改善环境而降低目前的生活水准。① 这说明对环境保护的关注在瑞典已深入人心。据德国联邦环保部公布的民意调查显示,85% 的人把环保问题视为仅次于就业的国内第二大问题,75% 的人希望德国应该在环境政策上继续维持在欧盟的领先地位。②

基于对生态文明的高度向往,在西方各国,吃野生动物做的菜肴、穿野生动物毛皮服装已被视为卑俗、没教养,而拒绝吃野生动物做的菜肴、穿野生动物毛皮服装则成为时尚和文明的表现。同时,自觉爱护环境,维护生态文明也成为一种社会美德。德国前外交部长、绿党领袖菲舍尔先生在任外

---

① 马世骏:《瑞典人环保意识强,每 10 人有 7 人为气候变暖担忧》,《新华网》2007 年 04 月 26 日。

② 王名等:《德国非营利组织》,清华大学出版社 2006 年版,第 212 页。

长期间，坚持骑自行车上下班，做保护环境的表率。我国民盟中央副主席张梅颖女士在德国看了一名小学生的环保记事本，从中可以感受到德国儿童的环保意识。其中记录："周六，爸爸去购物准备开车去，后来听了我的话改乘公共汽车，既节约了汽油，又减少了汽车废气排放；周日，我丢垃圾时发现没有分类，于是不顾臭味将垃圾分类后才丢入垃圾桶。"①我国一位作家在德国郊外将一香蕉皮扔到路边，开车司机当即停车，将香蕉皮捡回放入垃圾袋中。保护环境已经成为德国民众的道德风尚和自觉行动。

在德国，近年来成为时尚的"有机生活"实际上也是民众自觉维护生态环境，追求美德的一种表现。所谓"有机生活"是指衣食住行所用的物质产品都是绿色环境中产生的无公害、无污染的产品，人们生活在人与自然高度和谐的环境之中。这种"有机生活"在德国逐步成为时尚。据德国联邦统计局的统计，目前80%以上的德国人在购买物品时首选考虑"有机"因素。2007年，90%的德国家庭至少购买过一次生态产品。2007年，德国的有机食品销售额突破50亿欧元。无农药水果、生态大米、绿色咖啡、环保肉等1万多种有机食品受到德国民众青睐。黑森州的卡斯汀一家是上百万"有机家庭"之一。他家吃喝的食品几乎都是有机食品，大多数穿的衣服印有生态纺织的标识，使用的纸张清一色是再生纸，卫生间摆放着有机化妆品、生态牙膏和不加化学制剂的香水，两辆汽车均使用有机混合燃料。正如德国《图片报》所说：有机大潮吞没了许多德国人，"有机生活"已成为德国人唯一的时尚。有机热也带动了一批新兴产业。目前，德国兴起了有机旅馆、有机加油站、有机餐馆、有机家具店等。还出现了有机康复中心，病人在医生的指导下泡矿泉浴、吃有机餐，进行瑜珈等运动。②

如果从自觉抵制环境污染，自觉维护生态环境的角度来广义地理解"有机生活"的话，实际上除德国以外的西方各国也都出现了这一时尚。

其次，保护环境已经成为人们的自觉行动。人们积极参与环境保护工

---

① 王名等：《德国非营利组织》，清华大学出版社2006年版，第228、223页。

② 青木：《德国流行"有机生活"》，《环球时报》2008年9月12日。

作，自发的发起了一次次的环境保护运动，一大批民间的环保组织活跃在当今的世界舞台。德国有上千个环保组织，人员达到200万左右。德国最大的环保非政府组织“自然保护联盟”拥有成员40万人，其中有90%以上的成员都是义务兼职人员。他们每人每年缴纳28欧元的会费，却无偿为环保事业做着大量工作。该组织每年的经费是1800万欧元，其中有1200万欧元来自成员缴纳的会费，此外，还有大量的捐赠。① 基于对生态文明的向往，北欧人自觉地保护环境。每年春天瑞典人都会去郊游，但人人都会自觉地不进入森林妨碍鸟儿产卵。冬季，家家户户的屋檐下和树枝上，挂满了装着蛋糕的小木屋，让鸟儿不至于饿死。② 人们积极维护人与自然的和谐。

为了节约能源、维护人与自然和谐相处的环境，人们还积极进行房屋绿化。美国芝加哥市现有30多万平方米屋顶获得绿化。2000年至2006年日本已实施屋顶平面绿化160万平方米，墙壁垂直绿化10万平方米。目前德国屋顶绿化率已达81%，实际面积超过2000万平方米，许多绿色屋顶铺上草坪或种上鲜花，也有的屋顶种植茄子、西红柿等蔬菜。③ 房屋绿化遮挡了阳光对房屋的照射，明显降低了室内温度，减少了空调的使用。而为了减少空调的使用，日本首相以下的官员，则从2008年开始，夏季不再穿深色西服加领带的正式办公装束，而采取白色衬衣不打领带的“清凉装”。这实际上是民众积极参与环境保护的直接行动。

2. 不乱扔垃圾及垃圾分类倾倒已成为民众的文明习惯

在当代西方发达国家，无论是在城市还是乡村，道路、草坪、广场、公园、江河湖泊乃至池塘等处几乎看不到人们随处丢掉的垃圾，呈现于人们视野中的是干净而整洁的环境。人们在公园、河边或草坪上游玩或小憩后都会自觉地将果皮、碎纸等垃圾装到塑料袋中带走，再投放到垃圾箱内。一位多次到瑞典探亲的国人实地考察瑞典后发现：瑞典人家里至少有两个垃圾桶：

---

① 柴野：《德国环境怎么变好的》，《环球时报》2004年11月24日。

② 李玫忆：《北欧人活的就是悠闲》，《环球时报》2005年6月3日。

③ 丁雨等：《高楼绿化，世界都市新景》，《环球时报》2008年11月21日。

一个装食物残渣为主,这种垃圾经掩埋处理可以自然降解,亦可用于生产肥料;另一个装其他生活垃圾如纸品与体积小的塑料废品等。此外,每个小区还有一个废品收集区域,摆着四、五只大铁箱,分别标有投放废品的名称,是收集纸制品、玻璃及体积较大塑料制品等废弃物的。在民众居住的小区中,人们会自觉地把家里的废弃物分门别类地往铁箱里投放,掉在地上的都一点点拣起来投进箱子里去,绝不乱丢乱扔。即使在荒郊野外散居的人家,每家也都在路边摆着不同颜色的两三只垃圾桶,房舍周围绝无散乱的垃圾。在瑞典,报纸等废弃物是不能卖钱的,它的回报是整个国家良好的生态环境,是人民的健康长寿。① 在德国,几乎每户居民住宅门前都摆放有"黄、蓝、黑、绿"四种色彩的废弃物桶,民众自觉地把不同的废弃物分类投放,为的就是减少废弃物回收利用的时间和成本。

对于日本普通民众而言,扔垃圾是一件必须严格遵守并已形成规矩的事情。日本每个家庭都备有不同规格的垃圾袋,按照可燃、不可燃、资源三类分装垃圾。每年年底,居民们都会收到一张特殊"年历",年历特别注明哪一天可以扔何种垃圾,居民按照"年历"规定的日期扔不同的垃圾。扔垃圾还要遵守下列规矩:按规定日期放到固定地点;报纸杂志十字型捆扎;有水分的东西要控干水分;玻璃瓶、塑料瓶要清洗干净;废弃电器的电线要绕起来并固定在电器上。在一般人看来,如此繁杂的垃圾投放方法太麻烦,民众岂能自觉自愿的遵守?这里需要看到的是,后物质主义价值观已被绝大多数日本民众所接受。在他们看来,维护生态文明就是生活的一部分,"垃圾是有用的资源",这种意识已经渗透到日本人的生活习惯之中。② 因此,民众不仅养成了不乱扔垃圾的生活习惯,还自觉自愿地坚持严格的垃圾分类倾倒。

基于生态文明的考虑,当代资本主义各国民众都能认真而自觉地对垃圾进行严格的分类投放。这是当代发达国家民众文明生活的一部分。

---

① 向众:《瑞典人的环保意识》,《首钢日报》2005 年 3 月 22 日。

② 魏全平等:《日本的循环经济》,上海人民出版社 2006 年版,第 285 页。

3. 循环消费已成为民众广泛接受的生活方式

随着社会生产力的快速发展，人类面临的资源、环境压力越来越大。在这样的大背景下，西方民众基于生态文明的考虑，开始注重循环消费问题。人们认为，保护环境，维护生态文明，不仅要自觉爱护环境，更要通过自觉地坚持循环消费达到节约资源能源的目标。进入二十世纪九十年代，日本民众认识到，很多东西扔掉可惜，既浪费资源，又造成环境压力。有的东西经过修理还可以使用很长时间。于是，各种"旧货店"急剧增加。1997 年日本全国有旧货店 6452 家，年销售额约为 908 亿日元；到 2002 年扩大到数万家的规模。二手货行业和交易规模越来越大。以汽车为例，2000 年日本大约有 1000 家商店销售旧车零部件，市场规模是 750 亿日元。欧洲也是如此。在欧洲，修理汽车使用的零部件 30% 来自旧车。[①] 德国民众普遍接受循环消费理念，人们广泛使用未经漂白的再生纸。从学生用的练习本到商店售货员用的收据纸，从信封、邮票到各种报纸杂志，从餐馆的餐巾纸到厕所里的卫生纸几乎都是未经漂白的再生纸。2003 年德国再生纸使用率达 60%。此外，民众还自带购物袋购物，拒绝使用购物塑料袋的人越来越多。[②] 在美国，社会提倡拿着空瓶子去商店购买果酱，在法国，一些包装豪华的化妆品如香水在用完后，消费者可以用原来的包装到商店重新填装同样牌子的散装。这些无疑都是循环消费的有益实践。

目前，循环概念已经深入美国百姓心中，成为生活的一部分。如今，庭院甩卖、旧货网上交易已成为一件二手货从旧主人"循环"到新主人那里的最司空见惯的方式。旧货拍卖网站 eBay 上的月交易额达到近 3 亿美元。[③] 每到周末，美国的报纸和网站会刊登大量的庭院甩卖广告。周六一大早，许多家庭都会将对其无用的物品摊放在房前的草坪上甩卖。逛他人的庭院甩卖及自己办庭院甩卖已经成为美国民众周末消遣的一种方式。与此同时，

---

① 魏全平等：《日本的循环经济》，上海人民出版社 2006 年版，第 132—134 页。

② 柴野：《德国环境怎样变好的》，《环球时报》2004 年 11 月 24 日。

③ 何世念：《发达国家的循环经济》，《中国石化》2005 年第 8 期。

人们也普遍用起了再生纸、再生信封,使用背面已用过的复印纸,而且还要在纸角打上“Reused”的标记,并引以为荣。

作为循环消费的一种特殊形式,西方各国相继出现的节能住宅、环保住宅也凸显了旧物利用、循环消费的后物质主义理念。在英国、荷兰、瑞典等国,健康住宅、绿色建筑、环保社区日益增多。英国、荷兰建起的健康住宅利用最新科技手段,采用太阳能发电、蓄电池储电,安装自然通风系统、雨水收集系统、中水处理和循环系统。洗衣、洗澡、洗手等产生的废水先用来冲洗厕所,然后经过过滤处理装置使之变成中水进行循环利用,如浇花、浇树、渗透到地下补充地下水等。住宅不用电网电力,不需使用空调,大幅度节水,有益于人的健康。[①] 布鲁塞尔有许多节能建筑,楼顶装了太阳能吸热板、雨水收集装置和冷热空气交换器。太阳能装置为楼里的住户提供免费热水,同时部分解决取暖问题。在多雨的布鲁塞尔地区,回收的雨水可用于大楼的消防喷淋设施与花草浇灌,或渗透到地下补充地下水。冷热空气交换装置,则可充分利用室内废弃热能加热吸进来的新鲜空气,为屋内不断补充温度适宜的新风,同时还有厚厚的墙体隔热装置等。在对大楼进行一番“合理”装点后,能耗降低了50%。更为重要的是,它可为居住者提供更高的舒适度,比如将室温保持在20摄氏度至26摄氏度之间,这是人体理想的舒适温度。[②]

随着人们对后物质主义价值理念的理解和对环境保护的重视,“零排放”的概念日益深入人心。英国、日本、美国等国家相继推出“零排放”房屋。英国在2007年率先建造了世界上第一座“零排放房屋”,房屋采用超绝缘材料,防止热量流失率比正常房屋高出60%,房屋还安装了太阳能电池板、生物能锅炉和雨水回收器等节能装置。这种住宅每年能量支出花费只有31英镑,而同等规模的普通住宅则至少需要500英镑。房屋还专门设置了水循环系统。洗衣、洗澡、洗手等产生的废水首先用来冲洗厕所,然后

---

① 青木:《英国环保社区自己发电》,《环球时报》2004年11月5日。

② 黄周:《体验欧洲节能住宅》,《中国建设报》2006年11月6日。

经过过滤处理循环利用。类似的“零排放房屋”在日本也已经出现，其屋顶的太阳能和风能发电装置能够满足四口之家所需要的所有能源。[①]

太阳能、风能、生物质能发电，雨水收集利用，生活用水循环利用，这些循环消费的理念现在已经转化为当代资本主义各国民众的现实生活方式。

二、后物质主义引导人们接受物质享受合理化的生活方式

长期以来，受资本主义剩余价值规律的支配，资本主义的物质消费方式出现了异化。人们的消费欲望已经脱离了人的真正需要。“消费本质上是人为刺激起来的幻想的满足，是一种与我们实真自我异化的虚幻活动。”[②]“人本身越来越成为一个贪婪的被动的消费者。物品不是用来为人服务，相反，人却成了物品的奴仆。”[③]此时，人们物质消费和物质享受的用意主要不在于满足实用和生存的需要，也不仅仅在于提高生活质量，而主要在于向人们炫耀自己的财力、地位和身份。为此，富人们争相进行着超出实用和生存所必需的浪费性、奢侈性、铺张性的物质消费和物质享受。在这里，物质消费和物质享受的符号象征意义超越了实用性意义。

出现这种物质消费方式异化的根本原因在于：其一，资本主义受剩余价值规律和自由竞争规律的驱使，其生产无限扩张的趋势需要奢侈性消费、炫耀性消费、超前消费、无限制消费与之相适应。其二，在传统工业社会，有产阶级基于对自身“有产”地位的维护和对“等级制”的捍卫，必然“酷爱隶属于他们的荣誉与特权，这类荣誉与特权将他们分成等级”。[④] 而维持这种荣誉与特权的重要外在形式，就是异化性的物质消费与物质享受。制度经济学创始人之一的凡勃伦指出：“要获得尊荣并保持尊荣，仅仅保有财富或权

① 高山：《发达国家房屋流行“零排放”》，《环球时报》2008 年 7 月 18 日。

② [美]埃里希·弗洛姆：《健全的社会》，中国文艺出版公司 1988 年版，第 134 页。

③ [美]埃里希·弗洛姆：《在幻想锁链的彼岸》，湖南人民出版社 1986 年版，第 174 页。

④ [法]米歇尔·克罗齐耶：《法令不能改变社会》，上海人民出版社 2008 年版，第 37 页。

力还是远远不够的，有了财富或权力还必须能够提供证明，因为尊荣只是通过这样的证明得来的。"因此，"有闲绅士所消费的生活资料"，远远"超过生存与肉体效能所需要的最低限度以上"。他们的消费要"有荣誉的规范、财富的证明、尊贵的证明"。① 然而，二十世纪九十年代以来，异化性的物质消费与物质享受遭到越来越多的社会民众的抵制。一种更合理、更节约、更和谐、更合目的性、也更符合生态文明的新的生活方式——物质享受合理化的生活方式开始被人们接受。越来越多的人认识到："在财富增长后，要么因'过度吃喝'受罪和患病，要么靠文化的力量来解决适当消费的问题。"②

1. 告别铺张性物质消费方式，坚持合理的物质消费方式

二十世纪九十年代以来，基于对生态环境恶化的忧虑，人们开始反思和批评资本主义的传统消费方式。资本主义主流社会开始认识到，消费蕴涵着资源消耗，蕴涵着废弃物的增加和环境污染的可能。一旦资源枯竭、生态失衡，资本主义社会生产非但无法扩张，反而会陷于停滞。因此，传统的物质消费方式是不可持续的。同时，随着时代的变迁、中产阶级的崛起、"菱形社会"的出现，资本主义社会的主流价值取向也随之发生改变。越来越多的人告别无节制的铺张性的物质消费方式，坚持合理的物质消费方式。

在后工业时代发达的社会生产力面前，西方主流社会民众开始发现，"一旦你已经达到了某种水平的物质享受和生活安全，消费得更多对你整个小康生活的意义也是微不足道的。事实上消费得更多还可能导致反面。""增加消费并不会使人们更幸福，这是一个基本事实。"③于是，人们开始接受这样的价值判断：合理化的物质需求是文明的、道德的，而铺张性的、无节制的物质需求是不文明、不道德的。那种肆意挥霍物质财富，毫无节制地进行物质消费的行为，是一种"过于卑鄙的和物质主义的手段，"它"难以将我

① ［美］凡勃伦：《有闲阶级伦——关于制度的经济研究》，商务印书馆2002年版，第57页。

② 郑也夫：《后物欲时代的来临》，上海出版社2007年版，第142页。

③ ［美］大卫·施韦卡特：《超越资本主义》，社会科学出版社2006年版，第214页。

们引向一个‘自愿简单性’社会的既定目标。”[①]正是在对物质主义消费方式的反思中，人们开始接受后物质主义的消费理念。无节制的物质消费行为遭到了绝大多数社会民众的抵制和谴责。德国最大的市场研究机构 GFK 调查发现，85%的德国人认为，个人消费会影响世界环境变化，他们对过去无节制的物质主义消费观抱有“负罪感”，因此，越来越多的德国人开始坚持物质需求合理化的消费模式。[②]

所谓物质享受合理化是一种适度性的物质消费和物质享受方式。它以直接有助于整个人类生活的提高，直接有助于社会生活过程的推进为限度，其下限是“人的健康生存与发展”，上限是“资源和地球的承载能力”。[③] 在此限度之外，人们应拒绝对整个人类生活提高和社会生活进程推进无明显益处的，超出人们生存与发展需要范围的奢侈性、铺张性的物质消费和物质享受。正如马尔库塞所说：“人类的需要是历史性的需要。社会要求个人在多大程度上作抑制性的发展，个人的需要本身及满足这种需要的权利就在多大程度上服从于凌驾其上的评判标准。”[④]只求“足够”，拒绝“更多”是物质享受合理化的核心理念。实践证明，对于西方民众而言，奉行物质享受合理化的生活方式既具有节约资源、能源的重大意义，又几乎不会影响其合理的物质需要。法国学者埃瑞克·布雷顿经过调查发现：“大部分（可能有 75%）的物质消费和我们最基本的生存需要（营养，住所等）无关，而是和满足一些非物质需要（社会地位，个性等）有关。[⑤] 人们现在的消费欲望已经脱离了人的真正需要。如果每一个人在日常生活中都能尽量减少那些不必要的消费，自觉坚持合理消费，就能极大地节约资源，降低环境的压力。所以，坚持物质享受合理化就应自觉抵制那种实际上只是“买一种等级、一种自尊、一种社会承认”的炫耀性的不合理的物质消费和物

① ［英］安德鲁·多布森：《绿色政治思想》，山东大学出版社 2005 年版，第 175 页。

② 青木：《德国流行“有机生活”》，《环球时报》2008 年 9 月 12 日。

③ 刘玉良：《炫耀性消费的经济学分析》，辽宁大学出版社 2008 年版，第 112 页。

④ ［美］赫伯特·马尔库：《单向度的人——发达工业社会意识形态研究》，上海译文出版社 1989 年版，第 6 页。

⑤ Eric Britton, Immaterialisation? www. ecoplan. org/library.

质享受方式。[①]

正是在这样的背景下，西方社会（尤其是欧洲）民众普遍接受了后物质主义的生活方式。人们坚持"饭不能不吃，但不必太好；钱不能没有，但不必太多"。[②] 基于这样的理念，西欧社会民众开始注重过"简单的生活"，倡导"物质需求合理化"。"钱是自己的，但资源是社会的"已经成为民众的共识。

近些年，欧洲各国广泛流行"简单的饮食"。人们拒绝把野生动物作成菜肴，拒绝暴饮暴食、铺张浪费。在餐馆中要过多的饭菜而又不能全部吃掉要处以罚款。德国人就餐多半是自助餐。无论是工作期间的自助餐还是宾馆饭店的自助餐，都是吃多少拿多少，从不会一次拿得很多到时候吃不完剩下。这种习惯使他们在就餐时几乎不会产生浪费。在"简单的饮食"广泛流行的同时，朴素的着装在西方也成为时尚。而今，身着裘皮大衣会遭世人鄙视，穿金戴银为人们所不齿。正如德国学者拉茨勒所说："20 世纪 50 年代上流社会的女士、演员、明星还以身着真貂皮大衣为时尚，而今天在她们衣柜最里面的角落里恐怕也找不到这些东西了。倘若有，她们自己也会鄙视自己并被社会所排斥。"[③]

在德国乃至欧洲的许多国家，人们出行都有个共识：能步行的尽量步行而不骑车；能骑车的尽量骑车而不乘公共交通；能乘公共交通的尽量不开私家车，而开私家车外出也按实际需要分两座、四座、六座等（一般每户都有几辆私家车），尽量减少空座率。在德国很少看到一个人开着四座及以上空车子满街跑的，他们的私家车也以两厢小排量为主。[④] 拥有 22 万人口的弗赖堡市，整个市区几乎没有私家车。绝大多数人出行都乘坐有轨电车，也有 1/3 的居民骑自行车。据丹麦能源局的官员介绍，丹麦三分之一的人口骑

① 刘玉良：《炫耀性消费的经济学分析》，辽宁大学出版社 2008 年版，第 17 页。

② 李玖忆：《北欧人活得就是悠闲》，《环球时报》2005 年 6 月 3 日。

③ ［德］沃夫冈·拉茨勒：《奢侈带来富足》，中信出版社 2003 年版，第 12 页。

④ 王炳洋：《访德见闻之三德国人的环保意识》，《浙江省衢州市技师学院网站》2008 年 1 月 27 日。

自行车出行,“零排放”目标公布之后甚至达到了三分之二。首相的环境顾问、气候能源部长等高级官员也都骑自行车上下班。在哥本哈根,一个重要的景观是每天早上,大量的民众骑着自行车上班。据了解,现在哥本哈根有36%的人骑自行车上班,他们希望到2015年能将这一比例增加到50%。这里的民众认为,骑自行车既可以代替汽车满足出行需要,又能节约能源,利于环保,还能锻炼身体,是一个很好的选择。市民金森(Evalila Jensen)说,骑在车上边走边看风景,那种感觉真是太好了。[①] 当今的荷兰,骑自行车已经被看成一种时尚宣言,连荷兰女王也经常骑车出行。在1600万人口中,拥有的自行车已经超过1700万辆。[②]

物质享受合理化还表现在宾馆、酒店的管理上。西欧各国的酒店不为客人准备一次性拖鞋和其他一次性用具,不提倡每天更换一次毛巾。在芬兰的星级酒店客房中专门有文字(分别用芬兰文、瑞典文、英文)提示:“亲爱的宾客:你可曾想过,每天世界各地的旅馆有多少吨毛巾毫无必要地更换洗涤,由此而耗用的数量巨大的洗涤剂对我们的水资源造成多大的污染?为此请作出决定,将毛巾投入浴缸表明你要求将其更换;把它们挂回毛巾架上则意味着你打算继续使用。”[③]这无疑是追求物质享受合理化的真情表露。

2. 告别奢侈性物质享受方式,坚持质朴的物质享受方式

在西方社会(尤其是欧洲),越来越多的人告别奢侈性的物质享受方式,坚持质朴的物质享受方式,注重实际生活质量。那种靠炫耀性、奢侈性的物质消费和物质享受来抬高和“包装”自己的做法开始遭到民众在心理上的排斥,被视为落伍和不道德。人们“拒绝功利主义的社会结构,强调工业增长的有限性,主张通过改善生活质量来代替数量上的物质性消费和物

---

① 曹海东:《丹麦:“零排放”梦想》,《南方周末》2009年7月30日;王淼:《感受来自心灵的环境保护》,《中国改革报》2008年12月11日。

② 杨广元:《荷兰自行车,两年不用打气》,《环球时报》2009年7月28日。

③ 臧立:《绿色浪潮》,广东人民出版社1998年版,第299—300页。

质占有，实现人类生活的实际的（即质量上的）增长。”①越来越多的西方民众认识到，奢侈性的物质消费只是在满足人们的虚荣心和表达宣示其“有产”等级的“尊贵”地位，它实际上与满足人们实际的物质需求并无太大关联。因此，豪华和奢侈并不是幸福人生所应追求的目标。二十世纪九十年代以来，越来越多的西方民众基于对社会可持续发展的考虑，开始更加注重实际生活的质量，而不再贪慕虚荣。随着中产阶级的崛起，人们的等级观念日益淡漠，一种建立在满足基本生活需求基础上的修心养性、社会尊重、心情舒畅的生态消费观和质朴的物质享受方式日益被民众接受。人们开始摒弃过度享乐的生活模式，追求生活的真实与简约，安逸、松弛和自在，渴望过一种朴实而惬意的生活。西方资本主义社会兴起了一场追求质朴、本色生活方式的潮流。

我国前驻联合国教科文组织的官员吴季松先生 2004 年雅典奥运会期间曾租住在希腊一位退役空军中将的家中。中将家的简朴令吴季松吃惊。“他家住在一座 9 层公寓的 7 楼上，家中唯一气派的房间是只有 26 平方米的大客厅；主卧室只有 11 平方米，另两间小卧室不过 9 平方米；厨房可以摆餐桌，大约有 10 平方米；两个卫生间分别只有 2 平方米和 4 平方米；加上过道，整个单元使用面积仅 80 平方米。”中将家的简朴远不止住房面积，其他方面“说因陋就简、厉行节约是毫不过分的。先说电视，客厅有一架 19 英寸电视，用了 10 年以上，……家里的旧沙发，在北京大多干部家庭是要卖旧货的，但中将夫妇都罩上了干干净净的沙发罩在使用。更让我惊奇的是铁丝编的衣架、洗衣回来的劣质塑料衣架，都摆在衣柜里使用。”②

吴季松先生在丹麦卡伦堡工业园区看到，这里没有四层以上的高楼，没有新修的广场和标志性建筑物，几年前市政府还在一幢 19 世纪的三层小楼中。吴先生走入一家中产阶级的家庭，四口之家住房面积还不到 100 平方

① 邢来顺：《生态主义与德国“绿色政治”》，《浙江学刊》2006 年第 1 期。

② 吴季松：《看世界——欧洲的循环经济与北非的水》，中国发展出版社 2007 年版，第 47—48 页。

米。镇上居民都自觉自愿地开自己的车将垃圾分类，自己开车送到收集处。[①] 此外，笔者2006年到英国、法国考察，所住许多星级酒店虽然干净，但房间并不宽敞，电梯间很小，前厅也不大。在英法走访的几所大学均没有豪华气派的大门、院墙，也没有宽大气派的学校中心广场，各个学校都充分利用所有的土地资源。几所大学的教学楼和办公楼，走廊很窄，教授的办公室也不大，约在13平方米左右，接待我们的会议室陈设简朴，会议桌是条桌拼成的，座椅是廉价的办公用椅，没有沙发。给人的突出印象是经济实用，不奢侈浪费。

在美国，自1990年以来，社团开辟的理念村数量稳步上升，迄今在全美拥有至少10万“村民”。总部设在密苏里州的非盈利机构“理念村社团”旨在推广理念村概念。美国各地理念村里聚集的人自愿选择生活在一起，拥有自给自足的生活体系。31岁的雷斯贝格骑自行车上班，住在芝加哥的基石生态城中心区的理念村，每月只要支付775美元就能涵盖一切生活消费。她拥有37平方米的生活空间，包括起居室、工作室和卧室，与28名房客共享洗漱室、厨房、饭厅等空间。生态村“村民”将这种简单的生活视为祥和、舒适的生活。[②] 美国的理念村虽然是质朴的物质享受方式的极端形式，但它具有“一叶知秋”的意义。二十世纪九十年代末，美国还兴起“负责任消费”的潮流。在圣·弗朗西斯有公司打出“恳求负责任的消费”的广告，其中写到：“今天，不同于以往，我们的生活方式必须抗议空前的增长对我们的环境造成的威胁。我们认为这个问题最好在我们购买一些东西之前就问一问自己，它是否是我们真正需要的一些东西，”“通过采用这种方法，我们将对一个比较健康的消费态度贡献出一份力量。”[③]从中人们可以发现，追求质朴的生活已是当代资本主义社会的一种发展趋向。

---

① 吴季松：《看世界——欧洲的循环经济与北非的水》，中国发展出版社2007年版，第210－211页。

② 杨溢仁：《美国“理念村”村民稳增》，《现代快报》2008年8月13日。

③ ［美］艾伦·杜宁：《多少算够——消费社会与地球的未来》，吉林人民出版社1997年版，第68页。

在西方各国,政府从政策上也鼓励民众坚持质朴的物质消费观,而抑制奢侈性消费。为此,政府都对奢侈性消费征收高额消费税。瑞典的消费税税率一般是20%~25%,但一些奢侈品的税率则要达到100%甚至200%,其税后价格有可能一下就翻几番。例如在瑞典商店里卖200克朗的葡萄酒,免税店里只卖100多克朗。在瑞典,午餐时间政府对饭店征收的营业税会比晚餐时间低,鼓励工作间隙到饭店好好吃顿饭,而不鼓励晚上大吃大喝。美国为了抑制奢侈品和高档住宅的消费,对汽车、房产等要征收10%的财产税。①

奢侈、炫耀、贪欲的物质享受并不等于舒适、惬意、幸福,而本色、质朴的物质享受更接近舒适、惬意、幸福。这就是后物质主义生活方式中蕴涵的哲理。

3. 放弃对物质资源的独占欲望,注重集约使用资源

目前在西方社会(尤其是欧洲)越来越多的民众开始放弃对物质资源的独占欲望,注重集约使用资源,合理利用资源。在后物质主义价值观的深刻影响下,二十世纪九十年代以来,西方社会出现了非物质化(Immaterialisation)的发展趋势。② 这种非物质化趋势的重要体现,就是放弃对物质产品的独占欲,确立共享理念。“非物质化是一个关于消费的问题,它被界定为用非物质手段来满足个人的需要从而代替物质手段。”③因而,非物质化强调享受产品性能而非产品本身。其基本理念是,我们的目的不是为了拥有产品,而是为了享受它的性能。所以,要实现产品向服务的转换。“产品”是提供服务的“机器”(service delivery machine),服务是我们的最终目

---

① 何洪泽等:《欧美用税收指导消费》,《环球时报》2006年3月31日。

② 所谓非物质化(Immaterialisation)是指在社会生产和社会生活领域,用非物质形式取代有形物质产品来满足人们的需要,从源头上减少资源、能源消耗,进而推动社会进步的方式,其宗旨是通过改变人们的消费行为来实现社会、经济的良性发展。

③ The Environmental Cluster Research Programme of the Finnish Ministry of the Environmet. www.vyh.fi/eng/research/chus2pha.htm.

标和最终的享受。[①] 在这样的背景下，合租住房、写字楼，汽车共享或搭车，充分发挥公共图书馆、公共书籍和工具书的公共服务功能，多家公司共同使用办公室，降低私车使用频率，多乘地铁出行等日益成为正常生活逻辑。[②] 同时，推行“无纸化”办公，“无纸化”交往，多用电子邮件，多使用网上下载，召开可视的多媒体会议等日益普及。

法国巴黎从2007年7月起，推出了“自行车自由行出租系统”。在全城设立了750个自行车出租站，投放2万多辆自行车。租用在30分钟时限内免费，30分钟以上租金1欧元，租用者可在任何一个自行车出租站归还自行车。据统计，一年下来出租自行车使用率高达2700万人次，平均每次借出22分钟。自行车出行率高达70%，租用满意率高达98%。[③] 美国华盛顿州学习欧洲做法，在城市中开展自行车出租服务。用户一年中只需交40美元，就可以在全城租用自行车，用后放回设在城内各地的停车处，一天租用最多不得超过3小时。

租用自行车行动减少了交通拥堵和空气污染，节约了能源。这是资源共享理念的实际体现，也是非物质化的典型表现。

与上述国家不同，在德国则出现了汽车共享模式。全国现有90万家汽车共享协会，人们拼车出行或上班，一辆共享车可代替6~10辆私车。[④] 可见，德国民众已经告别了炫耀自家有车或寻求开车刺激的物质化生活方式，自觉接受了“非物质化”或“后物质主义”的生活方式。这种生活方式实现了物质文明、精神文明、生态文明的和谐统一，体现了对传统资本主义异化的积极扬弃。从这个意义上说来，这种物质享受合理化也为人们坚持后物质主义生活方式提供了重要的道德理由。

---

① Erik Sundin, Bert Bras. Making Functional Sales Environmentally and Economically Beneficial Through Product Remanufacturing J. Journal of Cleaner Production, 2005,(13):913-925.

② 黄海峰等编著:《德国循环经济研究》,科学出版社2007年版,第270—271页。

③ 蔡雄山:《巴黎自行车租的很方便》,《环球时报》2008年7月9日。

④ 柴野:《德国环境怎样变好的》,《环球时报》2004年11月24日。

三、后物质主义引导人们注重提高生活质量

资本主义社会是以生产资料资本家私人占有制为基础的，以雇佣劳动为特征的阶级剥削制度。在剩余价值规律的作用下，整个资本主义社会成了“赚钱”机器。资本家为了赚钱唯利是图，劳动者为了赚钱谋生不得不成为雇佣“奴隶”。资本主义制度使劳动异化、社会异化，赚钱成了人们生存的唯一目的。似乎人们的整日奔波劳作就是为了拥有更多的金钱，而不是为了更愉快、更高质量的生活，甚至为了赚钱不惜牺牲自己的生活质量。在人均国民收入3万多美元的日本，成年男子“过劳死”现象频发，在世界最发达的美国，吸毒、自杀一直是主要的“社会病”，抑郁症、过劳死、亚健康的人数不断攀升。随着后物质主义的兴起，人们开始对过去那种物质主义的发展模式和生活方式进行反思。越来越多的西方民众认识到：享受愉快的、高质量的生活比赚钱更重要。他们认为：“人们肯进行劳动，是为了以后获得休息；进行积累是为了消费；贪图财富是为了享受。”[①]“经济富裕”而“时间贫困”是人生的扭曲和社会的异化。[②] 为物质贪欲而过分延长工作时间，破坏人的身体健康，使人无暇参加社区活动，疏离感增加，幸福指数降低。因此，绝大多数西欧民众接受了后物质主义价值观和后物质主义生活方式。对生活质量的重视及对幸福生活的追求成为社会生活中的核心价值。

1. 告别过度工作，重视休假与休闲

随着社会生产力的发展，社会物质财富的丰裕，西方社会民众对生活质量的理解发生了变化和升华。二十世纪九十年代，美国出版了一部触动“许多美国人心弦”的书——《过度工作的美国人》。书中指出：“自本世纪中叶

① 参见刘玉良：《炫耀性消费的经济学分析》，辽宁大学出版社2008年版，第4页。

② 近年来，世界银行在研究贫困问题时，增加了一个新的贫困概念：“时间贫困”。一些人加长工作时间，缺少休闲时间，造成精神压力，影响身体健康和家庭幸福。这种现象属于“时间贫困”。——参见尹伊文：《用国民幸福总值代替GDP》，《南方周末》2009年5月7日。

以来，我们已经连续地选择了更多的金钱而不是用于休闲或家庭的更多的时间。然而，这使得美国人更高兴了吗？民意测验表明，回答是否定的。我们正陷于困境”。[①] 基于这种反思，一种后物质主义理念被民众广泛接受。后物质主义理念认为：“那些给人类生活以质量、富有意义和真正的愉悦的事情，除了工作本身，还有要求放松的休闲：培养友谊、保持两代人家庭的联系，投身社区服务，发展我们的艺术的音乐的或文学的或戏剧的才能，从事自己的业余爱好或体育运动、读书、看电影或去听音乐会或是去跳舞，听我们所买的所有的 CD，玩计算机。”[②]也就是说，“经济富裕”“时间贫困”的生活不是高质量的幸福生活。只有在“经济富裕”的同时有充足休闲时间的生活才是高质量的幸福生活。

正因如此，在后物质主义兴起的大背景下，西欧国家的多数民众选择了更多的闲暇，而非更长的工作时间和更高的报酬。人们高度重视休闲和休假。休假已经成为一种习惯，植根于人们的心中，成了一项不可侵犯的权利。工作狂在过去被视为“成功人士”，但目前在欧洲几乎被看成乏味无趣、不懂生活。在大多数西欧人看来，“收入常常是做不愉快的工作的报酬，有时更多的收入正意味着做更多的不愉快的工作。”[③]西欧主流社会关注人的身体健康，重视生活质量的最直接表现就是减少劳动时间，增加休假和休闲的时间。据国际旅游组织 2006 年统计，法国人每人每年平均休假达到 39 天，勤勤恳恳的德国人有 27 天，英国人有 24 天。目前，欧美越来越多的人将休假作为一件大事，并在理论上给予论证。有人提出，“有统计显示，不休假的人工作能力会下降，而且容易对工作感到厌倦，因此多数雇主都会鼓励员工休假。”[④]基于这样的认识，西欧民众将休假和休闲视为幸福生活的一部分。我国驻瑞典的记者了解到，在北欧人心里，享受悠闲的生活

---

① [美]艾伦·杜宁：《多少算够——消费社会与地球的未来》，吉林人民出版社 1997 年版，第 5—6 页。

② [美]大卫·施韦卡特：《超越资本主义》，社会科学出版社 2006 年版，第 215 页。

③ 郑也夫：《后物欲时代的来临》，上海出版社 2007 年版，第 134 页。

④ 刘婉媛：《休假是件天大的事儿》，《读者》2008 年第 19 期。

是人们不可侵犯的权利。据瑞典中央统计局统计，一个瑞典人一生只有8%的时间是在工作。德国民众越来越重视休闲，因而工作时间不断减少。粗算起来，德国人一般全年大约有一半的时间是休息日。他们每周工作5天，全年就有104天休息，同时职工每年还有带薪休假30～40天，再加上法定假日，如元旦、"五一"劳动节、德国统一日、圣诞节、复活节、升天节、降灵节，还有各地的传统节日，如港口节、狂欢节等也要休假。除了大量的休假，越来越多的德国人开始从事部分时间工作，这已经成为趋势。2004年从事部分时间工作的人数是720万人，2006年已经占到非独立性从业人员的23%。从事部分时间工作的人绝大多数是女性，她们中有85%的人从事此类工作。德国女性平均每周工作不到31小时。[①]

在法国，宁可接受一份收入较低的工作，也不愿意为赚大钱而干得死去活来已成为民众的观念定势。在每周工作35小时的条件下，绝大多数法国公众依然乐于接受每周更短的工作时间。人们将更多的时间用于度假。法国人最重要的节目是度假。每年8月，3/4的巴黎人外出度假，全国70%的工业部门关门休假。而从圣诞节到元月上旬，法国人又开始陆续度假。度假第一，工作第二，已经成为法国现代人的基本价值准则。[②] 法国人的每周法定劳动时间也逐渐缩短。1982年为每周39小时，2000年缩短为每周35小时。据统计，1996年法国从业人员人均全年工作和劳动时间总共为1630小时。如果按一天8小时工作计算的话，法国从业人员人均全年工作203.75天。由于劳动和工作时间减少、节假日的增加，使法国人拥有越来越多的休闲时间。有法国社会学家做过调查，认为法国领工资者在一年中，平均20%的时间花在劳动（或工作）和上下班的路途中，33%是睡眠时间，47%用于看电视、或修整花园、或从事家务、或进行体育锻炼、或旅游。根据统计，15岁以上的法国人平均每天的休闲时间，1985年是3小时26分，1999年增加到3小时55分。其休闲时间的具体安排（按人均计）是：2小

① 顾俊礼编著：《列国志：德国》，社会科学文献出版社2007年版，第366页。

② 华业编著：《浪漫要学法国人》，中国商业出版社2008年版，第183页。

时7分钟看电视,25分钟阅读,20分钟修整花园和照顾宠物,20分钟散步,16分钟娱乐,9分钟体育活动。[①] 休闲、休假成了生活中的主要内容,也成了后物质主义语境下人们的基本诉求。

2. 注重精神生活,追求丰富多彩的人生

随着物质财富的极大丰富,西方民众开始重视非物质化的生活,追求丰富多彩的人生。西方越来越多的人意识到:“富裕——仅仅是物质财富——显然尚不足以使人得到满足,人同时也需要一些思想上和情感上的东西。肉体需要形而上来与之相辅相成。”[②]物质的富足并不能代表精神的充实和生活的幸福,过多的物质占有和物质消费与生活幸福并非等同。越来越多的民众认为,“华而不实的消费满足能够而且应该被‘一种非物质的……社会的’满足所取代。”[③]正如英国学者波里特所说,“人类生活改善”不仅需要物质价值,更需要“有着广泛的范围以发展各种精神文化、道德和社会进步;有着同样大的空间以提高生活的艺术”。[④] 基于这样的人生理念,西方民众对生活质量的理解正在发生变化,人们开始重视精神满足,享受丰富多彩的人生,开始将生活的幸福感受放在财富过多占有之上。正如美国学者艾伦·杜宁所说:“生活中幸福的主要决定因素”“是对家庭生活的满足,尤其是婚姻,接下来是对工作的满足以及对发展潜能及闲暇和友谊的满足。在决定幸福方面,这些因素都是比收入更重要的指标。”[⑤]英国学者怀特根据大规模的问卷调查披露:“绝大多数英国民众在民调中表示,政府应该把增加幸福放在财富之上。”而在怀特先生所编制的幸福指数测算体系中,后

---

① 吴国庆编著:《列国志:法国》,社会科学文献出版社2003年版,第288页。

② [德]玛利昂·格莱芬·登霍夫:《资本主义文明化?》,新华出版社2000年版,第1页。

③ [英]爱德华·戈德史密斯:《大转折:非工业社会》,比德福特绿色图书出版社1988年英文版,第197—198页。

④ [英]乔纳森·波里特:《绿色观察:生态政治学阐释》伦敦布莱克威尔出版社1984年英文版,第174页。

⑤ 美]艾伦·杜宁:《多少算够——消费社会与地球的未来》,吉林人民出版社1997年版,第21—22页。

物质价值的指标占据了很大的比重。据英国学者对英国五家顶级杂志读者群的调查,1980 年关注轿车及自助物品采购杂志的读者占 20%,到 2000 年,这类读者为 0;相反,1980 年,寻求精神满足的读者仅占 6%,而到 2000 年,这类读者上升到 47%。[①] 这表明,有越来越多的人愿意在物质享受合理化的前提下将额外的收入用于完善自我,注重"自我表达、归宿感以及知识和美学的满足",享受丰富多彩的人生。这是西方民众对幸福生活的理解。

其一,人们热衷于艺术欣赏、读书等完善自我的生活。在物质享受合理化的前提下,越来越多的西方民众重视精神生活的丰富和追求精神世界的满足。他们对人生幸福的解读不再局限于物质享受层面,而是拓展到精神享受层面和生活的全部内容。近些年来,英国有越来越多的民众热衷于参与并享受艺术消遣活动,注重丰富精神生活。据统计,15 岁以上的英国人观看演出、展览的比例在二十世纪八十年代后期和整个九十年代急剧上升。利用休息时间观看电影、戏剧,进展览馆的人数明显增加(见表 1)。

表 1　英国民众观看演出、展览的比例

	1987 ~ 1988(%)	1997 ~ 1998(%)
电影	34	54
戏剧	24	23
展览馆	21	22
古典音乐	12	12
芭蕾舞	6	6
歌剧	5	5
现代舞蹈	4	4

王虹编著:《当代英国社会与文化》,上海外语教育出版社 2003 年版,第 249 页。

而法国则有越来越多的人徜徉在博物馆、展览馆之间。法国总统府、总理府、国民议会、参议院、巴黎市政府、国防部以及全国各地的文化场所和历

① David Leevers, The Immaterialisation of Aspirations www. vers. co. uk/dleevers. htm.

史遗迹都是人们兴高采烈地参观之所，每年的参观人数高达1000万人之多。

为了追求生活的幸福和人生价值，越来越多的欧洲人将休闲时间用于读书。据对法国人的统计，91%的家庭都收藏书籍，63%的人一年至少要买一本书，16%的人经常买书。74%的人一年至少阅读一本书，34%的人一年阅读1~9本书，23%的人一年阅读10~24本书，14%的人一年中阅读25本以上的书籍。[①] 在只有6000万人口的英国，每天出版的报纸高达1800万份。一份调查显示，英国55%的成年人每天至少阅读一种全国性报纸，60%的成年人至少阅读一种全国性报纸的周日刊，约近90%的成年人每周阅读一种区域性报纸。在地铁里，在火车和飞机上，都可以看到人们认真读报的情景，而早餐时边就餐边读报已经成了英国人固定的生活习惯。英国民众不仅喜欢读报，更喜欢读书。据统计，英国有"读书习惯"的人，1997年为人口的54%，2002年达到65%。2002年，有1/4的人读5本书以下，半数人读5本书以上，还有1/4的人读20本书以上。[②] 在物质享受合理化的前提下，追求精神生活的丰富与美好，完善自我、丰富自我已经成为当代资本主义各国民众的生活内容。

其二，人们热衷于体育锻炼，参与各种有益于健康的活动。越来越多的人开始摒弃大吃大喝、穷奢极欲以及热衷于各种保健药物的生活方式，开始注重合理饮食和体育锻炼。游泳、冲浪、滑雪、滑冰、登山、长跑、健身操等已成为人们生活的一部分，参加各种体育俱乐部和体育比赛是最常见的社会活动，热爱体育、强身健体成了普遍的人生追求。美国有36%的人一年中有5次以上通过步行和野外拍照来体验游憩，每年有3000万的人参与垒球运动，有1.05亿人经常游泳，还有众多的人参加骑车、漫步、网球、高尔夫球等运动。[③] 在英国，现在有三分之一的成年人定期参加户外运动，大约四分之一的人定期参加室内运动。许多英国人将骑自行车运动与旅游结合在一

---

① 吴国庆编著：《列国志：法国》，社会科学文献出版社2003年版，第289页。

② 赵毅衡：《"晕书综合症"》，《读者》2009年第14期。

③ 吴承忠：《美英休闲经济的发展历程》，《城市问题》2009年第4期。

起，骑车旅游俱乐部(Cyclists'Touring Club)有七万多会员。登山运动也受到青睐。目前英国有15万积极从事登山运动的人，300多个登山俱乐部。在6000万英国人口中，有300万喜欢并经常进行钓鱼的人，钓鱼是英国民众的一项最普及的乡间运动。[①] 此外，也有越来越多的人参加攀悬崖、闯荡撒哈拉沙漠等活动。

在物质享受合理化的前提下追求丰富多彩的幸福人生，摒弃对物欲的过分贪恋是当前西方民众普遍接受的生活方式和价值理念。

其三，人们将更多的时间用于贴近自然和旅游。为了享受丰富多彩的人生，西方民众将更多的时间用于海滩、郊外、山边、牧场，充分沐浴大自然中的空气和阳光。在北欧，人们最大的满足是在假期到海滩或绿地沐浴阳光或和朋友聚会、与家人度假，这是北欧人对幸福生活的理解。在丹麦，每年的啤酒节、爵士乐周、狂欢节、文化夜等都是民众喜爱的快乐空间。这里，没有人显示金钱与地位，没有人将人分为三六九等，享受当下的生活和生活的快乐是人们的一致追求。瑞典人崇尚平凡，向往过一种比较从容的生活，最喜欢的度假方式是远足。瑞典全国遍设健行步道网。步道每隔一段有一休息站，供游人吃饭、洗澡、睡一晚以继续明天的行程。粗略估算，每个步行者背负的东西不下20公斤，沿途还要跋山涉水，瑞典人对这项活动乐此不疲。他们把与大自然密切接触看成是心灵疗养，可使长期生活在都市里的人多一份平和，少一些浮躁，让健康的身躯里有一颗健康的心。

近些年来，旅游和度假已成为法国的群众性活动和法国人的时尚。选择度假和旅游的人占人口总数的比例不断攀升：1970年为49.2%，1980年为56.2%，1992年为60%，1998年上升到69%。法国人平均用于度假和文化娱乐开支占家庭总收入的情况是：1970年为6.9%，1990年上升到8.7%，2000年达到9.1%。法国人最快乐的休闲是走向大自然，约有58%的法国人会选择到海边进行日光浴，或到农村进行绿色度假，呼吸新鲜空

① 王虹编著：《当代英国社会与文化》，上海外语教育出版社2003年版，第240—241、246页。

气,也有越来越多的人到高山滑雪。[①] 一项民意调查显示,从 1995 年到 1996 年,法国人平均每天晒太阳的时间达两个半小时。

正因为法国人将享受生活作为提高生活质量的一部分,因而,“巴黎白夜”活动的出现也就不奇怪了。2002 年 10 月 5 日 - 6 日,巴黎首届“文化白夜”活动拉开序幕。活动非常丰富,有数码电影,有卢浮宫前杜勒利花园的有 2000 个火点组成的“热烈之夜”项目,有游览平日鲜为常人知晓的场所和名胜景点,有同当代艺术家的共同狂欢。在艾菲尔铁塔、卢浮宫、巴黎殡仪馆旧址、国家图书馆新馆、巴黎市政厅、“红水”游泳馆等地都聚集了成千上万的民众,欣赏通宵音乐会、观赏奇异的灯光夜景、品尝红葡萄酒以及与当代艺术家近距离接触,50 万巴黎市民彻夜不眠。[②] 到 2006 年“文化白夜”活动已经搞了五年,连年受到民众的追捧。

丰富多彩的生活使法国民众的幸福感明显提升。法国 CSA 民意调查公司进行的民意测验显示,84% 的法国人觉得个人生活很快乐。认为他们始终过着令欧洲邻居们羡慕的、充满浪漫和小资情调的生活。[③] 丰富多彩的幸福人生使西方民众真正领悟了坚持后物质主义生活方式的价值和意义。

3. 关注生活质量,奉行“慢活”人生

生活质量和人的健康是所有人都十分关注的问题。但在资本主义传统发展模式下,人们的生活方式被扭曲和异化。在对物质价值过分追逐的惯性中,人成了“物”的奴隶,物质创造、物质占有几乎成了生活的全部意义。为了满足物欲,人们忘掉了健康,忽视了生活质量,牺牲了真实的生活。随着当代资本主义社会从物质主义向后物质主义的价值转向,关注生活质量、重视人的健康开始恢复了本来应有的意义。

在后物质主义兴起的大背景下,人们关注环境保护,重视休闲,倡导非

---

① 吴国庆编著:《列国志:法国》,社会科学文献出版社 2003 年版,第 232 页。

② 让居易:《巴黎:50 万夜游神》,《南方周末》2002 年 10 月 24 日。

③ 夏谨等:《法国人不相信衰落》,《环球时报》2006 年 3 月 3 日。

物质化生活方式，其核心意义是关注人的身体健康和生活质量。为了保证人的身体健康，西方发达国家自二十世纪九十年代以来花大力气保护本国环境，减少环境污染，提高食品安全标准、环境安全标准，等等。在欧洲，越来越多的人认识到，“依据绝对的物质财富，我们不太可能变得更加富裕。但是……现在重要的是富裕的质量”。[①] 西方大多数民众对这种富裕质量的理解，是以身体健康为底线，以生活质量为核心内容的。正是基于对健康和生活质量的高度关切，西方社会才大幅度缩短劳动时间，增加休闲时间；才高度重视环境保护，倡导绿色有机生活；才热衷于体育锻炼，热衷于各种精神文化活动。

基于对健康和生活质量的关注，瑞典的政府机构、公司和大学每天在上班或课间都安排两到三次“咖啡时刻”，每次15分钟，让人们聚在一起，喝咖啡、聊天，缓解工作和学习的疲劳。而在荷兰，政府已将工作压力大引起的焦虑、失眠视为工伤，员工可免费进行医疗或疗养，同时规定员工在电脑屏幕前连续工作不得超过2小时，一旦超过要有10分钟的休息时间。

基于对健康和生活质量的高度关切，意大利、法国、英国等一些西欧国家先后推出“慢活”活动。就是倡导人们放慢走路的速度，放慢生活节奏，以此来实现对生活的珍视。1989年意大利记者卡洛·佩特里尼成立了“国际慢餐协会”，正式倡导人们放慢节奏，拉开了慢活运动的序幕。2005年意大利人贡蒂贾尼成立了“慢生活艺术”组织，2007年又创建了“世界慢生活日”，继之，法国也出现了“慢生活”组织。它们向更多的人宣传慢活的健康理念。英国首都伦敦从2009年4月24日起发起为期十天的“放慢脚步伦敦”的“慢活节”活动。主办方希望在快节奏的现代社会里，长期处在紧张和压力下的英国人能够放慢生活的脚步，给自己一些时间享受生活，同时思考生命的真谛。在活动期间，所有在伦敦生活的人都会成为监督对象。走路速度过快的人会收到“超速”警告单，并被劝说参加一堂艺术课程的培

---

① ［英］乔纳森·波里特：《绿色观察：生态政治学阐释》，伦敦布莱克威尔出版社1984年英文版，第124页。

训。发起者表示，快节奏的生活使越来越多的人健康状况恶化。“放慢脚步伦敦”不只是一项活动，更是对现代生活的反思，“慢节奏生活”的本质并不是懒惰，而是对生活的珍视和对健康的珍视。[①] 它希望人们“活在一个更美好的世界。它是一种平衡，该快则快、能慢则慢，尽量以音乐家所谓的正确的速度来生活。”[②]目前，已经有 11 个国家的 90 个城市成为“慢活城市”，地中海沿岸已成为“慢活”的重点地区。[③]

西方民众的上述努力，非常明显地增进了人们的健康，提高了生活质量和幸福感受。

2008 年美国《福布斯》杂志推出了世界“最健康国家”排行榜，名列榜首的是冰岛。紧随其后的是瑞典、芬兰、德国。入围前十名的国家还包括瑞士、澳大利亚、丹麦、加拿大、奥地利和荷兰。美国位居第 11 位，法国居 15 位。世界最健康国家位居前列的均是西方发达国家，或者说是接受后物质主义生活方式的国家。[④] 与此同时，接受后物质主义生活方式的国家，民众的人均预期寿命也明显提高。据统计，同二十世纪七十年代相比，目前美英等 10 个西方发达国家民众的人均预期寿命平均增长了 6.1 岁，普遍达到 77 岁以上。与之相对应，非洲一些国家民众的人均预期寿命不升反降，只有 40 多岁（见表 2）。

西方发达国家人均预期寿命的提高，一方面得益于其发达的生产力水平与科技水平，另一方面无疑也得益于其社会民众对生活质量及身体健康的高度重视与追求。

---

① 熙怡：《走得快小心收“超速罚单”》，《大洋网—广州日报》2009 年 4 月 21 日，http://www.sina.com.cn

② 李子婴：《慢生活正在全球蔓延》，《现代快报》2009 年 5 月 23 日。

③ 青木：《到地中海修炼“慢生活”》，《环球时报》2010 年 8 月 19 日。

④ 《新华日报》2008 年 4 月 23 日。

表2　人均预期寿命比较

国别	出生时人均预期寿命		自出生起活到65岁的概率（2000～2005年）%	
	1970～1975年	2000～2005年	女	男
日本	73.3	81.6	93.0	85.0
瑞典	74.7	80.1	91.6	86.1
瑞士	73.8	79.1	91.0	82.9
法国	72.4	79.0	91.0	80.2
挪威	74.4	78.9	90.8	83.5
比利时	71.4	78.8	90.4	82.5
德国	71.0	78.3	90.2	81.7
荷兰	74.0	78.3	89.7	83.5
英国	72.0	78.2	89.4	83.2
美国	71.5	77.1	86.4	78.1
肯尼亚	50.9	44.6	30.6	26.1
坦桑尼亚	46.5	43.3	29.2	26.1

联合国开发计划署:《2003年人类发展报告》,中国财政经济出版社2003年版,第268—269页。

联合国开发计划署根据反映人均长寿水平、知识水平和生活水平的三个指标,即人均预期寿命、成人识字率和人均GDP的对数来测量联合国各成员国民众的生活质量和健康水平,测量各国民众的幸福指数。这项指标体系被称之为人类发展指数(HDI,Human Development Index)。根据联合国开发计划署《2006年人类发展报告》,人类发展指数排名:1、挪威0.965;2、冰岛;3、澳大利亚0.957;4、爱尔兰0.956;5、瑞典0.951;6、加拿大0.950;7、日本0.949;8、美国0.948;9、瑞士0.947;10、荷兰0.947;11、芬兰0.947;16、法国0.942;18、英国0.940;21、德国0.932。根据联合国开发计划署《2008年人类发展报告》,人类发展指数排名:1、冰岛;2、挪威;3、澳大利亚;4、加拿大;5、爱尔兰;6、瑞典;7、瑞士;8、日本;9、荷兰;10、法国;11、芬兰;12、美国;13、西班牙;14、丹麦;15、奥地利;16、英国;17、比利时;18、卢森堡;19、新西兰;20、意大利;21、香港,中国(特区)22、德国。

以上分析可以从一个侧面说明,后物质主义生活方式使西方民众高度重视人的健康和生活质量,同时也的确增进了人的健康,提高了生活质量。

四、后物质主义引导人们重视自我价值的实现

根据美国心理学家马斯洛的需要层次理论,随着生产力的高度发展,在人们的生理需要、安全需要得到满足后,人还有归属和爱的需要、尊重的需要和自我实现的需要。同马斯洛的理论相通的是,后物质主义坚持认为,人不仅有物质方面的需求,也有精神方面需求和实现理想自我的需求。人的一生无疑是追求幸福生活的一生。而幸福生活不能只用物质享受来诠释,它更多包含着自我实现的内容。实现理想自我是后物质主义的基本诉求。

1. 越来越多的西方民众将志愿服务作为个人的自觉行为

在后物质主义价值观的影响下,多数西方社会民众认为人生的意义不仅仅在于物质享受的满足,更多地意义在于自我实现的满足。而自我实现是个人才能与价值的现实化和对象化,它需要自我融入社会的公共生活。基于自我实现的需要,西方民众积极参与社会活动,愿意为社会、社区以及他人做出自己的贡献。因为,在为社会作出贡献的过程中能够"锻炼才能、增长见识,更重要的是产生助人、贡献社会的心理愉悦。"[①]进而体现人生价值,增长人生经历,满足自我实现的需要。

基于后物质主义价值观,越来越多的西方民众将志愿服务作为人们自我实现的重要活动内容。人们将志愿服务看成是促进人类的福利,改善人类生活质量的活动,看成是对真善美的挚爱与不懈追求的实现方式。在西方民众看来,志愿服务不只是简单地弘扬利他主义,也是解决社会问题的一种方式,是提升个人人生经验和社会道德素质,实现个人社会潜能与个人价值的有效途径。因此,有越来越多的人试图通过志愿服务"使自己的'潜

---

① 田军主编:《志愿服务理论与实践》,立信会计出版社 2007 年版,第 46 页。

力、能力、天分'真正展现出来"。[①]

根据美国盖洛普公司的统计,在18岁到64岁的美国人中大约有16%到50%为经常性的志愿者。有近50%的美国人每周花4个小时参加志愿者服务。在正式的志愿服务以外,大约还有20%的16岁以上的美国人在为一些机构和组织免费提供服务。据巴克曼等人1997年的统计,美国每年大约有8000万成年人参加志愿服务。[②] 1998年,美国约有1.09亿成年人参与了志愿者活动。这些志愿活动包括:社会福利服务、宗教组织、教育文化活动、工会、政党、社区行动、环境保护、妇女组织、和平运动等。在美国,做义工已是一个普遍现象,成年人口中有近一半人志愿捐献他们的业余时间。其中,56%~62%的妇女每周奉献3.4个小时,49%的男人每周奉献3.6个小时从事志愿服务活动,他们每年创造价值2250亿美元的社会财富。[③] 在美国波士顿市内的一座天主教堂里,星期六中午经常可以看到向穷人发放食品的慈善救济活动,工作人员也都是热心教会工作的信徒,其中多数是青年。这项工作并不轻松,因为在发放食品前,要到食品厂或食品商店把这一箱箱面包、牛奶、蔬菜、果酱等食品运回教堂,再拆箱分装,分类放置,是一项很费体力的工作。但志愿者不厌其烦,把这项工作做的井井有条。[④] 这集中表现了人们对实现理想自我的追求,也生动诠释了后物质主义的人生理念。

据了解,有近34%的德国人投身于义务性的社会活动,自愿并无偿地为公众服务。市民的社会活动包括市民在联合会、协会、教堂、慈善机构志愿者代表处、自救团体、邻里倡议、物品交换社团、市民倡议、非政府组织以及其他公益组织中的活动。目前德国还有70万名不拿薪金,只尽义务的政府"官员"。这样的"志愿者"分布在上至副市长,下至普通官员的各个岗位,遍布德国城乡。这些政府中的"志愿者"之所以积极投身自愿服务,除

① 谭融:《美国公共利益集团政治评析》,《外交学院学报》2002年第2期。

② 北京志愿者协会编著:《走近志愿服务》,中国国际广播出版社2006年版,第19页。

③ 冯英等:《外国的志愿者》,中国社会出版社2008年版,第26—27页。

④ 北京志愿者协会编著:《走近志愿服务》,中国国际广播出版社2006年版,第42—43页。

了有为自己所在政党争取选票的考虑外,更主要的是为实现自我价值。据统计,1996 年,法国有义工 1040 万人,占人口总数的 23.4%,到 2003 年,义工人数又增加到 1250 万人。

此外,丹麦 80% 的青年参加过志愿服务,英国和日本每年有 50% 的公民参加志愿服务活动。法国的志愿者占总人口的 19%。[①] 几年前,欧洲成立了跨国组织——"加入我们",德国、英国、法国、芬兰等国的青年踊跃参加。其宗旨是推崇善行,不图回报。"加入我们"的 10 万成员已经做 100 多万件帮助人的好事。给无家可归者送食品,在火车站为外地人引路,为学生补课等是他们经常性的工作。

上述志愿者一方面让服务对象得到了满意的服务,另一方面也在志愿活动中"感觉到志愿服务的乐趣"。志愿者通过尊老敬老服务、助残服务、家教服务、教育服务、环保服务、扶贫服务等使自身真正感觉到自己在帮助人和在改造社会,真正感觉到自身的价值和生活的意义。正如一些民众所说,"在社区中开展环保、培训、教育、邻里互助的志愿服务,能够体现'我们与其他人一起追求最具特色的共同事业'"。[②] 调查显示,西方社会 80% 的志愿者认为"志愿活动对个人的塑造和成长非常重要;志愿活动的经历是人生重要的组成部分"。[③] 1997 年 12 月,日本内外学生中心对 1 万名大学生参与志愿活动的动机进行了问卷调查。从调查结果看,学生参与志愿活动的动机为"想帮助需要帮助的人"为最多,此外依次是:"想找到新的感动的体验","想找到新朋友","想发现自己想做的事"等等。从中可以看出,大学生参加志愿活动的主要动机是将自己的能力和爱心奉献给社会,同时达到提高自己的目的。在被调查者中,绝大多数人认为参加志愿活动具有满足感。有 69.8% 的人认为"拓宽了视野",59.1% 的人认为"能找到朋友",41.9% 的人认为"能使生活更加完美"。[④]

---

① 冯英等:《外国的志愿者》,中国社会出版社 2008 年版,第 99 页。

② 李亚平等编:《第三域的兴起》,复旦大学出版社 1998 年版,第 250—251 页。

③ 窦小文:《德国志愿者行动比政府还快》,《北京日报》2005 年 4 月 1 日。

④ 崔昌淑:《日本大学的志愿者活动》,《东疆学刊》2001 年第 2 期。

不难看出,西方社会民众之所以踊跃参加志愿服务活动,重要原因在于他们高度重视自我实现,重视人生价值。他们将志愿服务看作参与社会,为解决社会问题作出自己贡献,进而实现自我价值的基本途径。在后物质主义语境下,西方多数民众认识到,人是社会的人,因而,人生的意义不仅在于个人的物质满足和精神满足,更重要的是人的价值的实现。人不仅需要物质满足,还需要成就感,需要得到社会的承认和他人的爱戴与尊重,需要愉悦的社会活动和人际交往。人生的幸福不可能仅在自身中体现,更重要的是在对象物中实现。正如美国学者厄尔斯特所说:"人类最重要的价值就是自尊。自尊在很大程度上是从他人给予的尊重来获得的。尊重要求有能够被尊重的东西,它是一个内在的自我外在化的一定形式。"因此,人要获得自尊与幸福感受,需要"使自我成为公共领域的一部分。"①也就是说,人在帮助他人的过程中体现自身的高尚、自我的才能和自我的价值,人在服务社会中实现愉悦的社会活动和人际交往,感受生活的丰富多彩,丰富个人的人生经历,凸显人生意义。在后物质主义语境下,西方多数民众更深切地认识到,自我实现不仅要实现人的自我价值,更要实现人的社会价值。人生的意义在于自我价值与社会价值的统一。事实上,志愿活动也的确使西方民众实现了自我价值与社会价值的统一。

2. 越来越多的西方民众积极参与慈善活动与捐赠活动

持有后物质主义价值观的人们坚持认为,个人的自我实现必然发生在社会共同体中,个人的价值只有在增进共同体利益或他人利益中方能得以显示。因此,发达国家的民众除了参加志愿服务,还将慈善活动与捐赠作为实现自我价值的行动。目前在西欧各国,人们对生活目的和生活意义的关心超过对物质财富占有的关心,人们越来越关心生活的幸福、快乐与生活的意义,而不是作为手段的经济增长。"工具理性"(instrumental rationality)让位于"价值理性"(value rationality)。

---

① [美]乔恩·厄尔斯特等编:《资本主义的替代方式》,重庆出版社 2007 年版,第 144 页。

参与慈善事业以及向慈善事业捐款被西方民众理解为“通过构建一个有意义的世界来实现自己的人生意义”。一个对社会有用的人才能够真正实现自己的人生价值。西方民众将参与慈善活动和捐赠活动理解为个人价值的实现。据统计,75%的美国人向慈善事业捐款,每个家庭每年平均捐1000美元。美国《时代周刊》报道,2002年,美国人捐赠的金额为1900亿美元,相当于全国生产总值的2.1%。在美国每年天文数字般的捐献中,有85%是民众个人捐款,其中又有70%来自普通人。[①] 美国的很多中小学、博物馆、图书馆、慈善基金会等都靠私人捐赠支持。美国民众的捐赠不仅关注人类社会迫切需要解决的问题,如卫生、教育、环保等,也关注非洲饥民、亚洲地震等贫困国家的问题。

在英国,几乎每个有收入的人每月都捐款。据《卫报》统计,年收入在4万英镑以上的人,每月拿出收入的2%捐款;年收入在5000英镑以上的人,每月拿出收入的4.5%捐款。如果每次捐款活动总是看不到某个人,这个人就会被别人在心理上排斥,人们对这种人没有认同感。[②] 加拿大人有着很强的慈善意识,捐款是加拿大人行善的最常见的方式。每年天文数字般的捐献中,来自公司、企业和其他机构的捐款仅占15%,85%是民众个人捐款,其中又有70%来自普通人。捐款以及其他慈善行为,对于加拿大人来说几乎已成为一种习惯,差不多被默认为每个人应该做的事。对他们来说,捐助是一种精神仪式,也是人的灵魂的洗礼和再教育的过程。[③] 在加拿大民众的价值理念中,帮助他人、奉献社会是生活的一部分,生活的意义在这里得到实现。2004年7月到2005年7月,德国人的慈善捐款大约26亿欧元。有1/4的德国人平均捐款4次到5次,每次平均33欧元。德国募捐理事会主席哈斯说,“相对于2005年4月的上半年总结,捐款人数已由当时的18.8%增加到28.1%”。16岁到19岁的小青年,仅2005年1月就捐赠了

---

① 冯英等编著:《外国的慈善组织》,中国社会出版社2008年版,第28—29、65页。

② 《环球时报》2005年1月12日14版。

③ 之平:《纵览加拿大慈善事业文化背景:慈善透明无秘密》,《国际金融报》2007年6月29日。

780 万欧元，平常他们每个月的平均捐款额为 90 万欧元。[①] 法国人每年捐赠金额约 10 亿欧元，平均每个家庭捐 230 欧元。

除了捐款，西方社会民众还积极投身于慈善活动。在英国，随处可见的是进行慈善活动的慈善商店。英国的旧货商店很多，走在街上，随处可见。它们真正的名称是"慈善商店"，主要是由一些慈善机构主办，卖的钱都用于慈善活动。慈善商店的店员一般都是附近的居民，他们在这里是义务值班，轮流上阵。往往是一边当勤杂工，清理货物，打扫卫生，一边当收银员，招待顾客。慈善商店的经营主要靠义工来完成，商店玻璃上经常会贴着寻求义工和捐赠的广告。[②] 据统计，法国有 90 多万个社团和慈善组织。它们中有一半从事卫生保健和社会服务，四分之一从事教育和科研的公益服务。其中，法国的爱心餐厅是个较为典型的慈善组织。2000 年，该组织的 4 万个自愿者向 60 万人分发了 6000 万餐食品。特别值得提到的是，该组织一直不肆张扬，专心做事，凸显了后物质主义理念：追求自己的人生意义。[③] 据统计，美国现有慈善机构超过 73 万个。这些机构在文化教育、医疗卫生、妇女与儿童权益保护、老年人服务、消除贫困、移民就业、环境保护、预防犯罪、社区改造以及帮助少数族裔等方面发挥着十分重要的作用。同时，民众在这些慈善组织及其慈善工作中体验自我价值的实现，感受社会的博爱给自身带来的愉悦与幸福。

"无趣族"在英美国家的出现，是当代资本主义出现后物质主义趋向的又一表现，也是西方民众实现理想自我的重要表现。所谓"无趣族"，是指那些年轻富裕但生活低调的男男女女。他们收入丰厚，但生活方式简单，不爱花钱，然而却愿意捐出钱来搞慈善事业。他们兴趣不多，但关心环境；他们不注重物质，只追求一种心灵趣味和济世情怀。37 岁的互联网富豪里克控制自己每年开销不超过 5 万美元。他从农贸市场购买食物，开便宜的汽

---

① 冯英等编著：《外国的慈善组织》，中国社会出版社 2008 年版，第 89—90 页。

② 王晨翔：《英国爱逛旧货市场》，《西部大开发》2006 年第 3 期。

③ [加]让－伯努瓦·纳多等：《六千万法国人不可能错》，东方出版社 2005 年版，第 231、224 页。

车。他没有电视机，一部 mp3 也只花了 20 美元。他几乎不买衣服，因为“不需要太多物质上的东西”。里克将自己的房产交给环保组织处理，并且为任何他认为值得的理由捐钱。里克十分注重环保，每天都在琢磨如何过“低碳生活”。里克的表亲布莱德是一个成功的电影制片人，他和妻子以及两个儿子同样过着简朴的生活。他们自己种菜，并且在跳蚤市场买东西。布莱德说：“我们对物质的要求相当低。”谷歌的软件工程师悉尼 2003 年卖掉股票期权后，获得了巨额财富。然而，悉尼只是低调地住在内华达州一栋只有 4 间卧室的房子里，然后把其余的钱捐出去：40 万美元捐给当地艺术委员会，100 万美元捐给一家巴士公司，170 万美元捐给一所高中，还有数百万美元捐给了慈善机构。悉尼认为捐赠会带来愉快心情。[①] 59 岁的英国女士简·里奇将其从表姐那里继承来的 900 万英镑的遗产全部捐给慈善事业，用来建造“工业知识中心”。面对记者，简·里奇谈出了她的人生价值理念：“我已经得到了自己想要的所有东西，我拥有一座漂亮的房子，拥有两条宠物狗和宠物猫。我的体型让我对漂亮的时装不感兴趣。我既不喝酒，也不抽烟，由于我工作太忙，所以我也从不度假。我对自己现在的生活感到相当满意。”[②]注重自我实现，从更高层次上理解人生意义是简·里奇女士的基本价值理念。

瑞典人在享受悠闲生活的同时，重视人的价值的实现。据统计，瑞典是世界上专利申请数量最多的国家，瑞典专利注册局平均每年受理约 5000 项申请，而这个国家只有 900 万人口。专注于科技创造和技术发明，显然也是实现理想自我的表现。

总之，在后物质主义影响下，西方社会多数民众不再单纯追求物质满足，而是更加注重完善自我，实现自我。积极参与慈善活动和捐赠活动是他们关爱社会、完善自我的重要途经。在后物质主义语境下，西方社会民众将参与慈善活动和捐赠活动看成是愉悦的社会活动和人际交往，认为慈善活

① 王亮亮：《英美“无趣族”舍得搞慈善》，《环球时报》2008 年 5 月 6 日。

② 台文：《继承了 900 万英镑遗产，豪爽女全部捐出做慈善》，《现代快报》2008 年 8 月 31 日。

动和捐赠活动会使人更加具有社会责任感，更富有同情心，这样才能使“生活的意义更加多彩”。[①]

3. 越来越多的西方民众政治参与热情高涨

所谓政治参与就是“平民试图影响政府决策的活动”，[②]是公民自愿的通过各种方式参与政治活动，以此影响和推动政治系统的决策过程。它集中反映着公民在政治系统和政治活动中的地位和作用。公民进行政治参与的过程，或者说公民对社区、对社会共同体、对政府活动施加影响的过程，实际上是凸显公民自我价值的过程，也是释放人生意义的过程。

在后物质主义语境下，西方民众对自身全面发展和自我实现的追求，不仅表现在积极参与志愿服务上面，更表现在积极投身于政治参与活动之中。在西方民众看来，在社区、市民社会及政府的公共决策中发挥个人应有的影响力，表达诉求，履行管理、监督责任，“参与塑造自己所生活的社会和世界”，[③]是充实人生内涵，实现自我价值的重要方面。

为了“参与塑造自己所生活的社会和世界”，也为了塑造自己，西方民众对现代政治生活给予极大关注。他们积极参加各种社会团体，以各种社会团体作为政治参与的平台，以组织化的形式施加个人对社会的影响。在西方发达国家，共同的社会追求，共同的兴趣爱好，共同的价值理念，甚至共同的生理特征或面临共同的生活境遇，都可以使人们聚集在一起组成一个社团，表达自己的利益诉求，彰显自我的存在。在法国，大约有 2000 万 14 岁以上的人参加至少一个协会的活动。加入协会后，许多人从“热情成员”发展为“积极成员”，把自己的一部分时间无偿地贡献给协会。与法国类似，绝大多数德国民众都要加入某个社团。诸如妇女委员会、大学生服务

① 转引自谭融：《美国公共利益集团政治评析》，《外交学院学报》2002 年第 2 期。

② [美]塞缪尔·亨廷顿等：《难以抉择——发展中国家的政治参与》，华夏出版社 1989 年版，第 5 页。

③ 中国现代国际关系研究院编著：《外国非政府组织概况》，时事出版社 2010 年版，第 92—93 页。

会、红十字会、被驱逐家园者联合会、体育联合会、新教教会大会、天主教徒中央委员会、科学家联盟、作家协会、城市大会等都是民众表达利益诉求，进行政治参与的重要组织形式。人们借助社团组织，宣传自己的主张，批评政府政策，向政府提出建议或咨询意见，进行游说、抗议或诉讼活动，表达对社会公共利益的关注，向议会、政党、政府等决策机构施加影响，[①]以此“参与到影响他们生活的决策中去”。

为了“参与塑造自己所生活的社会和世界”，也为了塑造自己，西方民众在涉及公共利益的社会治理方面释放出更高的参与热情。他们积极参与社区治理和社区服务，积极承担公共职能中的社会工作，如任陪审员、助选人、志愿消防员、救援队员等。他们经常发起或参与社会运动，以此推动环境保护、扶贫、人道主义救助、人权、妇女儿童权益保障、弱势群体权益保障、消费者权益保障、裁军等社会公益事业。在社会治理中，多数西方民众乐于承担更多的社会责任，“让人们看到、感受到我们的作用”。据统计，美国每年有9000万人次的人从事志愿的社区治理和社区公益服务工作，如照顾儿童、给独居老人送饭等等。法国每年有4000个志愿者远赴国外从事人道主义救助工作。英国民众则自发组成儿童照顾联盟、老人照顾联盟等，为社会公益事业承担更多的责任。大多数西方民众将承担公共职能中的社会工作视为完善自我、丰富人生经历的过程，认为很有意义，因此，他们参与社会公益活动以及做社会公益工作的热情高涨。

五、后物质主义生活方式释疑

几十年来，人们深受资本主义工业社会传统经济发展模式和生活方式的影响，已经习惯于物质主义的消费方式和生活方式，“作为现时代特点的物质至上价值观和片面割裂的世界观已经深入我们的骨髓。”[②]在这样的背

① 顾俊礼编著:《列国志:德国》，社会科学文献出版社2007年版，第164页。

② [美]丹尼尔·A.科尔曼:《生态政治——建设一个绿色社会》，上海世纪出版集团2006年版，第96页。

景下人们对后物质主义生活方式难免会产生一些误解。因此,有必要在对后物质主义生活方式加以系统分析后,就一些人对后物质主义生活方式的误解再做一些解释。

1. 后物质主义生活方式不是禁欲主义

后物质主义生活方式坚持物质享受合理化。这种物质享受合理化不是要遏止人们的物质享受,倡导禁欲,而是强调理性的、合理的物质享受。

首先,物质享受合理化的生活方式以人的物质满足为本,并不遏止物质享受。历史唯物主义告诉人们,人类要生存与发展,首先要满足吃穿住用行等方面的物质需要,因此,致力于物质生产,追求物质满足是人类生存与发展的永恒主题。后物质主义价值观顺应人类文明发展规律,并不否认追求物质满足是人类生存与发展的客观需要。后物质主义同样认为,"在人类进行工作之前,他们必须有吃的、穿的和住的,而且,所有这一切必须是'体面的'。"[①]后物质主义将人的生活质量作为核心价值,这意味着它既高度重视享受丰富多彩人生、自我价值实现等后物质价值,也不轻视提高物质生活质量的物质价值。基于对人的生活质量的关注,后物质主义自然也重视人们物质生活质量的提高和物质需求的满足。同全世界各国的普通民众一样,持有后物质主义价值观的人也都希望吃得好一点,穿戴漂亮一点,住的舒适一点,出行便捷一点,生活惬意一点;也都拥有物质进步、物质满足和物质享受的诉求。这同倡导过苦行僧生活的禁欲主义风马牛不相及。当然,在当代资本主义国家中,也有少数人过"简单生活",放弃城市的豪宅,自愿去乡村,自己钉木板房,不使用过多的电器,宁愿把消费降到最低水平。[②] 这无疑是后物质主义的表现,但这只是后物质主义的表现形式之一,而非全部表现形式。

其次,物质享受合理化的生活方式拒绝铺张性的、奢侈性的物质享受,

① [英]齐格蒙特·鲍曼:《被围困的社会》江苏人民出版社 2006 年版,第 172 页。

② 参见周穗明:《'后现代'的选择:西方兴起后物质主义价值观》,《马克思主义与现实》1999 年第 1 期,第 57 页。

主张理性的、合理的物质享受。后物质主义的基本理念,是以"一种'充足'的态度必须来代替'更多'的态度",过"一种基于'自愿简单性'的生活"。[①]后物质主义理念认为,人的生存与发展需要有物质的满足和物质的享受,但这种物质享受应以人的生存、发展的真实需要为限。那些纯粹为了虚荣心,为了炫耀富有,或为了维持"尊贵等级"的物质享受是可有可无的,而"沉迷于肉体享乐、贪吃和纵欲这样的行为,即使不被谴责为人类罪恶,也不为人们赞同。"[②]人们食用肉蛋鱼奶、五谷杂粮就能满足真实需要,没有必要非得吃遍飞禽走兽;人们穿棉布衣服就能满足真实需要,没有必要非得穿兽皮服装;人们在交通便捷的城市中出行(如上班、购物、访友),乘坐地铁、公共汽车或骑自行车就能满足真实需要,没有必要非得开私家车;人们入住旅馆时自带洗漱用具就能满足真实需要,没有必要非得使用一次性洗漱用具。

同时人的物质享受亦需考虑自然界的承受能力。随着工业社会的快速发展,人们在获得物质文明的同时,却遇到了巨大的生态和环境危机,继续以往工业社会的物质消费方式,人类的发展将难以为继。因此,后物质主义的理念是理性的物质消费和物质享受,主张在保证人的物质需要的同时,亦需兼顾自然界的承受能力。后物质主义认为,"每个人的生存都对环境构成一种压力。如果我们每个人在日常生活中都能尽量减少那些不必要的消费,自觉选择那些低消耗的产品,那么,我们每一个人就能减轻自己对环境所构成的压力。把所有人的这种减轻环境压力的努力都集合起来,我们的地球就能拥有一个充满希望的明天。"[③]例如,人们吃饭或聚餐时坚持不浪费食物,能吃多少消费多少;人们冬季在室内多穿衣服,将空调调低1度,夏季在室内穿"清凉装"将空调调高1度;人们在购物时自带购物袋,减少塑料袋消费,人们办公时多使用再生纸,尽量正反面使用,减少漂白纸的消费。这样的行为方式既保证了人们的物质需要,又减少了废气、废物、废水的排放,所有人都这样做,我们就能在保证人的物质需要的同时,兼顾到自然界

① [英]安德鲁·多布森:《绿色政治思想》,山东大学出版社2005年版,第102页。
② [英]齐格蒙特·鲍曼:《被围困的社会》,江苏人民出版社2006年版,第172页。
③ 何怀宏主编:《生态伦理——精神资源与哲学基础》,河北大学出版社2002年版,第298页。

的承受能力。

坚持理性地、合理地物质享受不等于限制人的美好生活和欲望。后物质主义认为,奢侈的、无度的物质享受不一定就是人生的幸福。人的幸福生活主要体现在满足物质需要后能够得到精神满足,在愉悦的社会交往和获得别人尊重中享受美好生活;在不断开阔视野、增长知识、完善自我中享受惬意的人生。人不仅有物质需要,更有精神需要。后物质主义倡导在满足物质需要的基础上人们应有健康、愉悦、自尊、体面、丰富、惬意的生活。

2. 后物质主义并不推崇懒惰

后物质主义关注人的健康和生活质量,追求丰富多彩的人生和自我实现。基于对健康、生活质量和丰富人生的关注,接受了后物质主义生活方式的西欧各国,民众的劳动时间不断缩短,休闲时间逐步延长。人们热衷于休闲、旅游、度假,度假第一,工作第二已经成为一部分西欧现代人的价值准则。面对这样的"事实",有人对后物质主义产生了偏见。似乎后物质主义推崇懒惰,后物质主义者都是一些好逸恶劳之人。这是一种误解。

其一,后物质主义并非推崇懒惰,而是反对人们做金钱的"奴隶"。在资本主义工业社会,人们贪恋物欲,热衷于赚更多的金钱,占有更多的物质财富。为了赚钱,人们高强度劳动,长时间劳动,不惜牺牲健康,不惜牺牲生活本身。人们常年奔波劳作,经济富裕,时间贫困,几乎没有个人的幸福生活和健康的身体,过劳死频发,神经衰弱患者剧增,亚健康甚为普遍。对此,后物质主义者们进行了反思:人活着的意义是什么?人们赚钱的目的是什么?为了赚更多的金钱而过劳死是有意义的吗?人们整日奔波劳作,使赚钱成了生活的全部,这是人生的真正意义吗?"目前在社会上占支配地位的,以高水平使用消费品为基础的生活方式究竟是否能成为一种有意义的和令人满意的,合乎人性的生活方式?"①基于这样的反思,后物质主义的价值理念是:人生的意义是享受丰富多彩的生活,实现自我价值。为此,人的

① [德]托玛斯·迈尔:《社会民主主义的转型》,北京大学出版社 2001 年版,第 80 页。

健康与高质量的生活比拥有更多的金钱重要。赚钱是重要的,但赚钱不是目的,人的健康和享受丰富多彩的人生才是目的。

在当代资本主义发达国家劳动生产率大幅度提高的条件下,在西欧各国推行从摇篮到坟墓的社会福利制度的条件下,西欧、北欧接受后物质主义价值观的社会民众,热衷于度假、休闲、体育锻炼,这并非是懒惰或好逸恶劳,而是价值观和生活态度的转变。在接受物质主义价值观时,人们拼命地劳动,要赚"更多"的金钱,为此可以不要健康和自我的生活,甘愿做金钱的"奴隶"。接受后物质主义价值观后,人们从事劳动只是要赚"足够"的金钱。由于劳动生产率的提高,人们用较少的劳动时间就能创造足够多的物质财富,或者说,就能赚到"足够"的金钱,因而人们有条件将大量的时间用于享受丰富多彩的生活。正如哈佛大学朱丽特·索尔所说:"自 1948 年以来,美国工人的生产率水平已经不止一倍地增加了。换句话说,我们现在能够用少于一半的时间生产我们 1948 年的生活水平。每次生产率的提高,我们都有选择更多自由时间或者更多货币的可能。我们本来能够选择每天工作四小时,或者一年工作六个月,或者美国的每个工人现在带着工资工作一年休息一年。"①在物质主义"统治"之下的工业社会,人们选择了赚更多的货币,而今,接受后物质主义价值观的西方民众开始选择更多的自由时间。这里,问题的实质是,接受后物质主义价值观后,人们不再做金钱的"奴隶",不再把赚钱作为人生的全部。人们坚持劳逸结合,在诚实地、勤奋地劳动的基础上,享受丰富多彩的人生,体验和感受人生乐趣和意义。

其二,后物质主义生活方式并非轻视劳动,而是反对将劳动异化为赚钱工具。在资本主义工业社会,劳动力异化为商品,劳动异化为赚钱工具。为了赚钱,人们拼命地劳作,反之,要让人们为社会、为他人奉献一点劳动,也必须用金钱来进行交易,人与人的关系演化成冷酷无情的金钱关系。随着资本主义工业社会向后工业社会的转变,后物质主义价值观应运而生。后

① 参见艾伦·杜宁:《多少算够——消费社会与地球的未来》,吉林人民出版社 1997 年版,第 81—22 页。

物质主义作为与资本主义后工业社会相适应的以中产阶级为社会主体的价值取向,推动了资本主义体制内的价值转向。后物质主义价值观反对把劳动当成赚钱工具,反对为社会、为他人的劳动一律要以金钱来交易。后物质主义的价值理念是:在人们的物质生活得到保障的条件下,人生的追求不再是物质价值和金钱,而是人的健康、生活质量和自我实现。由于后物质主义价值观高度重视自我实现,因而也积极倡导人们要热爱劳动。因为,自我价值的实现离不开为社会、为他人的劳动。"一个人在通常的健康体力、精神、技能、技巧的状况下,也有从事一份正常的劳动和停止安逸的需求"。只是这种劳动有别于"赚钱工具",它"是自由的实现",同时也"成为个人的自我实现"。[①] 也就是说,为社会或为他人的劳动是自我实现的手段和环节,是幸福人生的一部分。在当代资本主义各国,接受后物质主义价值观的社会民众积极踊跃地参加志愿服务,担当志愿者,实际上就是在主动从事为社会、为他人的劳动。这种劳动"是一种新的道德手段,是道德奉献精神的苏醒",是自我价值的实现,也是对资本主义工业社会的扬弃。[②]

① [美]乔恩·厄尔斯特等编:《资本主义的替代方式》,重庆出版社 2007 年版,第 141 页。

② 何怀宏主编:《生态伦理——精神资源与哲学基础》,河北大学出版社 2002 年版,第 296 页。

第四章 后物质主义对当代资本主义经济发展方式的影响

后物质主义作为一种价值观不仅影响普通民众的生活态度、生活方式，也会对社会精英的决策产生深刻影响。后物质主义通过社会舆情、价值共识和大众心理，影响社会精英的认知结构，使社会精英在形成后物质主义价值观的同时，也形成了对物质主义与后物质主义的理性评价和对现代人类文明发展趋势的深刻认识。这自然会影响到社会精英对社会经济发展方式的认识和决策。在社会舆情、价值共识、大众心理和社会精英认知结构的双重作用下，后物质主义价值观在外化成为社会生活方式的同时，也外化成为了一种经济发展方式——后物质主义经济发展方式。

后物质主义经济发展方式的核心理念是，强调经济及科技的发展不仅要满足人们日益增长的物质需求，还要能够实现人类可持续发展及人与自然的和谐发展。后物质主义经济发展方式不是要一味地从自然界中索取物质价值，而是要通过人与自然的和谐发展，实现人化自然与人的自然化之间的统一，经济发展与高质量的人民生活的统一以及物质文明与生态文明的统一。后物质主义经济发展方式不再坚持物本经济，而是全面推行人本经济，经济活动不单纯追求物质价值，更要注重人的健康和生活质量的改善。

一、从线性经济向循环经济的转变

二十世纪八十年代前，当代资本主义各国推行传统的物质主义发展模式，将自然界当作可以肆意挥霍的材料库和可以任意丢弃废物的垃圾场。

人们忽略了自然资源的有限性以及诸多资源的不可再生性,忽略了各种废弃物对生态环境的严重破坏性和对经济持续发展的巨大阻碍性,误以为资源的消耗和废弃物的产生几乎可以不计成本。因此,其经济发展方式是线性经济,是一些相互不发生关系的线性物质流的叠加,使进出系统的物质流远远大于内部相互交换的物质流,经济活动方式是高开采、低利用、高排放的竭泽而渔模式。二十世纪八十年代以来,尤其是九十年代以来,随着自然资源的日益减少,生态环境的日益恶化,西方主流社会在反思物质主义发展模式的过程中认识到,传统经济发展方式"是以消耗资源和不断破坏环境为代价的。如果将这些代价计算在内,其结果实际是适得其反的"。"如果人们要摆脱这历史性的两难境地,除了改变生产和消费的根本性质外,别无他法。"[①]基于这样的理念,人们接受了后物质主义价值观。在后物质主义影响下,当代资本主义的经济发展方式开始由线性经济转向循环经济,在经济活动中对有限的资源进行循环使用,高效率地或无浪费地使用资源。

1. 当代资本主义各国推行循环经济的理论解读

长时期以来,当代资本主义各国受物质主义经济发展模式影响,全面推行线性经济。传统的线性经济模式是一种资源——消费——污染排放的单项式(线性)流程。它以不断加重生态环境的负荷,以大量资源持续不断地变成废物的形式来实现经济增长。线性经济"对物质资源的索取和废物排放远远超出了生态系统的资源供给能力和环境自净能力",导致自然资源的枯竭,酿成灾难性的环境污染后果。[②] 在生态环境日益恶化的无情现实面前,当代资本主义各国也曾着手进行治理。然而,在传统经济发展模式未被根本触动的条件下,其治理方式只是末端治理,其效果事倍功半。随着实践的深入和可持续发展理念的传播,人们逐步发现,零打碎敲的废物回收利用和废弃物的末端治理由于没有从源头上和体制机制上解决问题,因而无法

① [美]威廉·格雷德:《资本主义全球化的疯狂逻辑》,社会科学文献出版社2003年版,第575、579页。

② 戴备军主编:《循环经济使用案例》,中国环境出版社2006年版,第3页。

真正解决资源合理利用和避免环境污染的问题。众多有识之士呼吁,要真正解决问题,必须改变经济发展方式。其中,日本东京大学吉川宏元教授与英国学者罗伯特·艾尔斯的观点具有代表性。吉川宏元先生提出:“我们应该设计一种新的生产模式,这是一种环环相扣的生产模式,而不是一种隔离的系统。废弃的材料应该进行回收,然后把它们投入可把废弃物品转化为新材料的新型工厂。我们会建立两种工厂:一种是正极工厂,另一种是负极工厂,即一种是常规工厂,另一种是反常规工厂。”罗伯特·艾尔斯将上述思想表达的更为明确。他指出:“这需要作出重大努力(政府必须扮演领导者角色)来封闭物质循环。资源廉价而劳动力稀缺的‘牧童经济’是一种过去的事物,我们必须快速转向资源被重复使用的‘飞船经济’……人们在不断探索和总结的基础上,提出以资源利用最大化和污染排放最小化为主线,逐步将清洁生产、资源综合利用、生态设计和可持续消费等融为一套系统的循环经济战略。”①正是在这样的理论共识之下,从二十世纪九十年代开始,源头预防和全过程管理控制从真正意义上取代末端治理成为当代资本主义各国坚持可持续发展的主流,循环经济开始取代线性经济。

当代资本主义所推行的循环经济突破了传统的经济发展模式。它以物质能量梯次使用和闭路循环使用为特征,模拟自然生态系统中“生产者——消费者——分解者”的循环路径,将经济活动组织成为“资源——产品——消费——再生资源”的封闭式流程。这是一种建立在物质不断循环利用基础上的经济发展模式。循环经济的核心理念是强调废弃物的回收利用、转化为再生资源及无害化处理。循环经济的根本目标是,人们在物质生产过程中,在获取物质产品的同时,资源必须得到最大限度的利用,生态环境必须得到充分而有效的保护。

基于上述理念和目标,当代资本主义各国所推行的循环经济一般都坚持下述三个原则(亦称“3R”原则):

(1)减量化原则(Reduce Principle),即在生产的投入端尽可能少地输入

---

① 转引自中关村国际环保产业促进中心编著:《循环经济》,人民出版社2006年版,第119页。

自然资源,减少资源消耗和废物的产生,坚持以资源投入最小化为目标,以提高资源利用效率为核心。如简化产品包装,淘汰一次性物品,实施清洁化生产,以集约型经济增长方式取代粗放型经济增长方式等,均有利于减少自然资源的输入。(2)再利用原则(Reuse Principle),即尽可能采用多种方式使用所购买的产品,通过再利用,防止物品过早地成为废物,尽量减少废物。正如后物质主义者麦唐纳(McDonough)先生所说:循环经济"设计理念的关键是消除废物,或将'废物'转化为资源。设计产品时要使产品以及生产过程中的副产品要么回到生态系统中去,要么作为营养物被回收利用到工业系统中去。"①(3)再循环原则(Recycle Principle),即最大限度地减少废弃物排放,力争做到排放无害化,尽量通过对废弃物的再加工处理,使其作为资源或产品再次进入生产或生活领域。

在西方广泛发展循环经济的过程中,上述三个原则的重要性并不是平行的。其优先顺序是:减量化——再利用——再循环。

其中,减量化是循环经济最主要的内在要求。它要求通过产品的高质量化、灵巧化、智能化、多功能化,在经济源头上就要减少物质消耗和污染物的产生量。对于源头上不能消减的废弃物,以及经过使用的包装物则要坚持再利用原则,尽量加以回收利用,使之回到经济循环中去。循环经济理念不是"永动机"理念。它承认社会经济活动是一个开放的耗散结构,经济源头的物质投放不可能100%的进行闭路循环,但它强调随着科技进步,应尽最大努力实现循环利用,只有那些不能利用的废弃物才能允许按照再循环原则做最终的无害化处置。西方主流社会已经明确认识到:"必须以这样的一种方式建造我们的工业,即一种工业废品成为另一种工业的原材料、整个系统中的废品与资源必须循环式地传递"。② 正是基于这样的理念,1996年生效的德国《循环经济与废物管理法》明确规定了对待废物的优先顺序:避

---

① William McDonough and Michael Braungart, Cradle to Cradle: Remaking the Way We Make Things, North Point Press, New York, 2002 p. 73.

② [印]萨拉·萨卡:《生态社会主义还是生态资本主义》,山东大学出版社2008年版,第145页。

免产生——循环利用——最终处置。

对于发展循环经济具有重大影响意义的是“减物质化”在当代西方发达国家的推行。“减物质化”进一步丰富了循环经济的理念与内涵。二十世纪九十年代，德国学者施密特－布利克（Friedrich Schmidt－Bleek）率先提出“减物质化”概念，认为经济达到可持续发展水平时，物资流量应该减少一半。在具体生产领域，应使用环境保护再生原料和先进设计工艺，提倡环境保护优先设计，回收优先设计，形成闭合循环回路以便重复使用元器件，从而降低生产过程中的资源消耗，避免和减少废弃物排放。[①] 在循环经济的“3R”原则中，着眼点还是经济的产出与增长。但如果不在经济投入上更新观念，解决废物及污染物的压力始终很大。而“减物质化”理念突破了原有的“减量化”思维定势，其着眼点从经济产出转到了经济投入，强调经济增长与资源消耗脱钩，实现减物质化条件下的经济增长，把在经济源头和经济投入上减少物质流作为循环经济的第一要义。正如美国学者威廉·莱斯所说：要尽量“把人均使用能源及物质减到最低限度。大部分未来技术的发展都要有利于这一目标的实现”。[②] 欧盟已经提出21世纪实现经济增长1倍而资源消耗减少一半的发展目标。显然，“减物质化”的推行更加有利于“3R”原则的贯彻。“减物质化”在产品设计、生产等过程中坚持下述原则：

其一，质量优先原则。避免使用危害人类和环境的有毒物质，采用环保物质代替有害物质，同时坚持质量优先，延长产品使用周期，进而减少物质流。其二，可持续消费和生产原则。在生产工艺设计过程中利用生态设计技术，降低原材料和能源的消耗，减少环境成本，保障人类健康和生态安全。在产品开发中，增加产品的耐用性、可处置性、可分解性、循环性和重复使用性。目前，德国产业界已经推出“为拆卸而设计”（Design for Disassembling）和“为再循环而设计”（Design for Recycling）理念。其三，资源节约原则。在产品外观上通过小型化、轻型化，在相同甚至更少的物质基础上获得较多的

① 黄海峰等编著：《德国循环经济研究》，科学出版社2007年版，第266页。

② William Leiss. The Limits to Satisfaction, McGill－Queen's University Press, 1988, p. 112.

产品和服务功能。如降低包装材料厚度,选择便于修理和多次使用的标准化元器件等。其四,再利用原则。如塑料瓶、容器罐等的重复使用,有利于减少物质流。①

当代资本主义推行的循环经济主要有三种实现形式。

其一,构建循环型企业。通过在企业内部交换物质流和能源流,开展企业内部的物质循环(小循环),建立生态产业链,实现企业内部资源利用最大化,环境污染最小化。以集约性经营和内涵性增长来获得经济效益。

其二,构建循环型工业园区。在全面推行循环经济的背景下,生态工业园区在西方发达国家应运而生。1989 年 9 月美国通用汽车公司的罗伯特·福罗什(Robert Frosch)和尼古拉斯·加罗布劳斯(Nicolas Gallopoulos)在《科学美国人》杂志上发表的题为《可持续工业发展战略》的文章中正式提出工业生态学概念,认为工业系统中的物质、能源可以循环运行。1992 年美国 Indigo 发展研究所的欧内斯特·洛威(Ernest Lowe)教授提出生态工业园的概念,认为它是一个由制造业企业和服务业企业组成的企业生物群落。② 此后,生态工业园区在西方国家大量涌现。这是一种后物质主义时代的新型工业组织形式,其物质流和能源流通过模拟自然生态系统来设计,企业相互之间通过副产品交换、能量和水的梯级利用、基础设施共享等方式进行物质循环(中循环),实现产业共生。园区具有横向耦合性、纵向闭合性特点,采用废弃物交换、清洁生产等手段把一个企业产生的副产品或废弃物作为另一个企业的投入或原材料,实现物质闭路循环和能量多级、梯次利用,形成相互依存、类似自然生态系统食物链的工业生态系统。同时,园区还具有区域整合性特点,园区内众多企业共享基础设施,拥有完善的信息交换系统。所有这些,使园区达到物质、能量利用最大化和废弃物排放最小化的目的。

其三,构建循环型区域。在后物质主义理念指导下,当代资本主义各国

① 黄海峰等编著:《德国循环经济研究》,科学出版社 2007 年版,第 266—268 页。

② 中关村国际环保产业中心编著:《循环经济》,人民出版社 2005 年版,第 147—148 页。

的循环经济开始超出单纯的物质生产领域，实现了生产、社会活动、生活消费在内的社会层面的物质循环（大循环）。它以物质循环流动为特征，以生态环境、经济、社会可持续发展为目标，最大限度地利用资源和能源，减少污染物排放。它以循环经济产业体系为核心，以包括水循环利用保护体系、清洁能源体系、清洁公共交通体系在内的基础设施为基础，以倡导和实施绿色消费、循环消费以及人文生态建设为主要内容，在社会层面实现物质循环利用。

为了推动循环经济的发展，当代资本主义各国均相继推出了强有力的举措。首先，各国纷纷制定了促进和发展循环经济的法律、法规，有效约束和规范政府、社会、企业和民众的行为。其次，各国均出台了支持循环经济发展的优惠政策，通过税收、财政等手段促进循环经济的发展。再次，各国制定了循环经济发展计划，提出循环经济建设的纲领和总体目标及步骤，同时制定与循环经济有关的一系列产品、技术的具体标准，引导循环经济发展。最后，各国纷纷建立了促进和发展循环经济的非政府组织，充分发挥民众、社团和中介组织在发展循环经济中的作用。

毫无疑问，循环经济能够实现经济的可持续发展，有利于保护资源和生态环境，有利于优化人类生存和发展的空间，从而改善和提高人们的生活质量。由此论之，循环经济的推行符合后物质主义的核心理念。

2. 循环经济在当代资本主义各国的实践

随着可持续发展理论的传播和人们对生活质量及生态环境的日益关注，当代资本主义各国相继开始推行循环经济，以此来取代传统的线性经济。在当今世界，最早意识到发展循环经济的重大战略意义并切实推行循环经济的国家是德国。1972 年，德国通过《废弃物处理法》，开启了循环经济实践的先河。然而，二十世纪七八十年代德国的实践，还带有明显的末端治理特色，只能算作循环经济的萌芽形式。1991 年德国通过《包装条例》。这是世界上第一部按照“资源——产品——再生资源”的物质循环思路，要求生产者负责废弃物回收和利用的法律。这部法律的颁布，表明德国真正开始推行循环经济。1994 年,德国颁布《循环经济与废弃物法》并于 1996 年实施。该法要求所有资源必须尽力减少用量,所有废旧产品均要回收再利用。为此,生产者要对产品从设计和生产开始到产品的生命终结而进行废弃物处理的全过程承担责任。对此,德国前环境部部长安哥拉·默克尔解释说:“对一种产品的责任不能再以制造而告终,它必须包括使用和对其废物进行与环境无害的清除,即首先是重新使用和重新利用,这样循环圈子就合拢了。”[①]正是这部法律的施行,促进了德国企业内部以及企业之间的物质循环,推动德国经济由线性经济向循环经济全面转型。与此同时,德国还率先建立了以“绿点”为标识的“二元回收再利用系统”(Duales System Deutschland, DSD)。该系统以非营利组织——二元系统公司(DSD)为主体,以街头回收系统和上交式回收系统为基本渠道,在德国全国建立起面向家庭和小型团体用户的包装回收、分类和再利用的体系。其运作流程是:包装产品制造商→把包装卖给生产企业进行包装或灌装,生产企业向绿点公司缴纳绿点费→生产企业的一次性包装产品可印上绿点标志,交给商店销售→消费者消费→消费后废弃包装由绿点公司用其投资制作的垃圾收集箱回收→由绿点公司或签约回收商将废弃物运到再生产工厂→生产再生原料→返回包装产品制造商,生产再循环制品。这一系统实现了对废弃物回收处理的周密设计和高效运行,其“绿点”标识在 170 多个国家得到法律保护,并获得欧盟和世界贸易组织的认可。

法国、英国、比利时等欧洲国家在 1995 年以后相继仿效德国,开始推行循环经济。1995 年,英国颁布《环境法》,对资源的再利用、回收或再循环等相关问题与实施机制作出了明确规定。法国也在法律中规定了资源再用、再生和循环利用的强制实施机制。1994 年,瑞典在相关法规中确立了“生产者责任制”的原则,生产者要对其产品的生产和最终消费后承担环境责任,其宗旨就是“把今天的废弃物变成某种可利用的新资源”。[②] 二十世纪

① 转引自中关村国际环保产业中心编著:《循环经济》,人民出版社 2005 年版,第 187 页。
② 参见何世念:《发达国家的循环经济》,《中国石化》2005 年第 8 期。

九十年代以来,美国有半数以上的州制定了不同形式的物质循环再生法规,推行了循环经济。

与上述国家相比,日本虽然施行循环经济的时间稍晚,但其力度却是最大的。1999 年 10 月,日本执政党(自民党、公民党和民主党)达成"政策合意",明确提出"将 2000 年定位为日本循环型社会元年,谋求制定循环型社会建设的基本框架的法律"。2000 年 4 月,日本内阁通过了《建立循环型社会基本法案》,5 月获国会通过,正式颁布《促进循环型社会建设基本法》。随后,日本相继颁布《废弃物处理法》、《资源有效利用促进法》、《容器包装物循环法》、《建筑材料循环法》、《家电循环法》、《可循环性食品资源循环法》、《绿色采购法》。这些法律、法规的出台,推动日本成为世界上资源循环利用率最高的国家。为了推动循环经济的健康发展,日本设定了 3 个反映物质流量的宏观指标和推动垃圾减量以及增加回收利用比例的技术指南。其中,反映物质流量的宏观指标是:投入以"资源生产率"为指标,反映资源消耗能够获得的产出情况;循环过程以"循环利用率"为指标,反映投入到社会的资源中有多少是能够循环再利用的情况;出口以"最终填埋量"为指标,反映有多少资源消耗后作为最终废弃物需要处理。日本制定的推动垃圾减量以及增加回收利用比例的技术指南涉及 18 个行业 28 种产品废弃物,具有极强的可操作性和应用性。这些指标和技术指南的提出,使日本经济活动在减量化——再利用——再循环等环节上实现了资源利用最大化,环境污染最小化。日本正在逐步形成以"较低能耗的生产、适度消费的生活、循环利用的资源、稳定高效的经济和持续创新的技术"为特征的循环性社会体系。①

资源合理开发,物质循环利用是循环经济的核心理念。当代资本主义各国在推行循环经济的过程中,在上述方面取得了重大的、实质性的进展。

首先,各国高度重视在经济源头上控制物质资源投入量,实现资源的合

---

① 参见吴宗杰等:《从传统经济到循环经济的产业转型研究》,人民出版社 2007 年版,第 110—111 页。

理开发。21 世纪以来,一些西方发达国家的总物质投入量开始递减。2004 年,日本的总物质投入量为 19.4 亿吨,与 1984 年基本持平,但比 1994 年的 21.9 亿吨有所减少,仅相当于 1994 年的 89%。其中,自然资源的投入量,2004 年是 17.0 亿吨,是 1984 年 17.6 亿吨的 97%,是 1994 年 20.1 亿吨的 84%。① 值得注意的是,日本在总物质投入量减少的情况下,经济仍在增长。2004 年日本 GDP 总量达到 5 万亿美元,超出 1994 年 1.5 万亿美元。除日本外,其他发达国家也注意在源头上减少物资资源的投入量而不影响经济的增长。据统计,21 世纪以来发达国家单位国内生产总值的能耗呈明显下降趋势(见表 1),这表明,这些国家在经济增长不受影响情况下的物质资源投入量在减少,"减物质化"有了实际效应。

在总物质投入量减少的条件下实现经济发展是后物质主义经济发展理念的核心诉求。日本及其他发达国家的实践不仅践行了循环经济的"减物质化"原则,也实现了后物质主义的经济发展诉求。

表 1 单位国内生产总值能耗 单位:标准油吨/万元

国别	1990 年	2000 年	2004 年
日本	1.48	1.14	1.16
美国	3.35	2.36	1.99
法国	1.83	1.94	1.34
德国	2.09	1.81	1.27
英国	2.14	1.61	1.10
荷兰	2.17	1.96	1.35

资料来源:国家统计局编:《2008 国际统计年鉴》,第 266 页。

其次,各国高度重视生产过程中的物质循环利用,坚持物质闭路循环和能量多级、梯次利用。丹麦卡伦堡生态工业园是当今世界实现物质循环利用的典型代表。该园区以发电厂、炼油厂、制药厂和石膏制板厂为核心,通

① 张婉茹等编著:《日本循环经济法规与实践》,人民出版社 2008 年版,第 120—121 页。

过贸易方式利用对方生产过程中产生的废弃物或副产品,作为自己生产中的原料或部分替代原材料。同时使用副产物的还有大棚养殖、养鱼、硫酸厂、供热站、水泥厂、农场等。在该园区中,燃煤火电厂向炼油厂和制药厂供应发电过程中产生的蒸汽,使之获得生产所需的热能;通过地下管道向全镇居民供热,由此关闭了镇上3500座燃油渣炉,减少了烟尘排放;利用余热养鱼,鱼池的淤泥作为肥料出售;电厂除尘的副产品是工业石膏,出售给石膏厂,粉煤灰出售共筑路和生产水泥之用。

炼油厂通过管道向石膏厂供气,用于石膏板生产的干燥,同时减少常见的火焰气排空;炼油厂进行酸气脱硫生产稀硫酸,供硫酸厂生产硫酸之用,脱硫气供给电厂燃烧;炼油厂的废水经过生物净化处理,向电厂输送,作为锅炉的补充水和洁净水,从而减少了园区25%的需水量。制药厂生产残渣经热处理供附近1000家农户作有机肥料。通过上述"从副产物到原料"的交换,园区大量减少了废物产生量和处理费用,实现了物质的循环利用,同时经济效益也十分明显。[①]

类似卡伦堡园区的推行物质循环利用、产业共生的生态工业园在当代资本主义各国已经"遍地开花"。德国有威勒巴赫(Weilerbach)"零排放镇"、居德"生物能源镇";荷兰有鹿特丹港生态工业园;英国有伯丁顿社区"零能源发展"模式;此类推行物质循环利用的生态工业园在美国已经超过60多个,加拿大有40多个,日本已经建成从事"静脉产业"的"生态环保城"14个,英国、法国、德国、荷兰、瑞典、奥地利等国也有诸多生态工业园实行着物质的循环利用。

除生态工业园区作为典型外,当代资本主义各国也将物质循环利用的理念和原则贯彻于整个经济发展活动之中。零排放社区、生态工业网络、副产品交换网络等经济形式在各国得到较为广泛的推行。在众多典型的与不典型的循环经济模式中,其共同特征是力争变污染负效应为资源正效应,力争对工业企业的副产品进行多层次加工,实现资源综合利用,延伸产业链,

① 参见戴备军主编:《循环经济实用案例》,中国环境出版社2006年版,第23—24页。

提高资源利用率。瑞典的哥德堡市利用两家精炼厂产生的工业热水为区域性供暖系统提供了热量,利用垃圾焚烧和污物处理产生的热量为产生这些废物的广大用户提供了暖气。这样,该市2/3的热量供给源于当地的物质循环利用,其余的1/3能源供给则主要来源于天然气,辅之以生物能源,只有一小部分是由燃油提供的。由于有效地利用了余热,二氧化碳和其他污染物排放降到了只有20年前排放量几分之一的水平,由石油附属物造成的污染也比1980年降低了98%。①

废弃物的回收和再利用是循环经济的主要内容,当代资本主义各国在这一领域也取得了较高的成效。据统计,德国家庭废弃物利用率从1996年的35%上升到2003年的60%,其中,玻璃、塑料、纸箱等包装回收利用率超过90%,废旧汽车经回收、解体后循环利用率达到80%。② 荷兰在推行循环经济过程中,基本上实现了垃圾资源化。据统计,荷兰固体废物的循环使用率已经达到75%,其中,玻璃是80%,建筑废物为90%,包装物为64%。2004年,日本的废弃物排放量为6.05亿吨,其中有2.47亿吨可用于再次使用或再生利用,有2.38亿吨可用焚烧和脱水等方式进行减量化处理,只有0.35亿吨需进行最终化处理。其中,日本废纸回收利用为60.4%,纸箱的回收利用率为96.9%,塑料的回收利用率为62%。家电循环利用率:空调78%,电视机73%,电冰箱59%,洗衣机56%。③ 瑞典斯德哥尔摩的利丁屿岛,80%的生活垃圾被回收再利用,其中为造纸厂提供的废旧纸张相当于4万棵树木所生产的纸浆。

由于高度重视废弃物的回收与循环利用,目前在当代资本主义各国,再生资源的回收利用已经成为一个十分重要的产业。其主要发达国家的再生资源回收总值每年达到2500亿美元,并以每年15%~20%的速度在增长。德国废弃物回收利用产业每年创造410亿欧元,创造20多万个就业机会;日本、英国废弃物资源化产业的产量已接近或超过采掘业的产量,成为新的

① 中关村国际环保产业中心编著:《循环经济》,人民出版社2005年版,第268页。

② 参见戴备军主编:《循环经济实用案例》,中国环境出版社2006年版,第16—17页。

③ 张婉茹等编著:《日本循环经济法规与实践》,人民出版社2008年版,第122、140—142页。

资源供应渠道;美国废弃物再生利用的工业企业已超过73000家,总收入远远超过了家电、家具、音响、农场和园艺设备等耐用消费品制造业的收入。

循环经济的推行,意味着当代资本主义经济发展方式的根本改变。当代资本主义主流社会开始告别物质主义的经济发展方式,选择后物质主义的经济发展方式。

3. 后物质主义与循环经济

在传统的物质主义经济发展模式中,当代资本主义各国热衷于经济高增长、产品高产量和经济规模的迅速扩张。产值、产量、利润成了各国追逐的基本经济指标,物质价值成为经济活动的唯一追求。随着后物质主义价值观的兴起及其影响的加深,西方主流社会和社会精英的价值理念及认知结构发生改变。人们不再过分热衷物质价值,而开始关注后物质价值。在后物质主义语境下,人们对后物质价值的关注,集中体现在对人类可持续发展前景和对人的生活质量的关注。

基于对人类可持续发展前景的关注,接受后物质主义价值观的社会民众和社会精英不再接受以资源高消耗、环境高污染为代价的、难以长久持续下去的线性经济模式,而开始探寻以提高资源利用率为核心,以物质循环利用、减少环境污染为重点的可持续发展的经济模式。在后物质主义者看来,"一个取向于可持续增长的社会将会是一个不太贪婪物质的但却更令人愉快的生活场所。"[①]循环经济在当代资本主义各国的推行,实际上就是人们探寻可持续发展模式的必然结果。循环经济的推行使当代资本主义经济实现了从数量型的物质增长到质量型的服务增长的变革,实现了经济的可持续发展。首先,循环经济改变了过去靠大量资源不断变成废物的形式来实现经济增长的生产方式,转向以物质不断循环利用为基础的经济发展方式,实现了资源合理利用、环境有效保护与经济良性发展的高度统一。其次,循环经济改变了建立在交换价值基础上的,以生产为核心价值的传统的生产

① [英]安德鲁·多布森:《绿色政治思想》,山东大学出版社2005年版,第101页。

性经济，转向建立在使用价值基础上的，以功能为核心价值的功能经济，从而实现了从生产优先社会向服务优先社会的转变，实现了减物质化与经济增长的统一，经济增长与生活质量提高的统一。

基于对人的生活质量以及与之相关的生态环境的重视，接受后物质主义价值观的社会民众和社会精英用循环经济取代传统的线性经济是一种合乎逻辑的选择。传统的线性经济是一种经济增长与环境污染成正比例的发展模式，经济发展以环境污染为代价。这样的发展模式严重恶化了人们的生存环境，影响了人的健康。它在给人们带来物质满足的同时，却没有给人们带来真正好的生活质量。在传统的线性经济使生态环境日益恶化的背景下，越来越多的人意识到，"这样一种经济和这样一个社会并不是一个可以用来生活的好地方。"①要健康地生存、高质量的生活，就要"呼吸到真正的空气、喝道真正像样的水，"就要使"居住区的文化生活丰富多彩"、"在绿色城市与乡村间有一种合理的相互交流，希望可以终止对臭氧层的危害，结束全球变暖的趋势以及其他一些不利局势。"②因此，就不能只关注物质生活，而必须以一种全新的理念去重新规范人与自然的关系。出于对生活质量和生态环境的关注，后物质主义者们开始推动循环经济的施行。循环经济实现了资源合理开发，物质循环利用和清洁生产，实现了物质文明与生态文明的和谐统一。循环经济不仅给人们带来物质满足，也给人们带来了宜于生存、令人愉悦的生态环境，它以人本经济代替了传统的物本经济。

从以上分析中不难看出，循环经济符合后物质主义理念，它是后物质主义经济发展方式的主要实现形式。

二、从高能耗经济向节能经济的转变

传统的物质主义经济发展模式是一种高强度地把地球上的物质资源和

① [英]安德鲁·多布森：《绿色政治思想》，山东大学出版社 2005 年版，第 101 页。

② [美]詹姆斯·奥康纳：《自然的理由》，南京大学出版社 2003 年版，第 512 页。

能源挖掘出来,然后又把污染物和废弃物大量排放到地球上的"高能耗经济",它通过持续而大量地消耗自然资源来实现经济的增长,它坚持"市场效率要通过充分利用自然产品来实现,好像自然产品是无穷无尽的。"①随着后物质主义的兴起以及可持续发展理念的深入人心,人们开始认识到世界资源储量的有限性以及对其加以保护的重要性,认识到那种无限制、高强度消耗自然资源的"高能耗经济"的不可持续性。因此,在当代资本主义各国发生从线性经济向循环经济转变的同时,也发生了从"高能耗经济"向节能经济的转变。从广义上说,节能经济也是循环经济,但从狭义上讲,节能经济与循环经济并不完全等同。循环经济的核心是物质循环利用,而节能经济则强调开发可再生能源和生产节能产品。二十世纪九十年代以来,当代资本主义各国基于对可持续发展的关注,不仅在经济活动中全面推行物质循环利用的经济发展方式,同时也开始大力开发可再生能源,大力发展节能产品。

1. 当代资本主义各国注重可再生能源的开发

自进入工业社会以来,资本主义的物质主义发展模式对生态环境和经济的可持续发展构成了巨大威胁。传统资本主义经济对能源的依赖程度急剧上升,尤其是对煤炭、石油的依赖已达到无以复加的地步。由于煤炭、石油等资源蕴藏量有限,且几乎不可再生,因而,对煤炭、石油等资源持续不断地采掘与消耗一方面使地球上的资源濒临枯竭,另一方面也给生态环境带来严重影响,尤其是温室气体排放加剧了全球变暖。经验证明,"可持续能源政策无法建立在矿物燃料的基础上,因为这种燃料数十年后将消耗殆尽。"要实现经济的可持续发展,"必须立足于十分丰富的能源,而且是经大量使用后依然十分丰富的能源"。② 就是说,发展可再生能源具有战略意

① Elmar Altvater, The Future of the Market. An Essay on the Regulation of Money and Nature after the Collapse of "Actually Existing Socialism", trans. Patrick Camiller, Verso, London 1993, p. 183.

② [美]丹尼尔·A. 科尔曼:《生态政治——建设一个绿色社会》,上海世纪出版集团2006年版,第182—183页。

义。风能、太阳能、地热能、生物质能等取之不尽、益于环保，是经济可持续发展的必然选择。正如后物质主义者澳大利亚拉特罗比大学教授F. 玛休斯(Freya Mathews)所说，“要选择一条阻碍尽可能少的道路，利用已有的力量和能源形式引导我们走向目的地。在自然体系中，应该再次补充更新的资源，这样世界本身才能在大范围内实现自我生产。我们可以从太阳、风力和沼气中获得电力，这些方式都是挖掘存在的资源，而不是打破他们以前的流动方式或系统。”①

诚然，在当前条件下发展可再生能源远远比不上使用石油、煤炭等能源方便，但西方有识之士基于对可持续发展问题、生态环境问题及后物质价值的关注，则从战略高度和可持续发展的维度来思考可再生能源的开发利用问题。他们认为，“一旦我们考虑到不可再生性资源的损耗、可再生资源的破坏、健康与安全风险、社区生活的瓦解，以及由‘现存的’资本积累和增长过程……所造成的对生产条件的其他一些破坏，那么，‘经济增长’在过去半个世纪里取得长足的进展这种说法就很值得怀疑了，甚至是否取得过任何真实的进展都值得怀疑。”②因此，经济“的增长必须是一个理性的、为了每个人的平等利益的有计划的发展。因而，它将是有益于生态的。”③经济“增长应源于能源的节约、废除污染性的技术等”，“那种以土地、水源以及其他一些投入物的退化为基础的(因此是在损害后人利益的前提下)生产扩张是完全不允许的。”④

基于上述考虑，欧盟委员会已于2004年提出建议：要求欧盟成员国放弃对石油和天然气的依赖，到2020年，欧洲的动力至少要有20%来自可再生能源资源。出于对可持续发展和生态环境的关注，欧盟各成员国积极发展可再生能源。据统计，2004年，德国可再生能源发电量超过德国电力供

① [澳]F. 玛休斯等：《超越现代和传统：发展的第三种模式》，《南京林业大学学报》2006年第2期。

② [美]詹姆斯·奥康纳：《自然的理由》，南京大学出版社2003年版，第502页。

③ [英]戴维·佩珀：《生态社会主义：从深生态学到社会主义》，山东大学出版社2005年版，第336页。

④ [美]詹姆斯·奥康纳：《自然的理由》，南京大学出版社2003年版，第511、508页。

应量的10%，创造了12万个就业岗位。可再生能源产业总产值达100亿欧元。其中风能占47.9%，生物质能占28.6%，太阳能占14.1%，水力发电占8.1%，地热占1.2%，每年为德国减少二氧化碳排放量约6000万吨。目前，可再生能源产业已经成为德国的朝阳产业。德国已经于2004年完成了《10万个房顶太阳能发电计划》，太阳能取热器总面积达到560万平方米，房顶、路灯、指示灯到处可以见到太阳能的利用。2006年，德国太阳能发电的市场规模达到38亿欧元，占世界太阳能发电量的55%，全国安装的太阳能设备已累计发电达2500MW。建在莱比锡市的太阳能发电站由3.35万块光电池板组成，总功率为5MW，可为1800户住家提供生活用电。据德国环境部2008年发布的报告，德国2007年太阳能发电已占整个发电行业的14.2%。现已有1100多个乡镇使用太阳能，很多村镇的能源基本自给自足。太阳能板遍布德国大小城镇，在火车站、政府机构、学校和体育场等地方随处可见。此外，2004年德国还建造了第一套海洋风力发电站。德国建造的风车达到17574座，2005年风能发电量达265亿kW，在全世界120亿欧元的市场总量中，有50%左右由德国风力工业掌控。2008年德国风力发电达到1697.6万千瓦。2004年德国在发展生物能源上加大了力度，利用油菜籽、木材、植物茎干等获取生物柴油。2004年德国生产和消费生物柴油达110万吨，生物质能供热总量达到全国供热量的4%。2002年沼气发电的装机总量达到250MW。①

近年来，瑞典在开发可再生能源、摆脱石油依赖方面付出了巨大努力，取得了显著成效。据瑞典能源署署长托马斯·卡博格(Tomas Kaberger)先生披露：目前瑞典使用的石油能源比重已经降到全部能源的1/3，而生物能源在非交通部门的使用已经占到非交通部门能源使用的1/4，生物能和电能在交通部门的使用已超过交通部门能源使用的5%。瑞典的生物能源100%来自林业、农业和食品行业的生物质废弃物。瑞典每座城市都实施区

① 参见黄海峰等编著：《德国循环经济研究》，科学出版社2007年版，第147、149、258页；青木等：《多国实行有奖使用太阳能》，《环球时报.》2008年6月27日。

域集中供热,热气和热水分别输送到区域内的每一栋建筑。以前用煤或石油产生热能,如今则用生物质能。通过对动植物残渣、木柴和垃圾等生物燃料的焚烧使水沸腾,推动涡轮机发电,同时用发电后的热水、热气为居民供暖。瑞典第五大城林雪平(Linkoping)的公共汽车、垃圾车、火车和部分出租车,则以牛内脏所排出的甲烷当燃料。生物能源的广泛使用,既节省了对化石资源的消耗,又清洁了环境。①

据英国《泰晤士报》2007 年 10 月 2 日报道,西班牙的纳瓦拉省正在将自己建造成主要依靠太阳能运转的"太阳城"。该省占地面积 1 万平方公里,有 95% 以上的居民赞同"可再生能源"计划。这里建有全球规模最大的太阳能发电场,同时建有 1100 架风车,其风电可满足全省 55% 的用电需求。目前,该省的 70% 用电来自可再生能源。在丹麦"'太阳与风'社区里,40% 的能源来自太阳能储能板和风车。积存在屋顶收集器中的太阳能沿管道输至设于公共房屋底下的热能存储箱,存储的热能再回到各户,提供热自来水和用辐射热取暖。"②

美国政府开始大力推行太阳能和风能开发。2007 年,美国政府分别拨出 1.48 亿和 0.44 亿美元的资金用于太阳能和风能的开发。在洛杉矶东北部沙漠里,很多山坡都装有风力发电机。风车座塔高 75 米,塔顶端的 1.5 兆瓦的发电机可以为 500 所住宅提供足够的电力。目前,夏威夷州的茂宜岛有 10% 的电力来自风力,可供应 1.1 万户家庭用电;夏威夷大岛 20% 的能源来自火山地热。③ 日本到 2003 年太阳能发电达到 86 万千瓦,占世界太阳能发电量的一半。到 2005 年,已经有 50 万户日本家庭在使用家用太阳能发电设备用于太阳能发电。目前日本的太阳能电池产量占世界大约 50% 。④

---

① 唐永林:《瑞典如何占领绿色经济高地》,《南方周末》2009 年 4 月 23 日;瑞典用生质燃料拚经济,www.cnfol.com. 2008 年 05 月 05 日联合新闻网。

② [美]丹尼尔·A. 科尔曼:《生态政治——建设一个绿色社会》,上海世纪出版集团 2006 年版,第 190 页。

③ 王新萍等:《各国着急开发替代能源》,《环球时报》2008 年 7 月 18 日。

④ 魏全平等:《日本循环经济》,上海人民出版社 2006 年版,第 166、172 页。

除太阳能、风能、生物质能的开发利用,欧洲国家还开发了潮汐能。英国于2008年3月在斯特兰福德海湾安装了潮汐能发电机。发电机利用进出海湾的潮汐发电,可供1140户家庭用电。

太阳能、风能、生物质能、潮汐能、地热能、氢能等等,如此之多的可再生能源目前在当代资本主义各国均在大力开发利用,并且发展势头强劲。根据全球风能委员会报告,2005年世界风力发电装机容量前6位的国家,依次是德国18428兆瓦、西班牙10027兆瓦、美国9149兆瓦、印度4430兆瓦、丹麦3122兆瓦、意大利1717兆瓦。其中,丹麦电能供应的22%由风力发电提供。[①] 而根据国家统计局的统计,2005年,发达国家的风能发电量情况是:德国,54458兆瓦;美国,35762兆瓦;英国,5816兆瓦;荷兰,4134兆瓦;日本,3508兆瓦,法国1918兆瓦。2005年各国太阳能发电量情况是:德国,2564兆瓦;美国,1192兆瓦;荷兰,68兆瓦,法国,30兆瓦;英国,16兆瓦;日本,4兆瓦。[②] 上述统计数字由于资料来源不同,有不一致之处,但有一点是确定无疑的:在当代资本主义各国,可再生能源的开发势头强劲,节能经济取代高能耗经济的发展趋势已经不可逆转。

2. 当代资本主义各国大力开发节能产品

要在减物质化条件下实现经济增长,除大力开发可再生能源外,积极开发节能产品也意义重大。节能产品的广泛使用,能够降低人们对石油、煤炭、天然气等能源的依赖,减少这些不可再生能源的消耗。对此,当代资本主义各国的有识之士已有较为明智的认识。一些西方学者发现,实际上社会经济的发展并非真的依赖煤炭、石油等化石资源的过度消耗,随着科学技术的发展,开发和使用各种节能产品是完全可能的。正如美国学者格雷德所说:"如果将已发展的高新技术如太阳能和氢能源电池投入市场广泛使用,自然环境的整体面貌就会大幅度地得到改善。""因此,社会必须扮演更

① 《世界风力发电2005发展回顾》,《中国投资咨询网》2006年5月15日。

② 国家统计局编:《2009国际统计年鉴》,中国统计出版社2009年版,第175页。

为积极的角色,它不仅要督促实施环境优化的政策,而且还要为那些节约资源、进行产品换代和改革加工设备的企业提供市场。”①

基于上述理念,开发、使用各种节能产品越来越受到各国政府和民众的关注,各国均在大力开发各种节能产品。其中,环保节能汽车是目前各国竞相发展、深受民众广泛关注的产品。近年来,在后物质主义兴起和可持续发展理念深入人心的背景下,汽车产业正在发生革命性的变革。各大汽车生产厂家纷纷推出新能源汽车。其中,混合动力汽车、太阳能汽车、氢燃料电池电动汽车等已经开始批量生产并投放市场。2004 年美国通用汽车公司开始批量生产混合动力汽车,年产量达 100 万辆。2008 年上半年,美国市场销售混合动力汽车达 17.22 万辆,占汽车总销量的 3%,丰田公司一家的混合动力汽车累计销量已达 140 万辆。这种混合动力汽车在采用传统燃料的同时,也依靠高效镍氢电池,在启动和低速行驶时使用电动机驱动,高速行驶时转为传统燃料驱动。此外,氢燃料电池车也纷纷推出,韩国现代起亚公司的氢燃料电池车跑完了具有充电设备的 4000 公里路段,横跨美国大陆。德国宝马公司早在 1979 年开发出氢能源汽车,到 2000 年,公司开发出系列氢能源轿车,2001 年该公司的 15 辆氢能源汽车环球行驶 17 万公里以上,宣传新能源汽车。2008 年 9 月 3 日欧洲议会通过了欧盟各国统一氢燃料汽车车辆认证制度法案,为环保节能汽车的普及提供制度保证。据德国联邦统计局的统计,目前欧盟各国环保节能汽车的销量约占整个汽车市场的 4% 左右,预计到 2010 年,德国国内环保节能汽车销量可达到 15 万辆。在法国,电动汽车发展较快。早在 1998 年雪铁龙公司就生产了 5000 辆电动汽车,此后电动汽车开始在法国市场销售。目前在法国一些城市,随处都可以租赁到电动轿车,现已有 7500 辆电动轿车在法国各城市中行驶。日本从 1997 年开始批量生产混合动力汽车,1998 年热销市场,月产达 2000 辆。到 2005 年,日本混合动力汽车年产量达到 30 万辆。为了加快新能源汽车

① [美]威廉·格雷德:《资本主义全球化的疯狂逻辑》,社会科学文献出版社 2003 年版,第 589 页。

的普及,日本全国已经设立了270多个环保型能源综合供应站,可以同时提供补充电、天然气、液化气、甲醇的服务,还有专用充氢处12所。[①]

在瑞典,研制、开发、生产环保节能汽车已是一种经济趋势。沃尔沃公司已经推出了可以使用乙醇、甲醇、甲醚做动力的混合动力汽车。2008年,瑞典使用电或生物燃料的环保节能汽车的销售量已经占到该国全年汽车总销量的30%。[②]

混合动力汽车、太阳能汽车、氢燃料电池电动汽车节约能源,减少污染,代表了汽车发展趋势。从节能环保角度出发,上述新能源汽车正在成为当代资本主义各国竞相研制、开发、生产的主要节能产品,购买、使用环保节能汽车也开始成为民众的消费趋势。

除发展环保节能汽车外,环保节能住宅也是当代资本主义各国着力开发的节能产品。在英国、德国、荷兰、瑞典等国,节能住宅、绿色建筑、环保社区日益增多。各国相继开发出太阳能发电住宅、风力发电住宅、生物质能住宅以及循环用水住宅等。英国、荷兰建起的节能住宅利用最新科技手段,采用太阳能发电、蓄电池储电,安装自然通风系统、雨水收集系统、中水处理和循环系统。住宅不用电网电力,不需使用空调,大幅度节水,并对人的健康无害。目前在荷兰、丹麦等国家,各家各户的屋顶上雨后春笋般地出现了"小风车"——小型屋顶风力涡轮机。这些家庭电力设备,几乎都与所在地的电网相连接,既可将自家的电卖给电网,亦可用"储存系统"将自家的电能储存起来。在德国约有1%的家庭使用了太阳能发电装置。这些家庭迷你电力设备在家庭耗电量低时,将所发电力输送到地方电网之中,当家庭用电量大时,则使用太阳能所发电力或免费使用电网电力。有些家庭则拥有电能储存装置,可将太阳能所发电力存储起来,待需要时使用。[③] 丹麦北部奥尔胡斯市的塔首地区,有一个闻名遐迩的"日与风"住宅区。那里的建筑

① 参见武卫政:《环保汽车离普及有多远》,《环球时报》2008年9月12日;中国电池工业网站2009年6月12日。

② 唐永林:《瑞典如何占领绿色经济高地》,《南方周末》2009年4月23日。

③ 青木:《欧洲家庭在屋顶建发电厂》,《环球时报》2006年8月11日。

新颖独特，几乎所有房屋的门窗都朝南开，屋顶与地面成45度角，面南窗户极多，面北窗户极少，担当整片住宅区采暖重任的是一座650平方米的太阳能集热器和一个天然气供暖中心，其太阳能集热器使这一住宅区节约了28%的能源。丹麦的南部有个洛兰岛，地处波罗的海之中。岛上有3000幢民房，用电靠海风发电站。这座海上风车国，有11根圆锥形柱体，每根高55米，上有迎风转动的风叶，并带动发电机发电，每年可发电1060万瓦，较好地解决了用电问题。在丹麦，已有近45%的住宅区，采用分区供暖系统。他们把本地区大量的工业有机废料和生活垃圾送到废料焚化厂燃烧处理，使其转化为热能，再通过地下管道输回同一地区，为住宅区供应暖气和热水。①

瑞典斯德哥尔摩的HABMARBY社区中的全部住宅，其燃气均是沼气，是由每一天居民自身生活产生的废弃物经循环处理后产生的，足够保证居民做饭、烧水使用。社区的生活热水由垃圾焚烧和污水处理产生的热量做能源。整个社区的能源消耗比传统社区减少50%。

传统的物质主义价值观过度追求物质生产、物质占有和物质享受，不惜"把自然界当作'水龙头'和'污水池'"。在此种理念指导之下的物质主义经济发展方式，必然是物质资源高消耗、废水、废气、废物高排放的线性经济和高能耗经济。它不仅严重破坏了生态环境，也"对本土民众的生活造成危害。"②与物质主义截然不同，后物质主义将生活质量、人的健康、社会公共安全作为核心价值。后物质主义理性地看待物质生产与物质价值，强调人们既要发展物质生产以满足人类生存发展需要，又要注意清洁生产、可持续生产。物质生产过程应同"自然的可持续性相适应"，应注意营造有益于人的健康和生活质量的生态环境。基于对生活质量和人的健康的关注，后物质主义将保护环境和生态文明作为自己的基本诉求。基于对后物质价值和社会公共安全的关注，后物质主义高度重视人类的可持续发展。从生态文

---

① 翟峰：《欧洲节能住宅》，《中国建设报房地产周刊》2001年7月18日。

② ［美］詹姆斯·奥康纳：《自然的理由》，南京大学出版社2003年版，第381页。

明的视角与可持续发展的维度出发，后物质主义者对循环经济，对开发、使用可再生能源与环保节能产品具有高度的价值认同，并对此采取积极的行动。后物质主义者不仅积极推动循环经济发展，也积极推动节能经济的发展。

毋庸讳言，节能经济在当代资本主义各国还处于起步阶段。可再生能源的开发和节能产品的生产，其规模还很有限，在整个经济中的比重也比较低。然而，难能可贵的是“坚冰已经打破，航道已经开通”，人们的观念、理念已经改变，开发可再生能源和生产节能产品，发展节能经济的“趋势”开始形成。接受后物质主义的社会精英积极领导、参与和推动可再生能源与环保节能产品的研制、开发和生产，接受后物质主义的社会民众则积极使用可再生能源和环保节能产品；接受后物质主义价值观的社会精英和社会民众正在以不同的方式、从不同的角度推动节能经济的发展。当代资本主义从高能耗经济向节能经济的转变已经开始。

三、“非物质化”经济的发展

物质生产的发展是人类生存与发展的基础，无论何时，人类都离不开物质生产的发展。然而，物质生产与“物质化”经济并不是一回事。资本主义传统经济模式是一种“物本”经济或“物质化”经济。其整个经济活动以无节制地物质资源开发、物质产品生产为载体，以越来越多的物质占有为目的。“伴随着奢靡生活而来的一切物品的急遽增加，和利用剩余收入来增加生产工具的源源不绝的投资——从开采更多的矿山和建立新的工厂到轮船的增加，铁路的添筑，机器的增加和市场的不断开辟”，其“物质化”特征显而易见。这种“物质化”经济在推动资本主义社会生产力飞速发展的同时，也给人类带来了可怕的恶果。它使“原始森林夷为平地；天然草原剥得精光；处女地的土壤变成贫瘠；煤和金属、石油和天然煤气——所有蕴藏的动力资源——都被浪费和耗尽;连河流也弄成涸地,气候本身也遭到损害”。①从长远看,这种“物质化”经济破坏了人类物质生产的良性发展,使人类生存与发展难以持续。在人类生存环境受到越来越严重威胁的背景下,当代资本主义社会出现了价值理念的转变,越来越多的社会民众放弃了物质主义价值观,转而接受后物质主义价值观。后物质主义出于对人类生存环境的关注,呼吁人类必须学会合理使用物质资源,必须改变以无节制地物质消耗和物质占有为唯一基础的“物质化”经济发展模式。出于对生活质量、人的健康、生态环境和物质生产良性发展的关注,后物质主义强调在坚持良性的物质生产的同时,应大力发展“非物质化”经济。在后物质主义的理念、舆论的深刻影响下,一种体现经济、社会和环境和谐发展、代表生态现代化、引领现代经济发展方式的“非物质化”经济在西方发达国家开始出现。“非物质化”趋势的出现显示了后物质主义对资本主义经济发展方式的重要影响。

1.“非物质化”解读

二十世纪九十年代以来,英、法、德和奥地利等国的学者相继开始对非物质化问题进行研究,提出了一些见仁见智的看法。法国学者埃瑞克·布雷顿(Eric Britton)基于对节能降耗经济发展模式的探索,提出“减物质化”和“非物质化”“可以减少每单位经济产出中能源、自然资源和物质的消耗。”在他看来,“如果减物质化是从制造者角度来考虑如何驱动可持续发展的话(考虑为提供者),那么相对应的还有消费者一方(考虑为需求),就是非物质化。”②而英国学者戴维·利沃思(David Leevers)则从信息化对社会变迁影响的视角探讨了非物质化问题。他认为:“非物质化是一个通过信息技术社会满足人类需求逐步代替人类对物质产品过多需求的进程。”③德国乌珀塔尔气候与能源学院教授F.施米特-布利克(F. Schmidt - Bleek)先

① [英]锡德尼·维伯等:《资本主义文明的衰亡》,上海世纪出版集团2005年版,第63、74页。

② Eric Britton, Immaterialisation? www. ecoplan. org/library.

③ David Leevers, The Immaterialisation of Aspirationswww. vers. co. uk/dleevers. htm.

生基于对生态环境的关注，于二十世纪末提出："人类目前还不能理解我们的生态圈、经济体系和社会体系的复杂性，或预测其复杂的相互作用。因此，人类不应该过度滥用生态圈的能力，把自己变成'化石制造者'。当前全球消费与生产方式需要'非物质化'2倍才能变得使环境可持续发展。"①

综合西方学者的研究可以发现，所谓非物质化(Immaterialisation)是指在社会生产和社会生活领域，用非物质形式取代有形物质产品来满足人们的需要，从源头上减少资源、能源消耗，进而推动社会进步的方式，其宗旨是通过改变人们的消费行为来实现社会、经济的良性发展。"非物质化是一个关于消费的问题，它被界定为用非物质手段来满足个人的需要从而代替物质手段。"②非物质化是一个旨在减少人类对自然资源过度消耗和占有，进而实现资源节约、环境友好、可持续发展的经济模式。与循环经济比较，"非物质化"的意义同样重要。"利用再循环的方法"可以"降低每单位服务的物质强度"。而"非物质化"则"远离物质密集型"，"使我们利用比今天正常使用量还少的物质来获取更大的繁荣。"③

"非物质化"作为一种经济发展方式，具有以下四方面的鲜明特征：

第一，"非物质化"经济通过科技进步、知识创新和信息化发展等非物质化因素作用的强化来推动生产力的发展，以此来减少人们对物质资源的过分依赖，降低对自然资源的消耗。随着科技进步，"在以信息化带动工业生产的过程中，非物质化使工作和休闲的界限变得模糊，工作如同'游戏'，休闲包含'创造'，创新成为非物质化经济的核心内容。"④

第二，"非物质化"经济通过旅游、文化、娱乐、体育、休闲等非物质化产业的发展来推动经济发展和社会进步，在减少物质资源消耗、甚至不发生物

---

① 参见陈佐：《非物质化——人类社会经济发展的必然趋势》，《铁道劳动安全卫生与环保》2007年第3期。

② The Environmental Cluster Research Programme of the Finnish Ministry of the Environmet. www.vyh.fi/eng/research/chus2pha.htm.

③ [印]萨拉·萨卡：《生态社会主义还是生态资本主义》，山东大学出版社2008年版，第149页。

④ 黄海峰等编著：《德国循环经济研究》，科学出版社2007年版，第270—271页。

质资源消耗的条件下实现社会的良性发展。实践证明,在物质生产力较发达、劳动生产率较高的当代资本主义社会,不仅物质资源开发和物质产品生产能够创造经济效益,推动经济发展,一些非物质化的产业也同样可以创造经济效益,推动经济发展。因为,在一部分人的物质生产活动可以满足全社会物质需求的情况下,人们的精神需求日益成为刚性需求,满足精神需求的非物质化产业成为重要的经济产业。

第三,"非物质化"经济通过强化和发展社会服务、公共服务,实现物质资源的集约使用,以非物质化服务代替物质资源的无谓消耗。正如法国学者第亚尼所说:"在后现代社会"与"技术上的变化同时俱来的,还有社会的变革和文化的变革……,这一变革反映了从一个基本制造和生产物质产品的社会到一个基于服务或非物质产品的社会的变化。"[①]这种非物质化强调消费者需要的实际上不是产品本身,而是产品的使用功能。因此,生产者应将工作重心放到出售产品的使用功能之上,而非出售产品本身上。"'产品'是提供服务的'机器'(service delivery machine)。服务是我们的最终目标和最终的享受。"[②]

第四,"非物质化"经济在人们的物质生活得到基本保证的基础上,通过创设丰富多彩的生活,刺激和引导人们的非物质化消费,使人们摆脱一味追求物质享受、过分进行物质消费的生活方式。

非物质化经济发展方式并不贬低物质生产在社会生活中的作用。"非物质化"理念承认物质生产是人类生存的基础,也是"非物质化"经济发展的物质前提。后物质主义倡导的"非物质化"经济的发展,不是脱离物质经济的发展,而是以物质生产为基础,与物质生产相协调的发展。正如恩格斯指出:"人们首先必须吃、喝、住、穿,然后才能从事政治、科学、艺术、宗教等等;所以,直接的物质的生活资料的生产,因而一个民族或一个时代的一定

① [法]马克·第亚尼编著:《非物质社会》,四川人民出版社1998年版,第2页。

② Erik Sundin, Bert Bras. Making Functional Sales Environmentally and Economically Beneficial Through Product Remanufacturing J. Journal of Cleaner Production, 2005,(13):913-925.

的经济发展阶段,便构成为基础。”①因此,实现从“物质化”经济向“非物质化”经济的转变并非不要物质生产或物质经济,而是要在适度的物质生产和经济增长能够满足人们物质生活基本需要的基础上,通过发展“非物质化”经济来减少物质资源的消耗,繁荣社会生活,改变人们的消费方式,实现经济社会的全面发展和可持续发展。

非物质化经济的发展不仅是人们基于对生态环境的忧虑所作出的一种抉择,也是当代资本主义社会从工业社会进入后工业社会的必然趋势。美国学者丹尼尔·贝尔所说:“后工业社会第一个最简单的特点,是大多数劳动力不再从事农业或制造业,而是从事服务业,如贸易、金融、保健、娱乐、研究、教育和管理。”②非物质化经济的发展是后工业社会的标志。二十世纪八九十年代以来,在科学技术的强力支持下,欧美各国的经济增长方式发生了根本性改变。其中,自然资源和资本投入在经济增长中的贡献率在逐步降低,而知识和科技在经济增长中的贡献率在逐步提高。科技进步的神奇作用使人们看到了在减少资源、能源消耗的条件下推动经济发展的现实可能性,从而找到了推进非物质化经济的现实基础。同时,科技进步使西方国家的劳动生产率迅速提高。这意味着西方社会在适当降低物质生产速度的条件下也有能力满足社会成员的物质文化需要;在全面推进非物质化经济的同时也有能力使经济适度增长。

后工业社会使民众的物质生活相对富裕,社会福利制度为民众提供了“无风险社会”的制度基础,致使人们不再过多和过分地关注物质价值,而将很大一部分注意力转向非物质化的社会领域,如环境保护、休闲、完善自我、多彩的人生等。这使非物质化经济的发展有了较大的空间和市场。

目前,非物质化在西方发达国家中正在成为一种趋势。这种趋势在社会生产和社会生活中都在得以贯彻。本章侧重阐述非物质化在社会生产领域的发展。

① 《马克思恩格斯选集》第3卷,人民出版社1972年版,第574页。
② [美]丹尼尔·贝尔:《后工业社会的来临》,新华出版社1997年版,第14页。

2. 当代资本主义"非物质化"经济的发展

二十世纪九十年代以来,受后物质主义价值观的深刻影响,"非物质化"经济形式在美欧各国出现,并呈现快速发展势头。

首先,各国更加注重挖掘知识资源和信息化中蕴藏的非物质化发展潜力,进而挖掘非物质化因素在推动经济发展中的作用。随着科学技术的进步,人们清晰地看到,生产力的发展并非仅仅依赖于对物质资源越来越多的开发、利用和消耗,通过知识创新和信息化发展等非物质化因素也能推动生产力的发展。在当代,知识和科技已成为最为重要的生产要素。二十世纪七十年代以来,微电子技术、电子计算机技术、光纤通讯技术、新能源技术、生物技术、新材料技术等在西方发达国家飞速发展,并广泛应用于生产领域,促进了工农业生产的革命。一批技术、知识密集型产业如原子能工业、微电子工业、电子计算机工业、激光工业、光导纤维工业、新型材料合成工业、宇航工业等迅速崛起,科研、设计、咨询、情报、专利等"知识产品"在生产发展中的作用日益突出。根据美国经济学家罗伯特·索罗提出的经济增长公式测算:二十世纪八十年代,科技进步在美国经济增长中的贡献率达66%,而到二十世纪末在西方发达国家,科技进步的贡献率已达80%左右。[①] 而产品设计、工程支持、技术研发、信息技术支持、资讯服务、广告宣传、新闻传播等"知识产业"已占各国国内生产总值的70%以上。众多非物质化"知识产品"在生产中的应用,使西方发达国家在大量减少资源、能源消耗的条件下依然可以保持经济的持续增长。因此,非物质化在发达国家被广泛接受。在非物质化语境下,"创新成为经济和生活的核心内容。"[②]在瑞典这个只有900万人口的国家中,专利注册局平均每年受理专利申请竟高达5000项之多。

尤其需要指出的是,近几十年来西方发达国家在信息技术方面全面突

① 刘大椿等:《知识经济:中国必须回应》,中国经济出版社1998年版,第122页。

② 黄海峰等编著:《德国循环经济研究》,科学出版社2007年版,第271页。

破，信息技术渗透到国民经济各个领域，互联网正在使社会生产和生活发生根本性变革，以信息化带动工业生产已经成为现实。信息资源是知识，这种经过加工选择、分析研究的有用知识并入物质生产过程中，通过信息集成，优化配置，就会产生巨量的物质财富。据日本电力公司调查，夏天每升温 1 摄氏度，电力消耗的增加量相当于一个大型电厂的发电量。而日本中部电力公司利用气象雷达和气象卫星掌握雨区和雨情动向，有效调节水库蓄水量，从而大大提高了水力发电的运转率，每年可节省火力发电开支 16 亿日元。[①] 信息化发展意味着非物质化因素在经济发展中的作用日益增强。"信息技术可以通过创造非物质化的方式来降低环境的负担，例如，用可视会议来代替旅行。""被用作特殊意图的产品被信息和电信服务所取代"。[②]

目前美国以互联网为主的信息产业年产值已经超过 12000 亿美元，成为美国第一大支柱产业。[③] 美国医疗行业开始建立"计算机医生"、"健康网络"，通过互联网向用户提供会诊和保健咨询；出版界加速数字化改革，向无纸化出版发展，1994 年电子化杂志已达 8000 种，第一季度销售额达 1.36 亿美元。美联社开办了全球性的多媒体传输信息服务；电子信件与日俱增，每天有数百万人发送电子信件，NSFNET 每天的信息传输量达到 4000 亿字节；电视会议加快了普及，而且正向展览会、职业培训、文艺演出等方面推广应用；数字图书、数字刊物开始铺开，数字出版物越来越多，大大节省了纸张；许多学校已经推行网络教学，节约了粉笔、黑板等物质资源；许多医院推行网上会诊，实施网上遥控手术；太平洋贝尔公司从 1994 年夏季开始，以数字方式将影片从制片厂直接通过光纤电视线路传送到加州指定的 12 家电影院，不久便扩大到 100 多家；波音 777 宽体客机所有零部件的设计、图纸修改和质量鉴定全部通过互联网进行，节省了大量的纸张和其他材料；北美

---

① 谢永亮：《生存危机——新地缘资源》，四川人民出版社 2001 年版，第 210 页。

② EURO - SUSTAIN program, for which full defails arailable at http://aix. meng. auth. gr/eurosustain/

③ 阮宗泽：《第三条道路与新英国》，东方出版社 2001 年版，第 140—141 页。

洲地区地面运输已经开始无纸运输,逐步走向电子化。①

信息化条件下部分物质资源可以被信息技术手段所取代的事实表明,非物质价值在经济发展中的作用日益突出,“非物质化”要素的发展同样能够推动社会生产力的进步,它使人们在减少资源、能源消耗的条件下也能推动经济的发展。故此,西方社会开始注重挖掘信息化中蕴藏的非物质化发展潜力。

其次,各国更加注重推进文化产业、旅游产业等非物质化产业的发展。为了能够在减少资源、能源消耗的条件下推动经济发展,西方国家一些有识之士开始将注意力转向文化产业和生态旅游产业。他们认为“工业化社会对人的需求的满足大多都和我们对食物、住所和安全需要等物质需求有关,但是,人们同时还需要尊严和关怀。”②因此,文化产业和旅游业在西方国家快速发展。

目前,旅游业在发达国家已经成为经济的优势产业和重要经济支柱之一。根据世界观光组织 1996 年公布的资料,全球第一旅游国家是法国,1995 年旅游收入 273 亿美元,接待游客 6050 万人。第二是西班牙,第三是美国。③ 近些年来,旅游业已经成为法国经济的优势产业和重要经济支柱之一。到法国旅游的人数逐年增加。1990 年为 5250 万人,1999 年为 7304 万人,2000 年达到 7300 万人。旅游业吸收了大量就业人口,全国有从事旅游业的职工 150 万,旅行社高达 2.61 万个。旅游业给法国带来巨大的外汇收入(交通费用未计入):1990 年为 201.9 亿美元,1999 年为 317 亿美元。④

同旅游业一起构成非物质化经济两翼的就是文化产业。在西方发达国家,足球产业、篮球产业、戏剧影视产业、新闻出版产业等均有可观的发展规模。欧洲足球、美国 NBA、法国红磨坊、美国百老汇、好莱坞、吉尼斯游乐园等持续发展、享誉全球。美国是经济大国,也是文化产业大国、休闲产业大

---

① 谢永亮:《生存危机——新地缘资源》,四川人民出版社 2001 年版,第 223—224 页。

② Eric Britton, Immaterialisation? www.ecoplan.org/library.

③ 华业编著:《浪漫要学法国人》,中国商业出版社 2008 年版,第 181—182 页。

④ 吴国庆编著:《列国志:法国》,社会科学文献出版社 2003 年版,第 232—233 页。

国。目前排在美国前三位的产业为旅游业、卫生保健业和教育产业。其中旅游业的收入达到6210亿美元，卫生保健业为6040亿美元，教育产业达3310亿美元。美国有4400多家艺术、历史、科学或综合性博物馆，每年的总收入（包括政府基金、私人捐款、会费和收费）达10亿美元。[①] 美国有4000种专业刊物、8000种娱乐杂志、9000个广播电台、5000个闭路电视系统、2000家出版公司，有666个电视台、6983个电台全天播放节目。足见美国文化产业的巨大规模。

以出版、音乐、表演艺术、电影、电视和广播、广告、设计为主的文化产业二十世纪九十年代末在英国得到快速发展。据1998年英国政府的调查，上述文化产业所创造的年产值高达600亿英镑，直接从事文化产业的人有100万，间接就业人数为45万人，其就业人数占全国就业总人数的5%。文化产业的净收入近300亿英镑，约占国民生产总值的4%，超过了任何一种传统制造业所创造的产值。英国主流民意认为，力争拓展文化产业十分重要。这不仅要体现其本身的巨大经济价值，更重要的是要在发展战略上顺应时代的需要。英国的以报纸、杂志和图书为主的出版业非常发达。据1998年的统计，直接从事出版业的就业人数近13万人，与出版相关的就业人员33万人。音乐是英国文化产业中的支柱之一。它每年为国民经济带来超过40亿美元的收入。目前，世界上每5个流行音乐录音制品中，就有一个与英国有关。英国的"辣妹"乐队（Spice Girls）的专辑在全球已经畅销1450万张；英国共有300多个专业剧团和剧院，其中伦敦及其近郊就有100多个。每年夏季，这些剧团和剧院将吸引来大批从世界各地慕名而来的旅游者。[②]

再次，各国更加注重集约使用资源，合理利用资源。集约使用资源是最高效的非物质化方式。它倡导合租住房、写字楼，倡导分享公共产品与服务，如汽车共享或搭车，充分发挥公共图书馆、公共书籍和工具书的公共服

---

① 吴承忠：《美英休闲经济的发展历程》，《城市问题》2009年第4期。

② 阮宗泽：《第三条道路与新英国》，东方出版社2001年版，第304、92—93页。

务功能,多家公司共同使用办公室,降低私车使用频率,多乘地铁出行等日益成为正常生活逻辑。① 同时,多用电子邮件,多使用网上下载,召开可视的多媒体会议等日益普及。集约使用资源,合理利用资源要求人们放弃对物质产品的独占欲望,确立共享理念,这是非物质化方式的重要体现。非物质化强调享受产品性能而非产品本身,倡导由提供产品向提供服务的转换。生产和销售复印机的德国施乐公司,将工作重点转向为客户提供周到的复印服务和对所售复印机进行定期保养和维护,将出问题的部件修复后再装到其他机器中继续使用。施乐公司的新战略使其在1992年一年中就节省费用1亿美元,减少污染排放95%。② 此外,用积极而周到的餐饮服务代替提供一次性餐具、饮料罐等也是西方发达国家出现的合理利用资源的普遍形式。合理利用资源还要求延长产品使用周期,提高产品的耐用性,使用可更换的标准配件,提供良好的售后服务,减少一次性产品的生产,这些已经引起发达国家各界人士的关注。

上述各类产业提供了满足人们生活需要的"服务",却大幅度降低了"物质强度",在几乎不消耗资源、能源条件下推动经济发展,带来经济繁荣。这种"非物质化"经济形式丰富了人们的生活,提高了生活质量,推动了经济的可持续发展。实践证明,当社会生产力和科学技术发展到较高水平时,当社会的物质技术基础达到十分雄厚的程度时,"非物质化"经济形式具有了大力发展的必然性和必要性。而在"非物质化"经济形式得以发展的过程中,人们对物质价值追求的降温以及"物质化"经济发展的适当减速既是可能的,也是完全可行的。

---

① 黄海峰等编著:《德国循环经济研究》,科学出版社2007年版,第270—271页。

② 金涌等编著:《资源·能源·环境·社会》,化学工业出版社2009年版,第134—135页。

第五章 后物质主义对当代资本主义政治生态的影响

从物质主义到后物质主义的价值转折，不仅改变着人们的生活方式和生产方式，同时也对西方社会的政治格局与政治生活产生了深刻影响。伴随着后物质主义的兴起，西方民众对生态环境的关注超出了对阶级对抗的关注，对健康、生活质量、社区发展、公共安全等公共性社会问题的关注超出了对意识形态分歧的关注。后物质主义使民众超越"左"、"右"冲突，使西方社会的政治生态中"同质"性价值增多。在后物质主义兴起的大背景下，当代资本主义社会(尤其是西欧)的政治生态发生了较大的变化。

一、当代资本主义社会出现"解意识形态化"趋势

长期以来，西方政治一直是政党政治和阶级政治的天下。各色政党以带有鲜明意识形态色彩的理论和有强烈阶级特征的纲领存在于西方政治社会之中。在这种政治生态中，左右对立、意识形态争斗是整个西方政治的底色。各色政党尽量拉开相互间的意识形态距离，以保持自己的立场、特色和独立。然而，随着绿色政治、后物质主义的出现和新社会运动的兴起，一种面对政治环境急剧变化而形成的，建立在自由、公正、宽容、繁荣相互协调的政治哲学之上的，超越传统左右分界的新价值观开始出现在当代资本主义各国。越来越多的人将生态平衡、环境保护、社会公正、民主自由、机会平等、对他人负责等视为普世价值，越来越多的人从关注阶级冲突转向关注社会公共安全和公共利益。民众价值偏好的转变，打破了传统单维式的政治

格局,政党竞争和博弈以及西方社会的政治生态呈现出多维性和复杂性。这使得传统政党赖以存在的社会基础发生深刻变化。单纯的阶级选择不再能够赢得选民的多数,传统的以意识形态划线的政治判断标准也无法适应社会公众价值观的转向。在这一背景下,当代资本主义社会(尤其是欧洲)出现了较明显的"解意识形态化"(de - ideologization)趋势。[①] 这是后工业时代后物质主义给当代资本主义政治生态带来的深刻影响之一。

1. 后物质主义使社会共同诉求超越意识形态分歧

随着资本主义社会由工业社会向后工业社会的发展,绿色政治和后物质主义在西方社会兴起,并对西方社会民众产生了广泛而深刻的影响。

绿色政治和后物质主义使民众的政治理念和政治诉求发生改变。过去,西方民众被社会精英裹挟到阶级冲突、两极对立以及意识形态的纷争之中,人们更多关注的是阶级利益、"异质"性价值和"左""右"阵营的对抗,热衷于以意识形态和"阶级立场"划线。各色政党在意识形态上各执一端,冲突不断。意识形态领域的纷争是社会政治生活的主要旋律。绿色政治与后物质主义的兴起,在推动人们价值观发生转变的同时,也使西方社会的政治理念与政治生态发生变化。

首先,绿色政治与后物质主义为世人敲响了生态危机的警钟,使各色政党和各种政治派别都看到了人类面临的、亟待解决的共同问题。其次,后物质主义提出了现代人类文明进程中关系到人类共同利益的议题,引发了社会公众对社会公共安全与共同利益的思考与诉求。绿色政治与后物质主义超越传统的左与右,它"既不在左,也不在右,而是在前"。[②] 它使社会的公共利益得以彰显,使人类面临的共同问题受到关注。受绿色政治与后物质主义价值观影响,社会公众所关注的议题发生了变化。大多数民众从过去主要关注阶级冲突以及与之相关的经济利益和物质财富的分配,转向主要

---

① Pertti Pesonen, "Change and Stability in Finnish Party System", in Lauri Karvonen & Stein Kuhnle eds. Party Systeme Voter Alignments Revisited, Routledge: London, 1998, p. 138.

② 任军峰:《后工业·后物质·政党》,《欧洲研究》2003 年第 6 期。

关注社会共同利益的议题。他们"摒弃唯物质主义的生活取向而把对社会和生态承担责任的'后物质主义'价值置于他们自己的生活设想和他们对政治的要求的中心。"①于是,阶级政治让位于文化政治和生态政治。据一项调查显示,在北欧五国被调查民众中,有83%的人对环境保护有价值偏好,有75%的人对"维持法律和秩序"有价值偏好,有62%的人对打击犯罪有价值偏好。② 北欧社会公众上述价值选择表明,西方社会公众的政治倾向和政治注意力已经转向,社会共同利益成为人们的首要追求。无论是政党精英,还是普通民众在后物质主义的影响下都开始高度关注人类的生态环境问题、人的健康问题、生活质量问题、可持续发展问题、公共安全问题、人权及公民自由问题、女权问题等。显而易见,这些问题与传统意识形态分歧和阶级对立无关,与传统的"右派"和"左派"取向模式无关,它属于全社会的共同诉求。正是后物质主义使西方社会公众"同质性"的政治认同增强,"异质性"的政治认同相应减弱。

在社会公众发现当今世界还有许多远比意识形态纷争重要的社会共同利益和"同质性"追求时,人们便会对意识形态方面的争斗失去兴趣,转而追求社会共同利益和"普世价值"。在社会公众将政治热情聚焦于社会共同诉求方面时,他们就会在"非政治化"或"非意识形态化"的基础上聚集,就会淡化对意识形态纷争的关注,不再计较意识形态上的差异。法国民意测验所(SOFRES)曾对法国民众的政治态度进行了调查。有一组问题是:"你同意以下哪一种观点,一是左右派的概念已经过时,它已不能判断政党和政治家的立场;二是左右派的概念对判断政党和政治家的立场依然有效。"调查结果表明,从1981年到1991年,第一种看法从33%上升到55%,第二种观点从43%下降到33%。这说明,以左右派之分来分析政治生活的做法持续下降,传统的意识形态分歧在西方社会政治生活中在逐步淡化。③目前法国的众多选民拒绝加入任何一派,而成为一种"谋略选民"。他们不

① [德]托玛斯·迈尔:《社会民主主义的转型》,北京大学出版社2001年版,第81页。

② 引自 Muller - Rommel & Thomas Poguntke eds. , New Politocs, Dartmouth, 1995, p. 69.

③ 马胜利:《法国左右两大派的分野、变迁及前景》,《欧洲研究》2006年第2期。

以意识形态划线，只关注生态环境、人的健康、生活质量以及公民自由等“普世”议题。据调查，1975年，有65%的芬兰人中能够明确说出自己所认同的阶级，而到1991年，这一比例下降到44%，其中公开认同工人阶级的被调查者由先前的32%下降到11%。多数人认为，芬兰政治领域的冲突主要不是阶级冲突，而是环保主义者与企业管理者的冲突。[①] 这说明，在当代的政治生活中，社会公众的阶级意识开始淡漠，传统的阶级对立不再居于主导地位，一些没有阶级对立色彩的新的议题成为社会公众关注的焦点。

后物质主义作为一种价值观和社会心理，一旦对社会公众的价值理念和文化认同产生深刻影响，就将产生巨大的社会功效。后物质主义改变了社会公众的政治理念和政治追求，进而也改变了西方社会的政治环境及政治话语。它使不同阶级之间在价值观和政治诉求方面的分歧在逐步缩小，使选民的阶级身份与其投票行为之间的直接关联性在缩小，而放大了选民对社会共同利益的关注，放大了选民关于环境保护、人权、健康、生活质量方面的政治话语。在这种背景下，各色政党或政治派别为获得选民支持，都不得不适应新的政治环境与政治话语，搁置意识形态上的纷争与厮杀，强化对社会共同利益的关注与追求。“为了赢得选票和保持执政或参政地位，绝大多数政党不断地在调整着自己的纲领和政策，在代表本阶级根本利益的同时，积极协调全社会利益，使本阶级、本政党利益与全社会的利益趋于一致，通过大力拓展本党社会基础，以作为更广大民众的代言人。”[②]唯有如此，方能适应社会公众关注社会共同利益，淡化阶级定位与阶级意识的新形势。

于是，在后物质主义旗帜下不同党派、不同利益集团形成了“政治共识”和共同话语。无论左翼抑或右翼，激进政党抑或保守政党，在后物质主义政治理念的影响下，都认为维护生态环境、追求健康和高质量的生活、自由和机会平等、政治参与、团结和对他人负责等价值是“普世”而“永恒”的价值；各色政党均开始重视这些各阶层普遍关心的社会共同诉求。例如欧

① 参见任军峰：《后工业·后物质·政党》，《欧洲研究》2003年第6期。

② 周淑真：《政党和政党制度比较研究》，人民出版社2001年版，第15页。

洲社会党就高度重视“大众阶级和中产阶级的利益和愿望”，强调“有责任扩大自己的代表性，以更好地反映社会的多样性”。[①] 英国工党提出要“培养共同体精神”，“在尊重个人价值的基础上，倡导建立共同体意识”。[②] 而英国保守党则“把绿色加入蓝底”，明确表示“气候变化给生活带来的影响，我们正在深切感受。”主张改变“我们的政治体系和生活方式”，实现生态文明。英国三大党——工党、保守党、自由民主党均认为英国必须致力于环保产业。经济发展和环境保护是“手牵着手”的情侣，而不是“有我无你”的情敌。[③] 随着社会公共利益的彰显和“政治共识”的明晰，西方社会中的阶级冲突和意识形态分歧不再是社会关注的焦点，甚至也不再是西方社会政治生活的主要内容。政党政治的兴奋点已从过去单一的政治斗争目标逐渐转移到经济社会发展这些人类共同关心的问题上。“过去两页纸就能鲜明地亮出党的旗帜，今天则几十页也未必见得讲清左右翼的区别。”[④]政党间由于“政治共识”的强化，其左右翼的界限日渐模糊。

“绿化”和后物质主义化已经成为西方社会大多数民众的共同理念和共同追求，成为西方社会流行的政治话语。

2. 后物质主义使各色政党突破传统意识形态底线

在资本主义工业社会的政治生态中，西方政党在意识形态上旗帜鲜明，争斗不断。各种政治派别竞相彰显其传统的意识形态底色。极右派鼓吹法西斯主义，民主党鼓吹民主自由，社会党人以社会民主主义为目标，共产党以马克思主义为旗帜，传统资产阶级政党坚持反共主义与保守主义。各党派都极力保持意识形态上的纯洁性与不调和性，都在社会政治光谱中与其他政党保持足够的距离，政党间左右对立，阵线分明。

进入后工业社会，伴随后物质主义的兴起，西方社会的政治生态发生变

① 裘援平等：《当代社会民主主义与“第三条道路”》，当代世界出版社 2004 年版，第 146 页。
② 参见杨雪东：《理论创新推动政治突围》，《南方周末》2007 年 6 月 21 日。
③ 陈冰：《“英国三大党领袖争比环保”的启示》，《2006 年 6 月 7 日深圳新闻网》。
④ 参见王长江：《政党现代化论》，江苏人民出版社 2004 年版，第 220 页。

化。各色政党开始突破各自的意识形态底线，调整各自的政治主张。

后物质主义理念彰显了社会共同利益，强化了人们的共同诉求，这使西方社会公众的意识形态定位开始模糊，政治态度日益趋中，选民的党派忠诚度降低。大多数民众不再以政党的政治思想和纲领主张作为选择标准，也较少关注政党的意识形态，而是越来越多地以社会公共利益问题和具体解决方案以及政党的政绩作为投票选择的依据。由于大多数社会公众将政治热情聚焦在社会共同利益的议题之上，因此，其政治理念既不偏于保守，也不过于激进，而是介于左右之间。正如英国工党著名理论家吉登斯所说："现代社会出现的许多新现象，(如生态问题)，已经是左右两派关注范围所不能涵盖的了。这给中间填充了实质性的内容；中间由虚变实，为中间派提供了新的活动舞台，使之获得了超越传统左右两派的价值力量，进而从温和的中间派发展为积极的中心。"[①]西方社会公众政治态度趋中的变化还表现在淡化意识形态色彩方面。"调查显示，当今年轻一代充满敏感的道德关怀，比过去几代人所关注到的范围还要广泛得多。"他们"不认同那些对生活方式进行立法的传统形式的权威。在这类道德价值中，某些在英格利哈特所理解的意义上是后物质主义的，例如他们关注生态方面的各种价值、人权或者性自由。"[②]

西方社会公众受后物质主义影响，政治态度趋中的变化，使各色政党原有的意识形态和政治理念明显与民众的政治理念与政治心理脱节。由于民众政治态度的变化，拘泥于传统意识形态和阶级对立理念的政党难以获得足够的选民支持。为了获得选民支持，西方社会左右翼政党开始不断调整自身定位，修正一些过于激进或过于保守的极端的政治主张，磨去意识形态的棱角，使其政治主张变得较为务实与温和，其价值取向中间化。左右翼政党磨去意识形态棱角的结果，是两翼党派向中间靠拢，党派之间的意识形态

① 中央编译局世界社会主义研究所课题组：《90年代西欧民主社会主义的变革及左翼知识分子对社会主义的探索》，《教学与研究》1999年第5期。

② [英]安东尼·吉登斯：《第三条道路——社会民主主义的复兴》，北京大学出版社2000年版，第38页。

界限逐渐模糊,在诸多方面出现了趋同迹象。正如美国学者加尔布雷思所说:“在美国,大多数共和党人和民主党人之间存在着广泛的一致。德国和奥地利的基督教民主党和社会民主党之间,英国的工党和保守党之间以及加拿大的自由党和进步保守党之间,情况也大致相似。法国、意大利、瑞士及斯堪的纳维亚国家的政策普遍符合这种模式。”[①]左右翼政党的趋中变化在西欧有突出表现。

英国工党推出的“第三条道路”实际上就是奉行中左价值观的温和改良道路。按布莱尔的解释,“第三条道路”既超越了“老工党”的民主社会主义,也超越了“新右派”的撒切尔主义,是介乎二者之间的,“抛开过时的意识形态束缚,采用实用主义立场,解决目前面临的社会经济问题”的道路。[②]在布莱尔领导下英国工党“抛开过时的意识形态束缚”的直接表现便是于1995年修改党章,取消了党章第四条,放弃了国有化的目标。1998年德国社会民主党提出“新中间派”思想,施罗德明确指出:“我既非左派又非右派,我就是我”,“旧的意识形态已被历史的力量所压倒,我对当前起作用的东西感兴趣。”[③]法国社会党提出“要市场经济,不要市场社会”的主张,欧洲各国社会党均在一定程度上突破原有意识形态底线向“中间”靠拢。在新的政治环境下,欧洲各国社会民主党普遍把群体理论作为自己社会分析的基础,放弃了传统的阶级政治概念,用多元的社会群体来取代传统的阶级或阶层概念,使社会民主党改变为“容纳一切人”的“人民党”,使其更好地反映当今社会结构和社会意识多元化的特征。

多数国家的绿党受大的政治环境影响,也在打磨其政治棱角。多数绿党从“深绿”退到“浅绿”,同意以人类中心主义为基础,主张环境保护以人类利益为出发点和归宿。这增强了生态政治运动的可接受性。同时,绿党也从单纯关注环境问题的“生态党”向多层次关注人类未来的非单向性政

① 转引自[美]西摩·马丁·李普塞特:《一致与冲突》,上海人民出版社1995年版,第123—124页。

② 高歌:《冷战后欧洲政党政治的新变化》,《世界经济与政治》1999年第5期。

③ 史志钦:《欧洲政党的与时俱进》,《理论参考》2002年第2期。

党转型,放弃推进激进主义的或“范式性”政策变革,转变为一个实用主义的或“现实主义”的政党。“绿党已经真正融入了现存政治体制。它的政治出现不再被视为对政治与经济生活基础的挑战。它那‘野性’的年代看来已经结束。”[①]以德国绿党为例,该党在二十世纪八十年代后期就调整了政策。1985 年在黑森州同社民党组成第一个联合州政府,此后,“红绿模式”在勃兰登堡州、北威州、下萨克森州相继出现。1996 年党的特别会议上又通过一项决议,表示将继续与社民党合作。绿党的自我调整不言自明。

欧洲各国的共产党也在进行磨去棱角的调整。法国共产党调整的目标是“成为一个为所有那些拒绝被剥夺其干预权和选举权的人服务的政党,成为一个人们无须放弃任何哲学信仰或宗教信仰便可加入,可以进行无拘束的讨论和交换意见的政治组织,成为一个把人际关系建立在博爱、互助、尊重他人、促进个人在有效的集体行动中作出贡献和自我肯定的集体”。[②] 欧洲左翼政党趋中以及突破传统意识形态底线的又一表现,是开始接受新社会运动的思想,社会党声称要建设生态主义、女权主义的欧洲,欧洲共产党于 1999 年在巴黎召开会议,提出要建设一个社会的、生态的、民主的、团结互助的、和平的欧洲。

与左翼的“第三条道路”相得益彰的是右翼政党向中间道路的转变。英国保守党、德国基民盟和基社盟等欧洲右翼政党,“认真研究了‘第三条道路’,在抨击其缺乏理论性的同时,承认其实用性”。借鉴“第三条道路”的经验和迫于选民政治态度日益趋中的压力,英国保守党、德国基民盟和基社盟等右翼政党开始改变原有的“贵族党”形象,转向树立全民党形象,纷纷提出“建立中间大众党”的口号。[③] 在政治主张上也突破传统的意识形态底线,磨掉意识形态棱角,转向重视社会道德,关注环境保护,强化政府职

---

① [德]斐迪南·穆勒-罗密尔等主编:《欧洲执政绿党》,山东大学出版社 2005 年版,第 97 页。

② 申义怀:《欧洲政党政治新变化及其影响》,《现代国际关系》2002 年第 4 期。

③ Anthony Giddens: The Third Way and its Critics, Polity Press, Cambridge, U. K. 2000; “Evolution of the Centre - right and the State of Scottish Conservatism” Political Studies p. 30, March2001.

能。西班牙人民党1987年创建时自称是民主右派党。1996年竞选时便转向“中右”，上台执政。在1999年1月举行的第十三次代表大会上宣布由原来的“中右”性质转为“改良的中间主义”政党，不再注重意识形态的传统，致力于具体的社会问题。①

需要说明的是，当代资本主义社会是一个多元化的、自由化的社会，各种思想、各种理念、各种政治派别都具有产生与存在的土壤和政治生态条件。因此在当代资本主义各国，各种政治思想、政治理念、政治派别始终处在相互激荡之中。本文所说各色政党受后物质主义政治理念影响突破原有意识形态底线，是就政治发展趋势而言。由于政治生态和政治环境的多元化和自由化，在当代西方国家，虽然出现了左右两翼政党向中间道路转变的趋势，但这丝毫不影响众多小党在政治主张和意识形态上的极端化。二十世纪九十年代末以来，欧洲极右势力日益走向反共极端和民族主义极端。法国国民阵线、意大利“法西斯与自由”党、德国“光头党”公开赞扬法西斯主义，公开为纳粹招魂，公开主张赶走外国人，声称与共产主义格格不入。毫无疑问，这些政党的政治主张、意识形态不仅没有向中间靠拢，相反是严重极端化的。但需看到的是，这些极右的政党在欧洲各国是不入主流的，甚至是被边缘化的。他们的存在只是说明，在一个多元化的社会中，在一种政治发展趋势形成的同时，也难免会有例外的个别情况；在当代资本主义社会中，两翼政党趋中的发展趋势同各种政治力量多元化发展并行不悖。

3. 后物质主义使各国政党接受“合作政治”

随着绿色政治与后物质主义的兴起，“新社会运动的广泛发展显示了后物质主义事务（如环境保护主义、妇女运动、裁军和反对核力量）的日益扩大。这种趋势已经导致了西方政治生态的重大变化。”②随着后物质主义对西方民众影响的加深，随着西方社会中间阶层的崛起和影响力的扩大，传统

① 高歌：《冷战后欧洲政党政治的新变化》，《世界经济与政治》1999年第5期。

② 裘援平等：《当代社会民主主义与“第三条道路”》，当代世界出版社2004年版，第374页。

左右翼政党据以依靠的以阶级界限划分的执政基础已被打乱。由于大多数民众将政治热情投入到有关社会共同利益的"亚政治"之中，导致其政治态度出现中间化和多元化的变化。现代政治是政党政治。现代政党政治实际上是选民政治。社会多数选民的意愿制约着政党的政策走向。为了适应社会公众政治态度的变化，西方大多数政党纷纷进行策略调整，走"共识民主"路线。大多数政党均开始"强调共识而非对抗，主张包容而非排斥，力求使处于统治地位的多数的规模最大化"。[①]"共识民主"路线使政党的包容性增强，意识形态上的弹性增大。由于包容性的增强，政党之间共同的议题、重合的主张和"同质性"价值理念逐步增多，而"异质性"价值和传统的阶级成见逐步淡化。

在此种情况下，政党间开始告别"两极政治"，转而接受"合作政治"。在1986年至2002年期间，法国先后出现三次左右翼"共处"局面。1988年法国社会党人密特朗第二次当选总统，总理却由右翼政党领袖希拉克担任，出现了第一次"左右共治"格局。21世纪初右翼政党领袖希拉克出任总统，社会党领袖若斯潘任总理，这是又一次"左右共治"。除了左右共治，欧洲出现的红绿联盟也是"合作政治"的重要表现。1985年在比利时地方选举中，社会民主党与生态党联盟组成市政府，开"红"、"绿"联合掌权之先例。[②]1998年，德国出现了红绿联盟的政府。德国社会民主党与德国绿党联合执政，社会民主党领袖施罗德当选总理，而绿党领袖菲舍尔担任外交部长。德国社会民主党与德国绿党联合执政长达六年之久。

出现"左右共治"、"红绿联盟"的深层原因是政党间政策的差异性日益缩小，政治主张出现了越来越多的交错与重叠。以二十世纪八十年代以来的法国为例，左右两派政府的大政方针并无根本性的区别。由于各方面条件的限制，左派政府不可能选择与右派政府截然不同的政策，右派政府也不可能完全颠覆左派业已取得的社会成就。[③]德国社会民主党1998年执政后

① [美]阿伦·利普哈特：《民主的模式》，北京大学出版社2006年版，第23页。

② 段忠桥主编：《当代国外社会思潮》，中国人民大学出版社2001年版，第249—250页。

③ 曹松豪：《法国戴党新总统萨科奇及其当选的基本原因》，《欧洲研究》2007年第5期。

坚持深化"革新"思想,对传统的社会民主主义进行了以走"新中间道路"为取向的改良和修正,并推出"哈茨改革方案",与其他政党形成了政治妥协。而德国的联盟党(基督教民主联盟和基督教社会联盟的联合)也基本上接受了社会民主党提出的基本价值。2002 年大选时,联盟党的总理候选人、基社盟主席施托伊贝尔在一次演说中 12 次使用"社会的"一词,明确反对税收改革偏向大资本集团。① 显而易见,德国左右翼政党间已经具有了诸多的"同质性"价值。政策主张差异性的缩小,"同质性"价值的增多,为各党派间接受"合作政治"奠定了基础。

二、当代资本主义各国出现"绿化"趋势

绿色政治与后物质主义的兴起,在推动当代资本主义社会出现"解意识形态化"趋势的同时,也使当代资本主义社会出现了"绿化"趋势。在西方社会传统政治图谱中,"红"与"黑"是其基本底色。但随着新社会运动的兴起,绿色政治与后物质主义政治理念日益深入人心,无论是激进的左翼政治派别,抑或保守的右翼势力均对生态问题、环保问题、健康问题以及生活质量问题给予关注。于是,西方政治图谱发生了不小的变化:在增加又一道亮丽底色——绿色的同时,"红色"政治派别和"黑色"政治派别也都开始"绿化"。

1. 各国绿党相继进入政治舞台

绿色政治与后物质主义的兴起,给欧洲政治生态带来的最直接影响便是绿党的出现及其发展。对此,英格利哈特明确指出:"绿党的出现与成功看起来与公众的后物质主义价值转向相关。""大量的经验比较研究都表明,绿党除了内部的某些右翼少数派外,大都反映了这一后物质主义价值观

① 殷叙彝:《社会民主主义与自由主义》,《欧洲研究》2006 年第 2 期。

变化。”[①]受后物质主义价值转向影响,二十世纪八十年代以后,欧洲各国,如比利时、奥地利、意大利、英国、法国、芬兰、瑞典、瑞士等相继建立了绿党。2004年2月,来自欧洲29个国家的32个绿党组织在意大利首都罗马签署欧洲绿党(EGP)成立宣言,成立第一个统一的欧洲政党。绿党摆脱了以阶级冲突和意识形态争斗为核心价值的传统政治议题的束缚,重点批判传统政治学片面追求工业生产的增长,忽视了自然资源的有限性,集中表达人类对于生态文明和生活质量的诉求,集中反映新的中间阶级和广大知识分子追求更高生活质量的利益和愿望,强化着全社会的共同利益。绿党“代表一种完整的理论,它与那种片面的、以要求更多生产为牌号的政治学是对立的。我们的政策以未来的长远观点为指导,以四个原则为基础:生态学,社会责任感,基层民主以及非暴力。”[②]绿党的政治主张迎合了二十世纪七八十年代以来民众对生态问题的关切,对健康和生活质量的追求。因此,绿党一产生便得到了快速发展。参加各国绿党的人越来越多,绿党获得的选民支持率不断提高。正如英国一位学者所说:“正在兴起的对环境不满的关切以及一种认为绿色运动能够作为更广泛激进政治工具的观念”使相当多民众的政治倾向“已经从红转向了绿”。[③] 在西欧各国,绿党的选民支持率稳步上升,目前基本维持在10%左右的选民支持率。绿党的影响力提升很快,目前在欧洲几乎已经成为第三大政治力量。

在绿党的领导与影响下,绿色运动、环境保护活动在西方社会方兴未艾、持续高涨;生态主义、环保主义、后物质主义在欧洲各国影响广泛,深入人心;随着绿色运动影响的扩大,绿党支持率的上升,二十世纪九十年代以来,各国绿党纷纷进入政府。1995年,芬兰绿党获得6.5%的选票,赢得9个议席,绿党进入包括社会民主党、全国联盟、瑞典人民党、左翼联盟在内的

① [德]斐迪南·穆勒-罗密尔等主编:《欧洲执政绿党》,山东大学出版社2005年版,第1页。

② [美]弗·卡普拉等:《绿色政治——全球的希望》,东方出版社1988年版,第58页。

③ [英]克里斯托佛·卢茨主编:《西方环境运动:地方、国家和全球向度》,山东大学出版社2005年版,第105页。

"彩虹政府",绿党主席佩卡·哈威斯托出任芬兰环境部长。1996年,意大利绿党进入政府,绿党党团负责人爱多·罗奇出任环境部长。1998年,意大利绿党加入中左联盟,再次进入政府,获得两个部长、3个副部长、28个议员、20个市长。绿党成员超过2.3万人,拥有800个地方协会。1997年,法国绿党进入政府,绿党领导人多米尼克·沃伊内出任发展与环境部长。在当代资本主义(尤其是欧洲)各国的绿党中,政治影响最大,政治地位最显赫的是德国绿党。1996年,德国绿党在16个联邦州中进入了12个州议会,并在下萨克森、北莱茵—威斯特伐利亚、萨尔、萨安等4个州与社会民主党联合执政。1998年德国绿党成了国内的第三大政治力量,还与社会民主党联合执政,组成"红绿联盟",成为德国执政党,开辟欧洲绿党执政的新时代。三个绿党成员出任政府部长,绿党议会党团发言人菲舍尔出任副总理兼外交部长。1999年比利时的两个绿党——阿加莱佛党和生态党共同进入政府。总共获得两个副总理、两个部长、两个国务大臣的职位。阿加莱佛党领导人阿尔沃特出任副总理兼保健、消费者事务和环境部长,阿加莱佛党成员艾迪·布特曼斯任发展合作国务大臣。生态党领导人迪朗出任副总理兼交通部长,生态党成员德洛兹任能源与可持续发展国务大臣。[①] 除此之外,瑞士绿党在1991年选举中获得14个联邦议会席位,奥地利绿党在1994年大选中获得13个议会席位,其他国家的绿党也都纷纷进入地方性政府和议会。

到2003年底,欧洲大约已有51个绿党。在欧盟15国中的12个国家的政府中有绿党成员。尽管绿党从总体上看远比主流政党弱小,但它填补了主流政党留下的政治真空,集中关注涉及全社会共同利益的议题,从而使自己处于举足轻重的地位,成为主流政党不得不重视的政治伙伴。

绿党登上政治舞台的事实说明,西方社会的政治发展主题开始转换。绿色政治与后物质主义"倡导的主题——环境保护、女性平等、自助、分权

---

① [德]斐迪南·穆勒-罗密尔等主编:《欧洲执政绿党》,山东大学出版社2005年版,第25、52、80、149页。

化——在政治议程中已经赢得非常稳固的地位。”①生态文明、环境保护、可持续发展等绿色政治或“亚政治”议题正在取代传统的政治议题成为西方政治中的重要议题。生态危机、生活质量、可持续发展等“亚政治”议题“已经涌入了现代政治的核心地带。”“在‘旧的’政治冲突(比如资本与劳工的冲突)已经在政治上被适应的一个社会中,政治议程为‘新的’话题(比如环境)比旧冲突依然极为重要的社会提供了更多的空间。”②尽管传统的左右翼政党对立、意识形态纷争依然存在,但伴随绿党的崛起,西方社会(尤其是欧洲)的政治话语、政治议题已经发生微妙变化。环境保护、可持续发展、生态文明、生活质量等问题成了当今各个政党及政治派别一致关注的热点问题,同时这些问题也成了衡量各种政治派别是否能跟上时代潮流的标尺。有关环境保护、可持续发展、健康、生活质量等话语当今也成了西方社会政治领域的时尚话语。无论左翼政党还是右翼派别都把打出环保旗帜和可持续发展旗帜作为其调整政治战略的起点。

绿党登上政治舞台的事实还说明,西方社会的政治势力格局发生变化,左右两极掌控政治格局的局面随着中间力量崛起而被打破。

首先,绿色政治与后物质主义的兴起使绿党登上政治舞台。在当代资本主义社会中,“绿党可以被定义为,‘一个寻求并非左翼和右翼的中间而是实现这两个阵营最好目标的新视角的新激进中间党。”③它秉持后工业社会理论和后物质主义价值观,抛弃传统的阶级政治倾向,以非社会主义、非资本主义、非左非右的理念挑战传统政党。以绿党为代表的新社会运动不再以阶级为纽带,而是以政治主体为纽带,其社会基础包括广泛的社会层面。“它既代表了新的中间阶级和广大知识分子追求更高的生活质量(如清洁优雅的环境、和平的生存空间与和谐的社会秩序等)的利益和愿望”,

① [英]唐纳德·萨松:《欧洲社会主义百年史》下册,社会科学文献出版社2008年版,第775—776页。

② [英]克里斯托佛·卢茨主编:《西方环境运动:地方、国家和全球向度》,山东大学出版社2005年版,第105页。

③ [德]斐迪南·穆勒-罗密尔等主编:《欧洲执政绿党》,山东大学出版社2005年版,第26页。

“也吸引了处于社会边缘和弱势群体的广泛参加”，这是“一场名副其实的全民政治运动。”①随着这样的“新中间”政治力量的崛起和新社会运动的兴起，西方社会政治博弈的游戏规则在悄然改变。按阶级战线和传统意识形态组织力量的传统逐步淡出政治舞台，而以人们对一些关系人类命运或社会共同利益的议题的认同划线，组成时聚时散政治团体的“亚政治”方式成为主要政治内容。持相同价值理念的人未必从属同一个阶级，同一阶级未必持有相同价值和文化认同；参加者的行动原则也不再是为了维护共同的阶级利益，而是为了追求共同的价值目标。

其次，随着绿党、绿色政治、后物质主义在西方社会影响力的扩大，传统政党的支持率逐年降低。在此背景下，各国传统政党不得不从绿色政治和后物质主义文化理念中吸取营养，调整其政治发展战略。正如吉登斯所说：“贯穿整个80年代，绿党已经进入了德国左派的社会化代表之中，给人们的感觉是：实际上后者的各种新思维、政治改革、战略陈述、生活方式……全都是从绿党及其周围发端而来的。”“事实上社会民主主义者通过被迫面对生态保护运动而获得了新的活力。”②同时随着绿党的崛起，传统政党支持率的降低，使西方（主要指欧洲）社会左右翼两大政党垄断社会政治生活的格局被打破。多党联合执政、多党结盟执政、多党分享政权成为欧洲社会的常见现象。以德国为例，随着德国绿党在政治舞台上的崛起及其影响力的扩大，德国传统的联盟党（基民盟/基社盟）、社会民主党垄断的左右翼对立的政治格局已被打破。德国的政党体制出现了小党相对得势、大党相对衰退的趋势。③ 在后物质主义的影响下，随着各国绿党的崛起，左右翼政党之间的第三种政治力量在欧洲的政治格局中日益发挥着举足轻重的作用。

绿党的崛起，改变了传统政党的生存和运作方式，促使西方的政治制度和政党制度更趋民主、分权、透明，使政党决策和运作更加贴近社会公众。

---

① 刘东国：《绿党政治》上海社会科学院出版社2002年版，第184—185页。

② ［英］安东尼·吉登斯：《第三条道路——社会民主主义的复兴》，北京大学出版社2000年版，第57页。

③ 参见连玉如：《新世界政治与德国外交政策》，北京大学出版社2003年版，第73页。

2. 欧洲各国主要政党开始接受"绿色"主张和后物质主义理念

随着各国绿党影响力的扩大,随着生态问题和后物质价值方面的问题日益得到西方社会公众的关注,西方各国政党,无论是左翼或右翼政党都不得不向绿色政治理念靠拢,都不得不对后物质价值给予足够的关注,也都在不同程度上开始进行政策调整,吸收一些绿色政治的主张。正如英国学者唐纳德·萨松所说:"新社会运动倡导的许多价值容易被大多数政党所选择吸收,这不仅限于左翼政党。到了20世纪末期,没有哪个保守党或自由党反对如下主张:男女应有平等的权利,或环境需要保护,或少数民族需要保护等。"①于是,在欧洲各国出现了一道亮丽的景观:绝大多数政党和政治派别都开始"绿化"。

1985年德国社会民主党领导人拉封丹从理论上论证了社会民主党"绿化"的必然性。他指出:社民党必须重新确立'进步'的概念。以往的进步概念仅仅是经济增长和社会公正,而经济增长和无止境的物质追求所带来的大量恶果已使它失去了进步的意义。因此,我们不应当一味地追求经济数量的增长和物质消费水平的提高,而应当寻求另外一种进步。这"另一种进步叫生态社会主义,它是反对人剥削人的斗争与反对人剥削自然的斗争的结合。""在这方面,社会主义和生态主义的基本政治共同点是:维护劳动者的自决权,夺回人在劳动中的自主权。"②二十世纪八十年代末,德国社会民主党通过《柏林纲领》,其中确认:自由、公正、团结等观念仍旧是社会民主主义的基本价值尺度,但要加以补充。"保护自然必须成为所有政治领域的使命",生态重建"已经成为一种生存问题"。过去讲基本价值,没有注意到人和自然、当代人和后代人之间也有自由、公正、团结问题,因此必须把对生态负责补充进基本价值观,把持久生态平衡补充进关于未来社会的理想。这些理念与绿党所提出的发展目标存在着很大的一致性。1998年,德国社

① [英]唐纳德·萨松:《欧洲社会主义百年史》下册,社会科学文献出版社2008年版,第776页。

② 参见鱼小辉:《战后西德两大社会思潮比较研究》,陕西人民出版社1992年版,第207页。

会民主党基本价值委员会进一步提出使效率、社会团结和生态持久协调一致、并驾齐驱、各得其所、休戚与共。[①] 同时,德国社会民主党将“红绿合作”作为“我们时代的一项改革工程”,并从 1999 年开始直至 2005 年,实现了社民党同绿党的联合执政。

1991 年,英国工党通过了纲领评估报告——《英国的机遇》,其中明确提出保持清洁环境的合法强制权问题。1996 年英国工党发表《受托于未来》的声明,强调环境保护和社会公正能同时实现。工党领袖布莱尔率先接受了“绿色”主张和后物质主义理念。他明确指出:“我们必须平衡各方利益——不仅为生产者,也为消费者;不仅着眼于经济发展,也着眼于环境保护。”“重要的是要培养这样一种理念,即环境是建设稳定的人类社会的一块基石。”[②]瑞典社会民主党在其行动纲领中明确规定:环境保护、全面选举权、同失业作斗争、福利国家建设是该党在二十世纪九十年代的奋斗目标。[③] 这一行动纲领鲜明地树立了瑞典社民党的绿色形象和后物质主义的形象。正如英国学者约翰·卡拉汗所说:“在一些社会民主党的纲领革新中,既保留着‘旧’的社会民主左派思想,也注入了 60 年代后期出现的‘新左派’的思想。”“在某种程度上,后者成为社会民主党纲领革新和恢复活力的发动机。”[④]总之,西欧各国社会民主党的“绿化”和后物质主义化是显而易见的。

与此同时,欧洲左翼政党也进行政治理念上的调整,接受新社会运动的思想。1999 年,13 个欧洲共产党和左翼政党在巴黎开会,形成了它们共同的竞选纲领,明确表示要建设一个社会的、生态的、民主的、团结互助的、和平的欧洲。[⑤] 在“绿化”过程中,西欧各国社会民主党还论证了环境保护和经济增长的关系,提出了生态经济增长理论,将工业主义与环境主义、物质

---

① 罗云力:《西方国家的一种新治理方式》,重庆出版社 2003 年版,第 38 页。

② 参见罗云力:《西方国家的一种新治理方式》,重庆出版社 2003 年版,第 40 页。

③ 郇庆治:《西欧社民党的“绿化”与红绿联盟》,《欧洲》1996 年第 2 期,第 81 页。

④ John Callaghan, “Environmental Politics, the New Left and the New Social Democracy”, The Political Quarterly, Volume 71, no. 3. July - September. 2000. p. 300.

⑤ 熊炜:《“欧洲左翼党”与欧盟政治社会体系的变化》,《国际政治研究》2007 年第 2 期。

主义与后物质主义有机结合起来。

二十世纪八十年代,欧洲一些共产党、社会党采取了与绿色运动和绿党结盟的政策。如意大利共产党提出共产党、社会党、社会民主党、绿党和生态运动应该联合起来。有的国家的共产党直接与绿党结盟,荷兰共产党与激进党、和平主义社会党组成"绿色联盟"。

不仅左翼政党开始"绿化",传统的右翼政党也开始"绿化'"。德国的基社盟是传统的右翼政党,这样的右翼政党在绿色政治与后物质主义价值日益获得民众关注的大背景下,也开始进行反思和调整。其中,接受绿色政治的主张,重视环境保护,坚持可持续性发展的道路,是其必须的选择。因为,只有如此方能争得民众的支持。德国的基社盟提出,要给老百姓提供安全的食物,使下几代人都能呼吸到清洁的空气和喝到清洁的水。这无疑属于后物质主义和绿色政治的政治理念。英国保守党迫于绿色政治及民众广泛接受绿色政治的压力,也开始调整其政治基调。1988 年,保守党领袖玛格丽特·撒切尔指出:"我们保守党人不仅是地球的朋友,我们还是它的看护者和未来数代人的受托者","任何一代人都无权把地球据为己有,我们所拥有的只是一生的租期,但却要以一生的修复做租金。这个政府就是要全面满足这一承租条件。"①根据这一精神,1990 年保守党政府发表了全面性的环境纲领《我们共同的遗产》,实现了保守主义的"绿化"。

与上述两国的右翼政党相比,法国的中右翼政党——保卫共和联盟的"绿化"倾向更为明显。早在该党领导人希拉克于 1977 年至 1995 年连任巴黎市长期间,希拉克就十分重视巴黎的环境保护,并在构建巴黎绿色空间和绿化巴黎的工作中成绩斐然。在发展理念上,法国的中右翼政党同样接受了重视环境保护和坚持可持续发展的主张。

① 参见刘东国:《绿色政治》,上海社会科学院出版社 2002 年版,第 365 页。

三、当代资本主义出现官民界限模糊的趋势

在后工业社会背景下产生的绿色政治和后物质主义,在政治上主张推行民众自治的基层民主和构建民众积极参与政治生活的市民社会。绿色政治和后物质主义都认为:“公民有能力通过积极参与自治,创立一个有爱心、可持续的社群,公民参与自治的过程被称为直接或参与型民主,因这一过程让广大民众介入其日常生活,人们也称之为基层民主。”①在绿色政治和后物质主义影响下,西方社会政治生态的又一变化,就是出现了官民界限模糊的趋势。市民社会的特征和民众自治管理的趋势日益清晰地显现出轮廓。

1. 在后物质主义语境下,小政府、大社会格局凸显

英国学者古丁指出:后物质主义“将个体的人作为天然形成的、道德上应当具备的、自由与自我管理实体的行为主体来对待。从政治上说,那相当直接地蕴涵着绿色的政治代理者理论的核心性议题:在民主地改变他们的个人与社会环境的过程中每一个人充分、自由和积极参与的重要性。”②正如古丁所说,受绿色政治和后物质主义影响,西方民众越来越注重人的价值的实现,越来越追求政治参与、政治自由及人生的意义。为了自我实现,人们积极参加各种形式的社会工作和社会志愿服务,每个人都努力为社会和社区做点什么。在后物质主义的理念看来,社会就是民众组织起来的共同体,因而,每个公民都有权利,也有义务参与市民社会的管理。在这种理念之下,西方民众积极参与社区管理与社区工作,绝大多数社区都实行民众自治管理。在这些社区中,民众拥有“官”的权力,“官”则都是平民身份。出于对社会公共利益的关注和追求,出于自我实现的愿望,社会公众在追求平

---

① [美]丹尼尔·A. 科尔曼:《生态政治:建设一个绿色社会》,上海世纪出版集团 2006 年版,第 138 页。

② [英]安德鲁·多布森:《绿色政治思想》,山东大学出版社 2005 年版,第 157—158 页。

等和社会公正的观念主导下,积极参加各种社团或社会公益组织,参与社会治理与监督。他们利用社团或公益组织反映自身诉求,表达对社会公共利益的关注,利用社团或公益组织为实现社会公共利益开展有价值的工作和公益服务,利用社团或公益组织影响公共决策,参与社会各种事务的管理。社团和公益组织在西方社会的大量涌现及其社会功能的凸显,致使小政府、大社会的格局开始在欧美各国出现,“官”民一体的趋势端倪显现。

首先,各类社会团体日趋活跃,非政府组织的作用日益凸显。在当代资本主义各国,社团既是市民社会有序运行的基础,也是民众参与社会事务管理,实现自身价值的平台。因此,大多数西方民众都要参加一个或几个社团。各类社团在各种社会事务中(尤其是在环境保护、慈善事业、教育卫生、妇女权利等方面),既发挥着巨大的社会服务功能,又通过各种形式影响着政府的决策。在美国,基层社团构成了美国市民社会的基础。大量的地方性事务和市民的社区生活都依赖于基层社团的工作。美国各类社团每天都在为需要各种帮助的美国人提供帮助。在美国,社区内如果没有教堂、健康诊所、施粥处、医院等机构,民众将难以正常生活。而上述这些机构都是各种社团或非政府组织所建立和管理的。仅新妇女组织(NOW)就承办着上千个强奸危机中心、受辱妇女庇护所、妇女健康医疗站、妇女书店、妇女戏剧团体、妇女学习计划、妇女贷款联盟等。在这里,大量的妇女工作由社团完成,官民一体的轮廓清晰可见。类似这样的社团在美国约有7700多个,约有47%的美国人不定期地在社团中从事志愿服务。[①]

在德国,仅“环境保护——全国自发组织联合会”在二十世纪七十年代初就拥有1000多个网络组织,成员约30万。这些群众组织通过请愿、游行、示威、示范等形式,向决策部门施加压力和影响,要求政府采取有力措施来重视和保护环境。在积极投身绿色运动的同时,社会团体或群众组织也积极承担一些社会公共职能。德国“近一些年来,越来越多的以前属于地方政府的任务和机构(如游泳池、体育和休闲设施、文化设施等),被社会组织

① 朱世达主编:《美国市民社会研究》,中国社会科学出版社2005年版,第113页。

或社会性私人团体所取代。”大约“有 70000 到 100000 个自助团体，包括了大约 3000000 名成员”，“在地方层面，他们作为服务提供者已经变得不可或缺”。[①] 这凸显了民众社团在地方社会事务管理及公共管理中的作用。在英国，各种社团日益壮大，其政治影响力也日益突出。英国妇女环境网络和爱尔兰妇女环境网络已经使独立的基层团体集结到一起，致力于的议题有环境问题、平等问题以及反职业化问题。[②] 二十世纪七十年代以来，法国的各种社团十分活跃，在社会生活中的作用日益突出。其中，40000 多个环境保护组织，吸收了众多的自愿者投身于环境保护工作中，为法国的环境保护作出了杰出的贡献。基于环保组织在法国社会中发挥着不可替代的作用，法国政府曾颁布法令，将保护生活质量、保护自然和资源的联合会、协会等社团作为国家的正式伙伴，并给予津贴和进行对话。

有些生态组织还发展成国际性的跨国团体，如绿色和平组织、地球之友等都成为著名的国际生态组织。它们一方面以各种形式游说议会议员，向政府施加压力或影响，另一方面，也身体力行，从事实实在在的环境保护工作。其中，国际绿色和平组织在全球有 280 万支持者。该组织从来不接受来自于政府或者企业的捐款，只接受民众捐款。它坚持以行动促成改变。通过研究、教育和游说工作，推动政府、企业和公众共同寻求环境问题的解决方案。该组织曾迫使美国放弃在安奇卡岛进行核试验，迫使国际捕鲸委员会把南极地区列为鲸鱼保护区。“绿色和平”反对法国核试验的行动也得到了国际很大的回响，同时在消除有毒污染物的污染防治项目，森林保护项目等方面均取得了重要成就，引起举世瞩目。“在现实社会中，当人们自我表现的愿望反映为自觉奉献于社会、国家和公众的行为时，这种自我愿望便发生了转化，成为政治参与的愿望，其行为也转变为政治行为。这也是人们自我意识社会化的过程，人们通过此类政治行为去实现自我，完善自我，使自己的生活更有意义。意识的认同，组织的参与和对国家决策过程的参

---

① ［德］赫尔穆特·沃尔曼：《德国地方政府》，北京大学出版社 2005 年版，第 70—71 页。

② ［英］克里斯托弗·卢茨主编：《西方环境运动：地方、国家和全球向度》，山东大学出版社 2005 年版，第 23 页。

与使人们成为社会的组成部分,同时也使他们'生活的意义更加多彩'"。[①]在这样的社团中和这样的政治参与中,普通民众发挥出官的能力,起到官的作用。

其次,民众自我管理、实行自治的基层民主日益强化。在西方各国,有越来越多的市镇开始实行市民自治。决策权从基层开始自下而上地行驶,许多地方性的重要决策,均由市民代表协商作出。美国社区组织是自治型的典型代表。社区自治组织与政府行为相对分离,社区内的具体事务完全依靠社区民众选举产生的社区自治组织来管理。具体的社区服务和管理依赖各种提供专业服务的社团和非营利机构执行。平时工作主要是培育公民的社区意识,通过贴近家庭生活的宣传、社区直接选举、开放讨论社区热点问题等方式吸引民众走进社区,实现自我管理。社区建设的经费除政府资助一部分外,其他靠民众的慈善捐赠、志愿服务和居民服务付费、企业社区发展项目收入等。一位美国的普通市民生动描述了市民自治的情形:"我们带着各村庄的要求而来,尽量公正地分配稀有的资源,我们必须经常走访现场。下一步是地区计划,在市镇一级抽签选出的代表汇集在地区一级,商讨总体的决策。要求自下而上去,可能性自上而下来。如果人们不满意决定,他们可前往争辩,或者与需要同样资源的地方直接交换,就此达成妥协。"[②]

二十世纪九十年代以来,英国出现了大量的坚持绿色价值观的社区。在这里,人们自我管理、自我约束,按绿色价值理念生活,试图为社会作出示范。有人描述说:"越来越多的、只可以描述为'部落'的团组正在悄悄地在全国范围内出现","尽管他们有着各自不同的身份与目标,但当他们谈到其动机时,这些团组都发出共同的声音。他们谈论着自由精神运动的再次兴起",他们"回到了生活意蕴的本质"。[③] 在这里,民众抵制物质主义的奢靡,坚持绿色消费;抵制以破坏环境为代价的经济增长,将保护环境放在首

① David Vogel, Lobbying the Corporation, Basic Boods, 1978, pp. 23 – 68.

② [美]丹尼尔·A.科尔曼:《生态政治:建设一个绿色社会》,上海世纪出版集团2006年版,第138页。

③ [英]安德鲁·多布森:《绿色政治思想》,山东大学出版社2005年版,第187页。

位;抵制传统的政治专制,坚持民主的社区自治,过一种绿色理念下的自由的生活。从中可以看出,受绿色政治与后物质主义影响,社会民众积极追求社区自治,踊跃践行自我管理、自我约束,进而也是自我实现的社区民主模式。在这些市民自治的地方,官从民中产生,官保持民的身份,官民融为一体;民有官的权力,从事官的工作,但不脱离民众。官就是民,民就是官,官民融为了一体。

与市民自治相对应的是西方各国政府规模逐步收缩。执政六十多年的瑞典社会民主党中央机关,只有60多位工作人员,一个哥德堡省的省委,工作人员只有五六个人。从如此精干的执政党机关中,不难窥见出瑞典各级政府的精干。英国政府现有16个部,公务员从二十世纪七十年代的75万人减到现今的46万人。芬兰政府也只有16个部,总统府门口没有警卫,只有一名女秘书负责接待。政府的精简体现了西方各国小政府、大社会的发展进程。笔者在2006年圣诞节前夕曾经走访了英国伯明翰市和曼彻斯特市的市政厅。两市的市政厅均无警察守卫,各个会议室一天内所召开的各种会议都在门口公示,会议均向社会公众开放,允许旁听,民众也可以进市政厅参观。市政厅正门前的市政厅广场均临时搭建成市民购物与休闲场地,允许大量小摊贩摆摊设点,允许市民购物休闲。笔者见到的两市市政厅广场均人声鼎沸,民众喜气洋洋,像节日一样。如此没有"衙门"痕迹的政府彰显的是服务政府、亲民政府的形象,体现着官民界限的模糊。官民鸿沟正在填平。

2. 在后物质主义语境下,官员平民化倾向显露

后物质主义趋向的出现,也在推动欧美各国官员平民化的进程。由于人们越来越注重人的价值的实现,越来越追求人生的意义,致使越来越多的民众强化了公民权利意识、自我实现意识,而对滥用公权力或维护官员特权越来越持鄙视和谴责的态度。受此影响,西方社会"官""民"的界限逐渐模糊。官的特权减少,民的权利扩大,甚至出现了兼职官员、志愿者官员。

据报道,美国洛杉矶地区有近90个城市,除了洛杉矶市长外,其余80

多位市长基本都是兼职。“有的是律师，有的是医生，有的是生意人。他们每周到市政府上班的时间不过一两天”。密歇根州还有一位18岁的高中生担任一个小城市的市长，一边上学，一边履行市长职责。[①] 美国科罗拉多州联邦高地市市长斯帕克斯从2005年开始，到市里的一家脱衣舞俱乐部做兼职“门童”。由于这家俱乐部违反了脱衣舞者与观众最近距离不得小于0.9米的规定而被查封，市长兼职方结束。在法国，一个中等城市会有20多个副市长，原因是法国中小城市的市长、副市长都是兼职。他们平时从事其他工作，一般利用一半的工作时间兼职市长或副市长工作。官民界限在这里已经非常模糊。

目前德国常年有70万名政府官员不拿薪金，只尽义务。他们平均工作时间每周在6小时到80小时不等。这样的“志愿者”分布在上至副市长，下至普通官员的各个岗位，遍布德国城乡。波恩市第一副市长芬格以及该市领导班子的一半成员都是兼职志愿者，不在政府领取工资。芬格从政20年，每周工作60小时，但不领工资。他是志愿者。同时，政府官员平民化已经成为普遍现象。柏林市文化部官员安亚女士业余时间在餐馆给客人做菜，波恩市副市长芬格兼职太阳能应用公司新闻发言人。[②] 德国的兼职市长是最为普遍的。除上面提到的外，还有的做业余技工，有的做博物馆的解说员，有的做业余艺术家。拜恩州班贝格市的市长，在市郊承包数亩农田，种南瓜、土豆等出售。杜塞尔多夫市市长约阿希姆·埃尔温每周四下午在办公室接待来访的市民，而周末则敲开市民的门，戴上口罩给人掏烟筒。埃尔温担任了7年市长，也做了7年的掏烟筒工。法国苏亚克市市长阿兰·沙斯尼达奥尔，平时在巴黎阿歇特集团以秘书长的身份上班，周末则赶往苏亚克市市政府履行市长职责。由于欧美的官员没有特权，小城市的市长薪金很低，甚至不领薪金，因此，与其说是市长兼职其他工作，毋宁说是民众兼职担任市长。这是后物质主义在政治生活中的重要表现。

---

① 黄俊杰：《欧美市长的兼职》，《读者》2008年第19期。

② 青木：《德国地方官不少是义工》，《环球时报》2007年8月2日。

如果说官员不领薪金仅发生在基层政府之中，那么，欧美社会的高层官员则很少有特权。作为世界经济强国——德国的前总理施罗德因经济拮据，出远门时总是同妻子和继女坐火车二等车厢，在周末购物或出行时施罗德驾驶自己的旧轿车，只有工作时才能乘坐国家配置的豪华轿车。有专栏作家写道："施罗德总理缩着肚子坐在大众汽车的方向盘后面，而他的保镖们总是开豪华车紧随其后。"本来，政府为施罗德一家在柏林建了豪华别墅，但因房租太贵，施罗德一家住在一套小小的公寓中，只有一个卧室、没有窗户的浴室、狭小的厨房和餐厅，每月只需 570 欧元的房租。德国第一夫人、施罗德的妻子亲自买菜、下厨、熨烫衣服。德国法律规定，总理乘坐公家专机旅行，随行家属自行负担机费。1998 年，施罗德一家 4 人去西班牙度假，结果施罗德为家属支付 4000 欧元机费，令夫妻心疼不已。此后度假，施罗德坐政府专机，其家属则坐普通客机经济舱。施罗德一家的平民形象跃然纸上。[①] 芬兰政府只给总统、总理、外交部长、内务部长、国防部长等人配备专用轿车，也只限于工作时乘坐。其他官员一律不配备轿车，上下班及个人出行只能开私家车。据我国深圳市监察局赴德国、芬兰考察团介绍，这两国官员除高薪外，没有特权。芬兰总统每天骑自行车上班。总统住院做手术，要和平民一样正常排队。政府领导人大多数住在普通住宅区内，国家不提供公勤人员，家务自持。住房一般不超过 100 平方米，多数人租房住。

据新华社驻瑞典记者介绍，瑞典各个市议会开会时要发广告，百姓可以自由旁听。该国政府部长、议会议长等高官上下班或因私事外出一律禁止使用公车，全是驾驶私家车或乘公共交通工具，有的上下班骑自行车来往。政府部长都住在普通公寓楼中，政府不给配佣人和保镖。政府部长住院，没有高干病房待遇，同普通市民一样按先后秩序住普通病房。可以说，瑞典官员都是平民。前首相帕尔梅的夫人自己到超市购物，买菜做饭，骑自行车上街，到普通电影院看电影。在日常工作中，议长、省长同平民一样，丝毫没有官架子。一次，瑞典哥德堡省的省长陪同我国客人参观，发现街上有汽车熄

① 参见季正矩：《通往廉洁之路》，中央编译出版社 2005 年版，第 189—190 页。

火，省长率先下车去帮助群众一起推车，直到熄火汽车开走，省长方上车前行。[①] 在这里，官员不仅没有特权，也没有官架子，完全是平民化的。在西欧、北欧官员的理念中，官并不比普通民众高一等，只是社会分工不同，只是服务社会，实现自我价值。政府官员上班是官员，下班就是普通平民百姓；履行职责时是官员，完成职责后就是平民百姓。

官员平民化在西方各国已经成为普遍现象。官无特权、官民平等是西方社会政治生活的一抹亮色，也是市民社会的重要标志。

① 吴江：《社会主义资本主义沟通论》，中国社会科学出版社2003年版，第41—45页。

第六章 后物质主义发展趋向面临的内在矛盾与结构性冲突

西方马克思主义者高兹先生指出:“资本主义企业管理首要关注的并不是来如何使劳动变得更加愉快,使生产与自然相平衡以及人的生活相协调,或者确保它的产品仅仅服务于公众为其自身所选择的目标。它首要关注的是花最少的成本而生产出最大的交换价值。”①正如高兹所说,资本主义的本性就是追求剩余价值,贪恋物质财富。由资本主义性质所决定,虽然在当代资本主义社会中出现了后物质主义发展趋向,但它不可能摆脱资本主义制度的窠臼,这种后物质主义发展趋向存在着深刻的内在矛盾和结构性冲突。

一、后物质主义发展趋向面临的内在矛盾

资本主义制度是一种以生产资料私人占有制为基础,以雇佣劳动制为特征,以市场经济为运行机制的经济制度。这种经济制度有三个最为根本的要素:一是生产资料的私人占有;二是经济活动以获取剩余价值为目标持续进行;三是全部经济活动在自由竞争的市场经济体制下实现。这三个要素决定了资本主义经济制度实际上是一个集趋利性、竞争性与创新性为一体的制度。“这种对利润的竞相追逐意味着资本主义企业一直都在寻求新

① Andre Gorz. Ecology As Politics, South End Press, 1980, p. 5.

市场,推出新产品,开发能够降低生产成本的新技术。"[①]以获取剩余价值为目标的趋利性质驱使人们狂热追求个人的物质财富积累和物质占有,以优胜劣汰为内容的冷酷竞争激发起"优胜者"物质消费、物质享受以及物欲横流的疯狂。资本主义本身就是一个物质主义的怪物,资本主义的本性决定了后物质主义发展趋向在当代资本主义社会中面临着深刻矛盾。

1. 后物质主义发展趋向带有资本主义的"原罪"

二十世纪九十年代以来,当代资本主义社会出现了后物质主义发展趋向。这种高度关注健康、生态、生活质量、自我实现等后物质价值的后物质主义趋向无疑是现代人类文明的标志。但不可否认的是,当代资本主义的后物质主义发展趋向带有资本主义的"原罪"。因为,正是兴起后物质主义的当代资本主义各国长期坚持物质主义发展模式和物质主义生活方式,严重消耗了人类赖以生存的物质资源,严重恶化了人类的生态环境,严重损害了人们的健康和生活质量。

(1)西方发达国家长期坚持物质主义发展模式,过度消耗了人类赖以生存的物质资源。

资本主义制度是一个充满内在冲突和自我矛盾的制度。一方面,资本主义制度创造了巨大的社会生产力,"在它不到一百年的阶级统治中所创造的生产力,比过去一切时代创造的生产力还要多,还要大"。[②] 它将人类从工场手工业社会带入现代工业社会,进而又带入信息时代的后工业社会,它推动了人类文明的快速发展。但另一方面,资本主义制度也带来了社会的分裂和贫富两极分化,带来了经济危机和生态危机。上百年来,西方发达国家基于对剩余价值的贪欲和对物质价值的迷恋,不惜将地球当作"水龙头"和"污水池",从地球上疯狂掠夺物质资源。资本主义的传统发展模式一心追求物质价值和利润,过度开发、过度生产、过度消费,不计生态环境的后

---

① [英]彼德·桑德斯:《资本主义——一项社会审视》,吉林人民出版社2005年版,第14页。

② 《马克思恩格斯选集》第1卷,人民出版社1972年版,第256页。

果,不考虑子孙后代或其他民族的生存与发展。正如马克思所说:“在各个资本家都是为了直接的利润而从事生产和交换的地方,他们首先考虑的只能是最近的最直接的结果。一个厂主或商人在卖出他所制造的或买进的商品时,只要获得普通的利润,他就心满意足,而不再关心商品和买主以后将是怎样的。人们看待这些行为的自然影响也是这样。西班牙的种植主曾在古巴焚烧坡上的森林,以为木灰作为肥料足够最能盈利的咖啡树施用一个世代之久,至于后来热带的倾盆大雨竟会冲毁毫无掩护的沃土而只留下赤裸裸的岩石,这同他们又有什么相干呢?”①受这种物质主义价值观驱使,西方发达国家在过去上百年中,以疯狂掠夺地球物质资源的方式,实现了经济上的发达和富裕,获取了丰裕的物质价值,抢占了今天转向后物质主义文明的先机。

据统计,占世界人口25%的发达国家消耗的自然资源占全球自然资源的75%、木材的85%、钢材的72%。发达国家人均资源消费量是发展中国家的9.12倍。美国人口不到全球人口的5%,占有全球资源的12%,但却消耗了世界28%的天然气、23%的固体燃料、20%的煤、23%的石油、42%的汽车汽油、26%的电力、25%的全球资源。二十世纪九十年代初,美国人每天直接或间接地消耗约50公斤的基本物质,包括18公斤的石油和煤、13公斤的其他矿物、12公斤的农产品和9公斤的森林产品。② 有人统计,如果全世界都像美国那样消耗物质资源,那么,地球上的石油储量只够用3年,天然气只够用4年,煤炭只够用15年,所有的不可再生资源将在40年内被消耗殆尽。更为可怕的是,美国人强调“不要在我家后院”。于是,不少中产阶级发动起来,将污染产业、垃圾填埋点赶出自己社区,转到有色人种聚居的低收入区或第三世界国家。旧金山大约有1/3的有毒废物排放都集中在一个黑人聚居区,以至于该地区在很长一段时间的婴幼儿死亡率同孟加

---

① 《马克思恩格斯选集》第4卷,人民出版社1995年版,第386页。

② 参见曲如晓:《国际贸易对发展中国家生态环境的影响》,《经济与管理研究》2003年第6期;艾伦·杜宁:《多少算够——消费社会与地球的未来》,吉林人民出版社1997年版,第65页。

拉国一样高。[①] 美国不仅过度消耗人类物质资源，而且在国内就造成了污染环境、损害健康、加剧贫富两极分化的物质主义发展后果。

加拿大著名生态经济学家威廉·利思(Willian E. Rees)教授和他的学生提出了"生态占用"(ecological footprint)学说.。"生态占用"是指能够持续地提供资源或消纳废物的、具有生物生产力的以满足生存者需要的地域面积。该学说把地球的生物圈中具有生物生产力的主要生态系统进行等量化后的总和称为地球生态占用供给能力。经计算，地球的生态占用供给能力为11207.4万平方公里，人均可提供生态占用2.0hm^2。而2000年，全球实际生态占用13420.1万平方公里，人均生态占用为2.4hm^2，人均生态占用赤字0.4hm^2。其中，美国人均生态占用10.9hm^2，为世界平均水平的4.5倍。以美国为代表的发达国家人均生态占用明显高于本国可提供的生态占用能力，因此，发达国家居民的生态占用中相当多的部分是占用和消耗其他国家的生态占用能力。其中，美国生态占用赤字高达1120.9万平方公里，是其本国生态占用供给能力的63%。[②] 这也就是说，美国民众是在占有与消耗子孙后代和世界其他国家所应拥有的物资资源的基础上奉行后物质主义的。这种后物质主义的追求是建立在已有的过度物质主义消耗基础上的。相对人类发展进程中的后物质主义文明而言，美国显然"犯下"了物质资源过度挥霍的"原罪"。

有西方学者曾经为过度发展下了定义："过度发展的国家，就是它的人均资源消费水平达到这种程度，即如果它发生在所有国家，世界将不能无限地持续。"[③]而美国在近百年来，是极端的过度发展国家。美国有世界5%的人口，但却创造了世界25%的碳排放，这是该国可持续发展份额的五倍。虽然德国碳排放量也超过世界平均水平，但其人均碳排放量则仅为美国的一半。对此，美国学者维克多·沃尔斯曾公正地指出："当前全球严重的生态问题完全是资本主义国家，特别是西方发达资本主义国家无节制的生产

---

① 文佳筠：《中国环保，不学美国学古巴》，《环球时报》2009年6月15日。

② 陈佐：《可持续发展面临的物质化压力》，《铁道劳动安全卫生与环境》2007年第5期。

③ [美]赫尔曼·戴利：《超越增长》(Boston: Beacon Press, 1996)，第106页。

和无节制的消费造成的。”“解决全球生态问题的根本途径是节制资本主义国家的生产和节制资本主义国家的消费,而这是资本主义做不到也不愿意做到的。”[①]1991 年温哥华出现了一则批评美国物质主义倾向的广告。其中,一头巨大的猪在北美地图上嬉戏,一个旁白道:“世界上 5% 的人消费着 1/3 的地球资源……那些人是我们”,然后那头猪打了一个饱嗝。[②] 这则广告生动而深刻地揭露了一个事实:美国靠过度消耗全人类的物质资源,实现了自身的物质富有,却给人类带来了严重的生态危机。西方富国“正以令人担心的自私的方式耗竭着地球的资源,繁荣对其他大多数人来说无缘。从没有繁荣的人的观点看,这种人类生活质量的巨大鸿沟是人类进步史上最大的缺陷。”[③]

由此不难理解,虽然二十世纪九十年代以来西方社会的大多数民众接受了后物质主义发展模式和生活方式,但这种后物质主义发展趋向确实带有着野蛮资本主义的“原罪”。正是美国等西方发达国家,将物质主义发展模式推向极致,进而给人类带来几乎难以弥补的生态危机。因此,应将当代资本主义的后物质主义发展趋向同它的资本主义“原罪”结合起来加以认识和考察,既看到资本主义制度是物质主义发展模式与人类生态危机的制度性根源,又正视西方社会民众对物质主义的反省及其从物质主义向后物质主义的转变。

在过度消耗人类物质资源的同时,当代资本主义也严重地破坏人类赖以生存的生态环境。美国学者艾伦·杜宁公正地指出:“在工业化国家,燃料燃烧释放出了大约 3/4 的导致酸雨的硫化物和氮氧化物。世界上绝大多数的有害化学废气都是由工业化国家的工厂生产的。他们的军用设备已经制造了世界核弹头的 99%;他们的原子工厂已经产生世界放射性废料的

---

① 陈学明编:《苏联东欧剧变后国外马克思主义趋向》,中国人民大学出版社 2000 年版,第 396 页。

② [美]艾伦·杜宁:《多少算够——消费社会与地球的未来》,吉林人民出版社 1997 年版,第 95 页。

③ [美]施里达斯·拉夫尔:《我们的家园——地球》,中国环境科学出版社 1993 年版,第 12 页。

96%,并且他们的空调机、烟雾辐射和工厂释放了几乎90%的破坏保护地球臭氧层中的氟氯烃。”①当前,世界各国民众普遍关心的是温室气体排放问题。据专家统计,现在全世界每年的二氧化碳排放量是60多亿吨,而世界人口约为63亿,人均排放量约为1吨。然而事实是,美国每年人均排放二氧化碳高达5.3吨,而中国和印度分别为0.65吨和0.25吨。也就是说,美国人均二氧化碳排放量是世界人均的5倍,中国人均的7倍,印度人均的21倍,从排放总量上看,美国排放占全世界的1/4。② 除有害气体排放外,巨量的垃圾是资本主义工业社会给人类带来的又一“后遗症”。据统计,二十世纪九十年代德国人一年就扔掉500万件家用器具,日本人每年使用3000万可随便处理的一次性相机,并免费分发数百万节电池。而美国人则每年扔掉750万台电视机,1.83亿把剃刀、27亿节电池、1.4亿立方米的聚苯乙烯塑料、3.5亿个喷油漆的罐子。在美国人每年扔掉的2.8亿件物品中,当时只有1/4被再循环处理。③

大量的、言之凿凿的事实是发人深省的。如果说,以美国为首的当代资本主义各国自二十世纪九十年代开始出现后物质主义发展趋向的话,那么,这既是“皈依”人类文明的表现,也是对资本主义“过度发展”野蛮行径的“救赎”和自我反省。因为,这些国家消耗了太多的物质资源,对人类的可持续发展欠下了太多的“道德债”和“良知债”。如果说,后物质主义发展趋向代表着现代人类文明发展趋势的话,那么,当代资本主义各国如今走上这条现代人类文明发展道路实在是太迟了。因为,它们为此付出了太大的代价,走过太多的弯路;它们坚持多年的物质主义发展模式给人类文明发展造成了太多的损失。就它们所过度耗费掉的人类物质资源以及所造成的严重的生态环境问题而言,它们现在开始接受后物质主义价值取向、后物质主义

① [美]艾伦·杜宁:《多少算够——消费社会与地球的未来》,吉林人民出版社1997年版,第30页。

② 参见韩立新:《环境价值论》,云南人民出版社2004年版,第174页。

③ [美]艾伦·杜宁:《多少算够——消费社会与地球的未来》,吉林人民出版社1997年版,第66—67页。

发展模式及生活方式与其说是高尚的、文明的行动，毋宁说是理应的、迟到的行动，是它们应尽的历史责任。

(2)西方发达国家长期坚持物质主义生活方式，造成了人性的异化和物质资源的极大浪费。

以生产资料资本家私人占有制为基础、以雇佣劳动为基本形式、以自由竞争的市场经济为运行机制、以追逐剩余价值为目的的资本主义社会是一个劳动异化、社会异化、人的异化的社会。本来，人类创造物质财富应服务于、服从于人的生存与自由、全面发展，但资本主义社会却是一个“人对物的依赖关系的社会”。在物欲横流的资本主义工业化时期，在“等级鸿沟”不仅难以弥合并且不断加深的资本主义社会，物质消费和物质占有成了社会身份的识别系统，要维护和显示自己优越的社会身份，就需近乎疯狂地进行物质占有和物质消费。于是，“人成了实现经济目的的工具”，[①]成了受制于物质价值，受制于金钱的“奴隶”，人生的意义发生扭曲，赚钱、物欲似乎成了人生的全部。资本主义制度使资本主义各国民众在长达近百年中接受了物质主义的生活方式。

二战结束以后，美国人沉浸在经济繁荣的狂热中，他们在欢呼“一个梦幻时代——伟大美国的繁荣正在兴起”的同时，其伦理道德观念也开始发生转变，越来越多的美国人将奢侈而不是节俭看成是一种美德，从而形成了物质消费主义和物质享受主义的上升浪潮。

“最近的40年，购买更多的物品，需求更多的‘东西’，已经成了西方工业化国家人民超乎一切的目的。”“穿体面的衣服、开体面的车子和住在体面的生活区”成了上世纪西方富人的时尚。[②] 人们拜倒在物质商品面前，成为低俗的“唯物主义者”和“拜金主义者”。物质占有、物质享受成为竞相追逐的目标，物欲横流成了资本主义的特色。人们“沉湎于享受，饱食终日，

① 参见薛民等:《现代资本主义的命运》，辽宁教育出版社1991年版，第203页。

② [美]艾伦·杜宁:《多少算够——消费社会与地球的未来》，吉林人民出版社1997年版，第5页。

拼命赚钱又肆意挥霍,把面包和欲望当作生活的全部目的。"[①]西方经济学家承认,如果平均分配全世界的粮食,能够满足每一个人的需要。然而,美国等国家消耗了过多的粮食。美国学者莱斯特·布朗为此提供了有力的证据。他说:"美国人均一年需要800公斤的粮食,对比看,印度人均一年消费200公斤粮食,以意大利人每年大约吃掉的水平计算,每人消费粮食400公斤,每年20亿吨粮食应当能够养活50亿人。"[②]有数据显示,美国人每年要消费超过200亿根热狗,吃掉的热狗铺在赤道上可绕地球26圈。说起肉,连美国人自己都承认,他们已经到了挥霍和浪费的地步。由于在吃的问题上毫无顾忌,美国多数家庭至少有一个胖子。记者从德国市场和物价总局了解到,2007年,德国每人平均消费猪肉69公斤,面包80多公斤。有些喜欢大吃大喝的德国人"一日六餐"。早餐面包、肉类、蔬菜、水果、奶油等,午餐比萨、面条等,晚餐有前菜、主菜、甜点等,晚上10点左右还有夜宵,此外,上下午各有一次咖啡时刻,吃一些糕点。2007年加拿大人均消费肉类约100公斤,西欧为89公斤,美国为惊人的124公斤。相反,中国只有54公斤。2005年,发达国家人均牛奶消费量为268公斤,而中国只有21.7公斤,印度为90公斤。2006年,北美人均粮食消费量为1182公斤,而中国不到400公斤,印度只有178公斤。[③]

除了吃以外,物欲无度在其他方面也表现的淋漓尽致。二十世纪八十年代,及时行乐的理念盛行于西方社会。许多家庭都用第三辆汽车、摩托艇、家庭娱乐中心和波浪浴缸装满房间和车库,拥有私人游艇、私人飞机也成为时尚。在1978年到1987年间,美国的美洲狮汽车的销售量增长了八倍,并且初次购买皮衣的平均年龄从50岁下降到26岁。在日本则兴起了为狗制作黄金装饰和穿貂皮大衣的风潮。时至今日,美国人没有穿毛衣、毛裤、绒衣、绒裤的概念。因为美国所有家庭一年四季的温度都能保持在零上20多度,而出了房门进入轿车内也能将温度保持在20多度。美国人实现

① [韩]赵永植:《重建人类社会》,东方译文出版社1995年版,第82页。
② [美]大卫·施韦卡特:《超越资本主义》,社会科学文献出版社2006年,第176—177页。
③ 尤未迟等:《谁是世界耗粮大户》,《环球时报》2008年5月13日。

了常年的轻便着装,但却付出了巨量的电能和油料消耗。美国人没有在室外晾晒衣物的习惯,社区也禁止人们在室外晾晒衣物。为了室外的美观,美国全国的家庭中共有8800万台电烘干机,平均每台每年耗电1079度,相当于普通中国人一年的用电量。根据美国住房与城市发展部的统计,美国一幢房子每平方米耗电65度左右,按普通中产阶级家庭200平方米面积计算,每户一年耗电量超过1万度。① 美国一个国家消耗的能源占世界总消耗量的24%,是欠发达国家人均消耗量的十几倍。据1998年9月联合国《人文发展报告》的统计,1998年,生活在高收入国家的占世界人口20%的人,消费着全世界86%的商品,45%的肉和鱼,74%的电话线路和84%的纸张。足见西方发达国家物质主义享受的程度。

如果将西方发达国家同发展中国家加以比较,发达国家物质主义倾向就更加明显了。据统计,西方发达国家在汽车拥有量、能源消费量、纸张的消费量等方面均是发展中国家的几十倍并远远超出世界平均水平,其蛋白质摄入量也远远高于发展中国家(见表1)。统计数字表明,西方发达国家

表1 资源消费、环境负荷、保健指标等的国际比较

	美国	日本	德国	韩国	俄国	中国	印度	世界平均
每1000人所有的汽车台数(95)	766	534	534	189	97	9	7	114
人均每年的纸消费量(千克)(96)	324	245	189	154	13	25	4	55
人均每年的能源消费量(换算石油,千克)(95)	7918	3573	3955	2899	4737	684	270	2200
人均每天的蛋白质供应量(克)(92-94)	113	95	98	86	90	70	58	
粮食自给率(%)(94)	138	30	113	35	不详	99	99	
平均寿命(96)	77	80	76	72	66	70	63	

参见韩立新:《环境价值论》,云南出版社2004年版,第171页。

长期坚持物质主义生活方式过度消耗了人类的物质资源,给人类的可持续

① 本报记者:《西方与中国争论谁更“绿”》,《环球时报》2009年9月24日。

生存与发展带来巨大压力。2007年，英国的一个环保组织经过计算指出，“如果全人类都按照美国人的生活方式，需要5.6个地球，按照欧盟的生活方式，需要3.9个地球，按照日本的生活方式需要2.9个地球，而按照中国的生活方式只需要0.9个地球。”[①]如此算来，西方发达国家今天兴起的后物质主义不过是对其过去过分奢侈的物质主义生活方式的检讨与“救赎”。

伴随着过度的物质消费和物质享受，还有惊人的浪费。在物质主义的文化语境下，美国等西方发达国家有相当多的人相信这样的价值理念：“要提高消费者的美誉，就必须进行非必需品的消费。要追求名望，就必须浪费。除非与衣食无着的赤贫者相比，否则，徒有生活必需品的消费，是带不来声誉的。”[②]因此，他们不断进行着超出实用和生存所必需的浪费性、挥霍性消费。

据统计，美国家庭将他们30%的食物浪费，每年价值480亿美元。在英国每年有670万吨食物被丢进垃圾箱，其中，每年浪费的牛奶就达4.02万吨。[③] 美国是一个浪费巨大的国家，美国人一年内扔进垃圾箱的食品，足够非洲大陆全部人口食用一个月。美国的能源浪费更为严重。公路上穿梭奔驰的小汽车中绝大多数只坐一个人，而且大多是耗油量大的豪华轿车，公共汽车则乘客稀少，常常空载穿梭。马路上的街灯昼夜点亮，夜如白昼；私人厂家的，甚至私人花园里的灯多半也是“与日月争辉”。据统计，美国办公室用电量已达1250亿千瓦/小时，其中以电脑的耗电量为最大，但办公用电脑实际工作的时间只占开启时间的20%不足，大部分时候是闲置的，如果以3500万台装机量计算，美国每天浪费70亿千瓦电力。[④]

英国家庭在食物上浪费惊人。2008年英国的一项研究发现，平均每家每年要浪费420英镑的食物。每年有410万吨的粮食被白白丢弃。丰衣足

---

① 本报记者：《西方与中国争论谁更“绿”》，《环球时报》2009年9月24日。

② 罗钢等主编：《消费文化读本·前言》，中国社会科学出版社2003年版，第32页。

③ 纪双成等：《欧洲人过日子算计碳排放》，《环球时报》2009年12月4日。

④ 参见卫建林：《历史没句号》北京师范大学出版社1997年版，第226页；臧立：《绿色浪潮》，广东人民出版社1998年版，第45页。

食的日本人食品浪费现象也十分严重。日本农林水产省曾发表一份《食品浪费统计调查》报告。调查表明，婚礼宴会上四分之一的食物被浪费，冷餐会上15.7%的食品被浪费，旅馆的浪费率为7.2%，一般家庭的食品有8%被扔掉。日本过去每年扔掉的食品约为1000万吨。[①] 据德国国家电视二台的调查，德国家庭每年丢弃780万吨食物，相当于总购买量的1/3，这些食品浪费数量相当于非洲粮食进口量的一半。

需要说明的是，这样的物质享受已经远远超出人的生存与发展需要，这是异化性的物质享受。与其说这是为了满足人的生理需要，毋宁说是为了证明自己的富有和尊贵。它"使人失去了精神尊严，使人的吃、喝、玩、乐与动物的摄食、发情、嬉戏只有复杂程度的区别而无本质区别，即它不仅未使人生的意义更加丰富，反而使人生的意义趋于贫乏"。[②] 它带来的是人性的异化。

这样的物质享受并未给民众带来真正的健康和幸福，相反带来的是亚健康、精神空虚和工作压力。神经衰弱、抑郁症、自闭症、过劳死、狂躁等疾病已经成为西方社会的多发病和常见病。据调查，日本每年有3万多人自杀，自杀率连续十几年居高不下。"美国人的平均收入1950年以来翻了一番，而同期抑郁症的发病率提高了10倍。"据《2004年世界状况》报告披露，美国大约有65%的成年人超重或过度肥胖，每年有大约30万人死于肥胖引起的疾病。另据1992年美国官方公布的数字，近50%的工业工人为失业危险而忧心忡忡，其中65%过度疲劳。45%经常失眠。美国成为精神病患者最多的国家，精神病床位占整个病床位的65%。[③] 这样的物质享受，还导致了西方社会道德伦理的危机。受物欲横流的影响，吸毒、暴力、凶杀、性淫乱已经成为难以治愈的西方社会病。有相当数量的西方民众，在这种物

---

① 参见纪双城等：《节能环保，各有高招》，《环球时报》2008年7月8日；魏全平等编著：《日本的循环经济》，上海人民出版社2006年版，第288页。

② 卢风：《人类的家园——现代文化矛盾的哲学反思》，湖南大学出版社1996年版，第124—125页。

③ 陶文昭：《信息时代资本主义研究》，人民出版社2009年版，第131—132页。

质享受中获得的不是健康和幸福，而是毒品的侵蚀、人性的堕落、社会暴力的威胁。据悉，二十世纪九十年代，美国约有10%的人有吸食毒品的经历，如果包括吸食大麻在内则一度高达25%，全世界的毒品竟然有67%被美国人消费；因性淫乱导致有数十万不到15岁的女孩生出了小孩；"感觉好，就干"，"用完了就扔"一度成为美国社会的行为理念。物欲横流带来的是人性的异化。

资本主义社会是一个"商品拜物教"、"货币拜物教"的"人对物的依赖关系"的社会。物欲横流、人性异化、过度消耗人类物质资源是这个社会对人类文明所犯下的"原罪"。这一"原罪"的存在是当代资本主义社会的后物质主义发展趋向挥之不去的阴影，它使人们在解读西方社会中的后物质主义发展趋向时不能不增加一些历史的沉重感。

2. 后物质主义发展趋向暴露出资本主义在价值取向上的悖理

资本主义社会是一个充满尖锐矛盾与危机的社会。它创造了巨大的社会生产力，却导致了以生产相对过剩为标志的周期性的经济危机，它创造了前所未有的物质财富，却使整个社会陷入严重的贫富两极分化之中，使人类发展的自然条件严重恶化。二十世纪九十年代以来，后物质主义发展趋向在当代资本主义社会中的出现并未使这个社会的性质得以改变，相反则进一步暴露出资本主义在价值取向上的矛盾与悖理。

首先，资本主义的社会制度与后物质主义发展趋向存在尖锐矛盾。

在当代资本主义社会中，一些有识之士开始接受后物质主义价值，理性地看待人类文明的发展，理性地看待人生价值。人们更加关注经济的可持续发展，生态环境的保护，人的健康，生活的质量，自我价值的实现等等。在许多西方发达国家，符合后物质主义理念的经济发展方式和生活方式也已出现并在不断发展。然而，资本主义社会的根本性质决定，这个社会必然是人对物的依赖的社会，必然是疯狂开发物质资源、疯狂追逐物质财富、疯狂追求物质享受的社会，必然是"不断加强资本对人的剥削的同时，也加强了资本对自然的剥削"与掠夺的社会。[①] 资本主义生产以无限价值扩张为目的,以激烈地优胜劣汰的竞争为驱动力,"把市场看成是关键的社会机制和人类关系的首要仲裁者"。[②] 它必然要无限制地扩大物质生产规模,过度消耗人类物质资源,"丝毫不考虑这种扩张所带来的政治的、经济的、地理的或生态的后果。"[③]由此一来,社会制度同人的理性发生尖锐的矛盾,资本主义制度同资本主义社会中出现的后物质主义发展趋向发生矛盾,资本主义制度必然会成为后物质主义发展的制度性障碍。

从一定意义上分析,后物质主义价值理念、可持续发展理念以及绿色政治理念均是将人类的长远利益同人们的眼前利益、人类的整体利益同人们的个人或小集团利益以及全社会的共同利益同人们的特殊利益结合起来思考问题和进行价值判断的。这样思考问题的社会公众方能提出并接受后物质主义发展理念、经济的可持续发展理念、人与自然和谐发展理念、物质享受合理化理念等等。然而,这些理念或发展战略均无法避免要遭到资本主义制度的压制。因为资本主义社会制度以生产资料私人占有制为基础,资本主义企业均以资本家攫取剩余价值为目标,整个资本主义社会追求的是利润最大化,甚至是短期利润最大化。因此,这个社会"重视机器的顺利运转……甚于工人的生理和心理健康","重视降低生产成本甚于生态平衡,因为生态平衡的破坏并不会增加企业财政上的负担"。[④] 人类的长远利益、整体利益和社会的共同利益在这种制度下得不到足够的重视。资本主义基本制度的逻辑是:我们"为什么要去做那些让在我死后 100 年或 200 年生活着的人们获益的事情?""我们必须为市场而生产,才能赚钱。"[⑤]

按照这个社会制度的惯性发展,必然是传统的物质主义发展方式大行其道:过度开发人类物质资源,过度生产物质财富,过度消耗劳动者的生理

---

① 曾文婷:《"生态学马克思主义"研究》,重庆出版社 2008 年版,第 94 页。

② [美]杰里米·里夫金:《欧洲梦》,重庆出版社 2006 年版,第 212 页。

③ 参见俞可平主编:《全球化时代的"社会主义"》,中央编译出版社 1998 年版,第 231 页。

④ 曾文婷:《"生态学马克思主义"研究》,重庆出版社 2008 年版,第 94—95 页。

⑤ [印]萨拉·萨卡:《生态社会主义还是生态资本主义》,山东大学出版社 2008 年版,第 181—182 页。

和心理健康，进行奢侈性、浪费性的物质消费，“继续从生理上和心理上使人类堕落”，“把人们变成纯粹的赚钱机器”，进而给人类带来严重的生存与发展危机和生态危机。①

事实完全证明了上述论点。正是这些出现后物质主义发展趋向的资本主义工业化国家，拥有全球1/4的人口，却消耗着地球上40%～86%的各种自然资源。它们在二十世纪九十年代所消耗的铝、钢铁、化学制品、纸占世界总消耗量的80%以上，它们所消耗的木材和能源占世界总消耗量的60%以上。20世纪末的美国人比他们的父母在1950年，多拥有2倍的汽车、多行驶2倍半的路程、多使用21倍的塑料和多乘坐25倍距离的飞机。每个日本人比1950年的日本人多消费4倍多的铝、几乎5倍的能源和25倍的钢材。

还是这些出现后物质主义发展趋向的资本主义工业化国家，过度消耗了劳动者的健康。日本中年男子因劳动强度过大，“过劳死”(Karoshi)每年大约夺去1万人的生命，这几乎是全球之最。② 激烈竞争条件下的美国，抑郁症、神经衰弱症、自闭症高发，吸毒、自杀、凶杀、枪击事件全球首屈一指，这无疑同人的心理健康高度相关。资本主义制度与后物质主义发展趋向的悖理不言自明。

在当代资本主义各国中虽然有许多人接受了后物质主义价值观，但当代资本主义社会毕竟不能摆脱资本主义制度的窠臼。受资本主义制度的影响，这个社会中的后物质主义发展趋向始终有物质主义传统理念、物质主义发展模式和物质主义生活方式的“杂音”与“幽灵”相伴随，这致使后物质主义价值观、后物质主义的发展方式、生活方式在当代资本主义社会中所能发挥的作用受到很大的掣肘。

其次，资本主义的社会现实同后物质主义发展趋向存在尖锐矛盾。

---

① [印]萨拉·萨卡：《生态社会主义还是生态资本主义》，山东大学出版社2008年版，第185页。

② [美]艾伦·杜宁：《多少算够——社会与地球的未来》，吉林人民出版社1997年版，第12—13、29、83页。

前面各章我们证明了当代资本主义社会出现了后物质主义发展趋向，但资本主义社会是充满矛盾与冲突的社会。存在着内在尖锐矛盾与冲突的社会必然具有矛盾的社会现实。在资本主义社会中虽然出现了后物质主义发展趋向，虽然有越来越多的人接受后物质主义价值观，接受后物质主义经济发展方式和生活方式，但物质主义价值观、物质主义发展方式、物质主义生活方式也同样大行其道。资本主义的社会现实就是如此。这一社会现实极大地制约着后物质主义的发展。

在整个当代资本主义世界，后物质主义发展趋向在西欧、北欧（尤其是北欧）各国表现强劲。西欧、北欧绝大多数民众自觉维护生态环境，坚持物质享受合理化，注重人的健康和生活质量，注重自我价值的实现。同时，西欧、北欧各国也在积极推行后物质主义的经济发展方式，坚持经济的可持续发展。然而，与西欧、北欧形成明显差异的是头号资本主义大国——美国。尽管后物质主义理论最早由美国学者提出，但后物质主义在美国的发展则不乐观。与其说这里出现了后物质主义发展趋向，不如说物质主义价值观、物质主义发展模式及生活方式在美国主宰着社会生活。

时至今日，过度生产、过度消耗物质资源的物质主义发展模式仍然是美国的主要发展模式。据统计，目前发达国家消耗了人类能源消耗总量的50%，而美国一个国家消耗的能源占世界总消耗量的24%，是欠发达国家人均消耗量的十几倍。美国是世界公认的超级军事大国和军事强国，冷战结束后，其军事力量更是“无敌”于天下。然而美国依然在不断开发和生产大型尖端武器。它相继大规模地生产了造价几亿美元的F-22战机和造价几十亿美元的B-2A战略轰炸机，生产了可钻地近百米的钻地炸弹和带有贫铀钢甲的M1-A1坦克。2006年，美国又生产出排水量超10万吨的航空母舰，使其十几艘航空母舰均是核动力驱动。它还投巨资开发战区导弹防御系统和国家导弹防御系统，进行不计其数的导弹拦截试验。据瑞典斯德哥尔摩国际和平研究所2007年6月发布的报告，美国军费支出2005年为5050亿美元，2006年又上升到5290亿美元，到2010年则达到7080亿美元。在2006年全球军费增加的390亿美元中，美国一国占了62%。应当说，美国的这些做法严重消耗了美国民众的劳动财富，却对改善人民的生活质量无任何益处，严重地消耗了人类的物质资源，却对人类文明无任何益处（对美国的国家利益其实亦无实质性意义，因为美国已经天下“无敌”。）。这种物质主义发展模式既凸显了美国统治阶级妄图称霸世界的野心，也深刻印证了美国统治阶级的物质主义价值观的根深蒂固，这同在当代资本主义社会兴起的后物质主义显然是相互冲突的。

与此同时，美国的主流社会依然坚持物质主义生活方式，追逐金钱、贪恋物欲依然是美国的社会现实。统计数据显示，2000 年以来美国企业的利润增长率仅为一位数，可 CEO 们的年薪却一起以两位数增长。2003 ~ 2007 年，美国五大商业银行的总管一共拿到了 30 亿美元的巨额收入。破产的雷曼兄弟公司总裁福尔德，在 2007 年次贷危机风波中年收入仍高达 2200 万美元；被美国政府托管的房地美公司前总裁理查德 · 塞隆也收入了 1800 万美元，即使在这些银行破产或被兼并后，CEO 的遣散费通常也有几千万美元，而这些公司的很多普通员工年薪只有几万美元。更有甚者，AIG 公司用联邦政府给的救市基金发 2008 年的奖金，总共高达 1.6 亿多美元，引起公众的强烈愤恨。这些富人对金钱的追逐，实质是对物质财富占有的追逐和对奢侈的物质享受的追逐。

美国的这类富人生活上已经习惯于穷奢极欲、骄奢淫逸。它们拥有私人飞机、豪华游轮、宫殿般的别墅、不只一辆的轿车。他们出入豪华酒店及富人俱乐部，一掷千金、纸醉金迷。例如通用汽车公司总裁居然乘坐私人豪华专机到华盛顿向政府申请救援资金，被媒体谴责为“从私人豪华专机上下来的乞丐”。前美国副总统戈尔居住在一栋面积超过一万多平方英尺、拥有 20 个房间和八个浴室的豪宅之中，他在自家院子的通道上，安装了一排煤气灯，还有电控的大门。该豪宅每个月的用电量惊人，超过了全美平均水平的 20 倍。与戈尔相似，一些好莱坞明星也都过着奢侈如帝王的生活。他们为了维持其私人游泳池而消耗掉的能源，可以供发展中国家数百户人家的日常家居所用。好莱坞的知名女星芭芭拉 · 史翠珊，每年浇灌自家草坪就花费 22000 美元，可想而知要用掉多少水。而她家还有 12000 平方英尺使用空调的马厩。

一般民众虽不能如此奢侈,但贪恋物欲与金钱则是普遍的。由于劳动生产率的提高,美国人"现在能够用少于一半的时间生产我们1948年的生活水平。"美国人本来能够选择每天工作4小时而有更多的休闲生活,然而他们却选择了"工作同样长的时间去挣2倍的金钱"。[①] 据美国劳工部统计,二十世纪九十年代末,"接近3/4的劳工每周从事比40小时多的工作"。宁可牺牲健康,也要追求金钱,为的是贪恋本已超出生存与发展需要的物质享受。人们竞相购买更大的住房,开更豪华的汽车,拥有更多的奢侈品。在美国,"火车处于半空载状态,而数亿辆的汽车,每一辆只装着一个人,"而"无处不在的犯罪"却令人惶恐不安。[②] 据美国媒体报道,美国南卡罗来纳州州长马克·桑福德经常乘坐飞机去州首府哥伦比亚理发、看牙医、接送小孩去运动馆、看孩子比赛。[③] 如此奢侈的生活方式同后物质主义理念南辕北辙,这是美国主流社会依然恪守物质主义价值观的印证。

在其他发达国家,尽管多数民众接受了后物质主义,但也仍有相当多的人恪守物质主义价值观,坚持物质主义发展模式和生活方式。为了满足各种奢侈的、离奇的物质需要和物质享受,西方发达国家的富人对发展中国家的珍稀动物和名贵植物具有极大的贪欲。有权威资料披露,二十世纪九十年代后期,每年"走私者把数百万的热带鸟、鱼、植物、动物毛皮和其他珍稀物品从贫穷的地区运到富裕的地区。他们数千个地贩卖橄榄绿鳞龟和玳瑁海龟壳,成吨地贩运美洲豹和其他斑点的猫科动物的毛皮。""生物学家认为濒危物种名单上超过1/3的脊椎动物主要是由于贸易而被猎杀。富裕消费者的需要刺激了这种猎杀。"[④]显而易见,这种富裕消费者主要来自西方

---

① [美]艾伦·杜宁:《多少算够——社会与地球的未来》,吉林人民出版社1997年版,第81—82页。

② [印]萨拉·萨卡:《生态社会主义还是生态资本主义》,山东大学出版社2008年版,第183页。

③ 梁衫:《他坐着公家飞机去理发》,《现代快报》2009年8月11日。

④ [美]艾伦·杜宁:《多少算够——社会与地球的未来》,吉林人民出版社1997年版,第34—35页。

发达国家。根据世界自然保护同盟的统计，在二十世纪九十年代，世界濒危物种贸易额每年高达200亿美元。这种贸易包括每年4万只灵长目动物，100万株兰花，400万只野鸡，1000万只鳄鱼皮和玳瑁，1500万张裘皮，以及3亿尾以上的热带鱼。其主要的需求者来自欧洲、日本和北美。[①]

事实证明，已经出现后物质主义发展趋向的当代资本主义社会是充满矛盾和对立的。这里既有后物质主义发展的趋向，也仍然有物质主义传统模式的存在。据世界自然基金会统计，德国平均每人每天用于洗涤、洗澡、做饭的日常生活用水达到124升。如果再加上生产日用品的工业用水和因此污染的水，德国平均每人每天耗水量高达5288升，相当于25个浴缸所能容纳的水量。其实德国企业浪费的水有80%原本可以节省下来。[②] 类似美国宁可牺牲健康，也要追求金钱的做法在日本也一直盛行。据统计，90%的日本职工超时劳动，平均每月超时劳动35小时。有1/3大型企业员工的工作时间平均每天在13小时以上。窥一斑可见全豹。在西方发达国家物质主义传统发展模式依然存在，它同后物质主义发展趋向在相互冲突中并存。

二十世纪九十年代以来，当代资本主义社会接受后物质主义价值观和后物质主义发展方式、生活方式的人越来越多，甚至已经形成一种时尚与潮流。但对这种后物质主义发展趋向构成极大讽刺的是，"发达国家每年要花960亿美元购买化妆品，要将920亿美元的食品当作垃圾扔掉"。发达国家的"富人消费着45%的肉类和水产，使用着58%的能源产品和87%的汽车"。[③] 如此奢侈而过度的物质消费表明，在当代资本主义社会中仍然存在着物质主义的发展模式，也仍然有相当多的人接受物质主义价值观和物质主义生活方式。这就是当代资本主义的社会现实。这一社会现实既同后物质主义发展趋向形成尖锐矛盾，也将影响后物质主义在当代资本主义社会中的发展。

---

① 谢永亮：《生存危机——新地缘资源》，四川人民出版社2001年版，第331页。

② 青木：《德国人平均每天用水25缸》，《环球时报》2009年8月7日。

③ 徐崇温：《当代资本主义新变化》，重庆出版社2004年版，第70页。

二、后物质主义发展趋向以牺牲别国利益为代价

当代资本主义的后物质主义发展趋向不仅面临着资本主义的制度性矛盾,还存在着结构性冲突。这突出表现在,当代资本主义的后物质主义发展趋向是以牺牲发展中国家的利益为代价的。他们拥有了优美的自然环境,却使发展中国家的生态环境日益恶化,他们拥有了健康和生活质量,却牺牲了发展中国家人民的健康和生活质量,他们在国内开始追求后物质价值,但却在国外大肆掠夺物质资源。正如英国学者大卫·佩珀指出:"环境质量是与社会物质财富的丰裕或贫乏联系在一起的,西方资本主义国家正是通过对第三世界国家的掠夺来维持和改善自己的环境,使自己成为全世界羡慕的对象。"①

1. 当代资本主义掠夺别国物质资源,换取自身的生态平衡

后物质主义高度重视后物质价值,追求生态文明、可持续发展、生活质量、人的健康、自由和人的自我实现。但后物质主义理念不是空想主义理念,它是建立在一定的物质基础和必需的物质满足之上的发展理念。人们追求后物质价值总要在丰衣足食以后,思考生态文明也总要先有经济发展的变量。更何况产生后物质主义的当代资本主义各国都以剩余价值规律为其基本经济规律,以优胜劣汰的市场竞争为驱动力。在此情形下,这个社会必然要不断扩大生产规模,不断开发新的产品,不断扩大消费市场,不断追求更高的利润。在这一过程中,资本主义社会也必然要消耗极大的物质资源,这与高度关注后物质价值的理念形成明显的矛盾,也给生态环境和经济的可持续发展带来极大的压力。

然而,发达资本主义国家的统治者们"幸运"地找到了既可不断消耗大量物质资源,又可保护本国生态环境,既可追求后物质价值,又不愁物质满

① David Pepper. Eco - Socialism: From Deep Ecology to Social Justice, Routledge, 993, 96.

足的办法。他们继承新老殖民主义的衣钵,利用不合理的国际政治经济旧秩序,靠消耗发展中国家的物质资源助推本国经济发展,进而解决了本国经济发展与保护生态环境的矛盾;他们通过"巧取"发展中国家的物质资源,来支持本国民众的物质满足,进而为他们追求生活质量和"时尚"的后物质价值奠定物质基础。这样做的结果是将生态环境的破坏、自然资源的枯竭和生活质量的下降留给发展中国家,而换来的是发达国家的经济发展、生态资源的严格保护和对后物质价值毫无后顾之忧的追求。正如美国学者威廉·格雷德所说:"发达资本主义国家靠疯狂掠夺资源的'错误'使欧美国家富裕起来,'文明'起来。"[①]而在这一过程中,发展中国家为发达国家的后物质主义追求作出了难以估量的牺牲。

当代资本主义国家从保护本国资源和能源储备出发,通过不合理的国际经济秩序,利用发展中国家急于发展的心理,利用自由贸易对原材料和资源性产品的低关税政策,从发展中国家大量进口木材、能源和矿产品等物质资源,在看似"公平"的自由贸易中实现着对发展中国家的"生态掠夺"。

首先,西方发达国家利用不合理的国际政治经济秩序,凭借自身拥有的先进科学技术,优先开发、大肆购进发展中国家的矿产资源,而保护本国的矿产资源。由资本主义生产方式的性质所决定,当代资本主义国家为维持其经济的繁荣就要不断进行经济扩张,所需矿物的消耗量也不断上升,这使它们加大了对发展中国家的"生态掠夺"。有数据显示,美国、欧盟、日本对发展中国家拥有的13种重要原材料的平均依赖程度分别为60%、90%和92%。[②] 1988年,发达国家进口的矿物燃料和有关材料54%来自发展中国家,其中美国和日本的比率分别为67%和85%。美国80年代主要工业原料进口对穷国的依赖程度超过70%的达10种:锶100%,锡97.3%,钶91.7%,石墨88.6%,铬83.9%,锑83.9%,铝土矿82%,石油85.3%,锰

① [美]威廉·格雷德:《资本主义全球化的疯狂逻辑》,社会科学文献出版社2003年版,第567页。

② 戴舟主编:《九论社会主义和资本主义发展的历史进程》,红旗出版社2001年版,第95页。

76.7%，钨70.7%。[①] 进入二十世纪九十年代，美国对别国的"生态掠夺"有增无减，其重要的稀有矿产几乎全靠进口（见表2），而本国矿产资源却严格保护起来。通过消耗发展中国家的矿产资源来奠定本国的物质基础，维持本国的经济繁荣，这是西方国家"发达"起来的基本条件。

其次，西方发达国家利用不合理的国际政治经济秩序，大肆购进发展中国家的木材、谷物等初级产品，以此维护本国的植被和土地的肥沃。1989年，欧共体、日本和北美共进口了价值为1360亿美元的"初级产品"。其中，日本70%的谷物、小麦和大麦，95%的大豆，50%以上的木材都需要进口。其绝大多数都来自拉美正在迅速消失的热带雨林。荷兰从发展中国家进口了三倍于它的土地面积的农产品。其中有来自马来西亚砍倒了树木的土地上的棕榈仁糕，有来自于泰国的砍倒了树木的地带上的木薯，有为了向欧洲消费者提供肉和奶等食品而用巴西热带雨林出产的大豆喂肥的数百万的猪和牛。以发展中国家的土地肥力递减和植被不断被破坏为代价，实现了西方发达国家的物质满足。"欧洲人冬天的供应物品是从肯尼亚的农场空运来的，而美国冬天的供应物品则是从哥伦比亚空运来的"，"美国人食用的葡萄的1/4来自于7000公里以外"。[②]

表2 1994年美国部分矿产进口量占总消费量的比重(%)

进口种类	占消费	进口种类	占消费	进口种类	占消费	进口种类	占消费
铌	100	石棉	95	钨	84	锑	62
锰	100	铂	91	镍	66	镉	50
云母	100	钛	86	锡	84	硒	39
锶	100	钴	79	钡	82	锌	41
铝土	99	铬	75	钾	74	石膏	30

资料来源：陈百明等：《谁在养活美国》，商务印书馆1998年版，第83页。

① 参见联合国《国际贸易统计年鉴》1989年，表S34和S46页；黄素庵等：《重评当代资本主义经济》，世界知识出版社1996年版，第373页。

② ［美］艾伦·杜宁：《多少算够——社会与地球的未来》，吉林人民出版社1997年版，第34、49页。

如果说发达国家大量进口谷物对发展中国家的自然资源破坏力还不是十分严重的话，那么，木材的进口则严重损害了发展中国家的自然资源。据统计，发展中国家每年采伐1370万公顷森林，其中每年极其珍贵的1290万公顷热带林全部消失在发展中国家。但发达国家是发展中国家热带林消费的最大主顾，发达国家占世界木材工业制品产量和消费量的70%以上。虽然毁林行为发生在发展中国家，但一半以上的木材和近乎3/4的纸张都运往工业化国家。[①] 日本森林覆盖率为70%，被誉为世界上的“绿色王国”。但自1962年以来，日本就不曾砍过一棵树，所需木材全部从国外进口。二十世纪九十年代，日本木材消耗量占世界第6位，日本是热带木材最大的购买国。据日本农林水产省林野厅2003年统计，日本全年一次性筷子消耗量约为25亿双，人均200双左右，但日本国内一次性筷子的产量仅占3%左右，其余97%依靠进口，仅从中国进口的就占96%，而中国的森林覆盖率只有18%。

再次，西方发达国家利用手中的技术和金钱，大量购买发展中国家的稀有野生植物，以满足其优裕的物质享受。在自然界中，有许多颇有经济价值的、稀有珍贵的野生植物。这些植物一旦开采，便会造成自然植被的严重破坏。科技十分发达的西方国家深知其中利害。因此，他们不许人们开采本国的稀有植物，却利用其技术优势和金钱诱惑，大量开采发展中国家的稀有植物。中国云南生长一种植物——红豆杉，从中可提取贵重的抗癌物质——紫杉醇。美国研制成功紫杉醇针剂后，却严禁任何人开采美国的红豆杉，而将目光锁定在中国。为得到中国的红豆杉，美国将原料药生产基地设在印度，诱使人们到中国云南开采红豆杉。受利益驱使，日本、意大利、澳大利亚等国的商人想尽各种办法，低价、大量收购了中国的红豆杉。中国红豆杉的过量开采，满足了美国对抗癌药物的需求，却给我国红豆杉资源造成毁灭性的破坏。美国还从马达加斯加热带雨林中发现名叫“长春花”的植物是治疗儿童白血病的特效药——长春碱和长春新碱的主要原料。于是，

---

① 谢永亮：《生存危机——新地缘资源》，四川人民出版社2001年版，第345页。

这种植物被大量开采，源源不断地成为美国制药原料，使这两种药每年销售额高达2亿美元，而马达加斯加的热带雨林则为美国医药行业的繁荣作出了牺牲。[①] 据统计，西方发达国家的制药工业每年从发展中国家的植物资源中获利300亿美元，并进一步提高了西方国家的医疗水平，但作出牺牲的则是发展中国家。他们的植物资源遭到日益严重的采伐，自然植被遭到日益严重的破坏。

西方发达国家对发展中国家的"生态掠夺"产生了两个截然相反的结果。

其一，西方发达国家依靠发展中国家源源不断的、极其廉价的自然资源，获取了巨大的经济利益，使这些国家顺利进入"丰裕社会"。同时，依靠发展中国家源源不断的自然资源，也实现了对本国自然资源的保护。发达国家"从地球的表面开采矿物，从森林获取木料，从农场获取谷物和肉类，从海洋获取鱼类，从河流、湖泊和地下蓄水层获取新鲜的水。工业化国家居民的平均消费量是发展中国家的居民平均消费量的3倍，能源是10倍，铝是19倍。"[②]而这些供养西方民众，使之丰衣足食的物质资源多数都来自发展中国家，发达国家的资源因此得以很好的保护。连年大量进口木材的日本，国内森林覆盖率高达70%，连年大量进口石油的美国，国内石油储量极其丰富，只是不予开采，淡水资源十分丰富的德国，每年竟有50%的用水是进口。十分清楚的是，西方发达国家靠对穷国的"生态掠夺"换来了本国的"生态文明"，靠牺牲穷国的资源换来了自身的生活质量。

其二，西方发达国家对发展中国家自然资源的低价掠夺，使发展中国家的自然资源急剧减少，可持续发展能力严重降低，人们的生存环境严重恶化。据统计，非洲开采的黄金、钻石、钴、铬、锰、铀、锡等矿产在资本主义世界均占有重要地位。其中，钻石、黄金、铀等矿产比例分别为世界总产量的98%、46%和21%。二战后，南非、津巴布韦成了黄金生产国，扎伊尔成了

---

① 谢永亮：《生存危机——新地缘资源》，四川人民出版社2001年版，第329—330页。

② ［美］艾伦·杜宁：《多少算够——消费社会与地球的未来》，吉林人民出版社1997年版，第29页。

金刚石生产国,赞比亚成了铜的生产国。这些矿产资源的出口占到国家出口总值的90%以上,主要提供给发达国家消费。经过半个世纪的过量开采,这些非洲国家资源日益匮乏,几近枯竭。[①] 更为不幸的是,半个世纪以来,这些国家主要在为发达国家开采自然资源,几乎没有发展现代工业体系。在资源日益匮乏,几近枯竭的今天,这些非洲国家如何发展?如何走向现代文明?令人堪忧。正是在这个意义上,德国经济学家弗兰克指出:"我坚决认为,资本主义既是世界性的,也是民族性的,它过去造就了不发达,现在仍然造就不发达。"[②]由于发达国家从尼日利亚大量进口木材等资源性初级产品,致使尼日利亚生态环境受到严重破坏。尼日尔河中游属热带雨林气候,本应森林茂密,河水充沛,但现在这里大片土地已经没有树木,水土流失严重。森林覆盖率只有17%。此外,厄瓜多尔原有1.77万公顷的原始红树林带与太平洋相接,现已被毁坏改为养殖虾类产品,因为美国、日本要购买这里大部分产品。印度尼西亚、巴拿马和菲律宾也已经毁掉海岸林带,养殖虾类,以满足对发达国家的出口需要。泰国为扩大养虾池而毁掉12万公顷的森林,相当于泰国1961年森林储量的30%,因为日本要大量进口对虾。[③] 大西洋的蓝鳍金枪鱼已濒临灭绝,由过去2亿多条锐减到2万条,原因是日本人十分喜欢食用这一鱼类。在这生态环境惨遭破坏的地区,不要说可持续发展,甚至人们的生存都成了问题。

发展中国家靠自己的宝贵资源"供养"发达国家进入"丰裕社会",走上"生态文明",而自身却要饱受资源枯竭所带来的苦难,要支付治理环境的成本,还要背上"破坏"环境、不讲生态文明的罪名。这是极其不公平的。对此,77国集团前主席爱德华·库福尔曾经气愤地说:"为了让一年赚1万美元的人可以自由地呼吸纯净的空气而让那些一年赚200美元的人掏腰包,这是不应该的。我们同在一艘行星之船上。我们中的少数人坐着头等

① 李继东:《殖民依附经济结构与黑非洲现代化的延误》,《华南师范大学学报》1997年第6期。

② Frank, Capitalism and Underdevelopment of Latin America, New York, 1967, p. 11.

③ 曲如晓:《国际贸易对发展中国家生态环境的影响》,《经济与管理研究》2003年第6期。

舱旅行，而大多数人坐的是经济舱。但是，倘若这艘船沉没，我们将一同淹死。"[①]库福尔先生的话正确揭示了西方发达国家牺牲发展中国家的利益换取后物质主义文明的实质。

2. 当代资本主义向别国倾倒废弃物，换取自身的生活质量

现代工业社会的发展必然产生大量的废弃物。废弃物的增多与倾倒会污染空气，污染水源，污染耕地和牧场，污染整个人居环境，从而影响人们的健康和生活质量。当今世界，西方发达国家的工业生产能力最为强大，其所产生的各种工业垃圾或废弃物最多。据联合国环境署的统计，工业发达国家生产的有害废弃物占全球产量的95%。与日俱增的工业垃圾给西方发达国家的生态环境、民众的生活质量和人的健康带来了很大的冲击，致使西方社会陷入两难境地：要经济的发达和悠裕的生活，就要有强大的现代工业和现代经济的发展，这就免不了要产生工业垃圾；要良好的人居环境和较高的生活质量，就要解决工业垃圾问题，而这极有可能影响经济的发展。面对两难，西方发达国家主要采取了两种解决办法：一是发展循环经济，减少废弃物的产生。然而发展循环经济是一个较长的过程，在现今刚刚起步的条件下，这对于解决强大的现代工业所产生的大量废弃物来说，作用十分有限。另一种办法就是将大量的工业垃圾或废弃物倾倒到发展中国家。在西方发达国家看来，这是解决两难问题最经济、最有效的办法，也是他们一直在全力推行的办法。此种处理工业垃圾的方式既不需像发展循环经济那样耗费巨资，又可以大规模地将工业垃圾运出发达国家，从而既保证了本国的经济发展，又保证了环境、健康和生活质量。可悲的是，发展中国家成了西方发达国家的"垃圾场"，发展中国家的人民成了西方民众追求健康和生活质量的牺牲品。对此，前世界自然保护同盟主席、圭亚那前外长拉夫尔爵士曾一针见血地指出："富国给地球带来的污染远远超过其他所有国家，他们

① 参见龚臣编著：《资源战争之谜》，光明日报出版社2009年版，第97页。

对清除工业化过程产生的污染负有不可推卸的责任。”[①]

西方发达国家主要运用两种方式将生态垃圾倾倒到发展中国家。

其一，将工业垃圾直接出口到发展中国家。美国著名的马克思主义学者保罗·巴兰说过：资本主义剥削制度导致“两个极端：一个极端是财富，特权，权力；另一个极端是贫困，剥夺，无权”。[②] 正是由于西方发达国家拥有极端的财富和权力，而发展中国家面临极端的贫困和“无权”，致使发达国家能够用“蝇头小利”的利诱和国际政治经济旧秩序中的“权力”高压，使发展中国家成为西方发达国家的垃圾倾卸场。一般情况下，在发达国家处理一吨危险和有害废物的平均费用约为2000美元，而将工业废弃物扔到穷国，每吨只需支付40美元~100美元不等的价格，于是，穷国成了发达国家“处理”有害废弃物的最佳场所。对穷国而言，因为有“可观”的收入，再加上不合理的国际政治经济秩序的“压迫”，诸如几内亚、尼日利亚这样的穷国也只能十分无奈的“同意”充当发达国家的废弃物堆放场。1989年美国《时代》周刊曾报道过美国在非洲倾倒废物的问题。据报道，几内亚政府曾与美国某财团达成“君子协定”：几内亚在5年内接受该财团的150万吨的有毒废物，对价是获6亿美元现钞。[③] 据报道，英国一家公司向塞拉利昂提供2500万美元，换取把有毒废弃物运到该国处理。1988年，荷兰的几桑腾运输公司经荷兰环境部批准与刚果达成协议，从荷兰运送100万吨废物去刚果处理。西非的贝宁每年则从欧洲接纳废物约500万吨。当然，这会支付一些“诱人”的费用。

据联合国环境署的统计，工业发达国家产生的有害废弃物占全球产生量的95%。1986~1988年，共有350万吨有害物被运往非洲、亚洲和拉丁美洲。而自1986~1990年年末，发达国家已向发展中国家输送了1.63亿吨有害垃圾。[④] 美国是世界上最大有毒废料输出国，每年要向境外倾倒200

---

① 谢永亮：《生存危机——新地缘资源》，四川人民出版社2001年版，第329页。

② [美]保罗·巴兰、保罗·斯威齐：《垄断资本》，商务印书馆1977年版，第262—263页。

③ 孙昌兴等：《环境污染转嫁分析》，《合肥工业大学学报》2003年第1期；

④ 王逸舟主编：《全球化时代的国际安全》，上海人民出版社1999年版，第115页。

万吨左右的有毒废料,主要倾倒到发展中国家。美国是世界上制造垃圾最多的国家,也是世界上最大的垃圾出口国。除美国外,欧盟每年向亚非拉68个国家出口有毒垃圾。德国承认,每年要运送60万吨以上的危险废物到国外。2006年,荷兰一家公司向科特迪瓦倾倒垃圾500吨,不经任何处理就堆放到18处废物场中,造成17人死亡,数十人病情严重。在向亚非拉国家倾倒垃圾的同时,西方发达国家也向东欧国家倾倒垃圾。波兰在1992年接受了1332船西欧的垃圾,而1994年又增加了50%左右。[①]据埃及《金字塔报》估计,近几十年来,发达国家每年约有8000万吨毒垃圾被出口到第三世界国家。仅日本一国在2006年就向印度尼西亚出口毒垃圾3100万吨。[②] 所有这些事实均充分证明,发展中国家已经成了发达国家的垃圾场。

随着信息产业的快速发展,西方发达国家的电子垃圾急剧增加。电子垃圾的处理令人烦心。由于有众多的发展中国家做垃圾倾倒场,电子垃圾问题在西方迎刃而解。西方发达国家将80%的电子垃圾出口到了亚洲。据美国国家安全委员会统计,从1997年到2004年,将有超过3.15亿台电脑报废,而在美国西部地区回收的"电子垃圾"中,有50%到80%被运到了亚洲发展中国家。[③] 这样,发达国家享受了现代科技成果,却由发展中国家承担了环境污染的恶果。

在西方发达国家想尽办法向发展中国家倾倒生态垃圾的过程中,中国也未能幸免。据统计,发达国家进入我国境内的废物1990年为99万吨,1993年为828.5万吨,1997年为1078万吨。从1997年到2005年,仅英国运往中国的垃圾数量就增长了8倍,2005年该国向中国运送的垃圾达到190万吨。英国环境大臣居然暗示,货船从中国运货到英国来之后,如不捎带一船垃圾回中国,无疑是一种"资源浪费"。[④] 这种以邻为壑、转嫁污染的

---

① 彭红斌:《技术壁垒:贸易保护主义的新策略》,《理论前沿》2001年第11期。

② 杨红梅等:《洋垃圾毒害发展中国家》,《环球时报》2009年9月25日。

③ 曲如晓:《国际贸易对发展中国家生态环境的影响》,《经济与管理研究》2003年第6期。

④ 陈翠芳:《马克思主义与当代资本主义科技异化研究》,《马克思主义研究》2008年第10期。

语言一语道破了天机:发达国家环境质量的改善、民众生活质量的提高和经济的发展,是以破坏许多发展中国家的人居环境和生活质量为代价的。

表面看来,西方国家各大公司将垃圾扔到发展中国家支付了费用,似乎是公平的。但实际上这点费用根本不足以对垃圾进行无害化处理,更无法补偿对发展中国家生态环境的破坏。西方发达国家的统治者们对向发展中国家倾倒生态垃圾将会带来何等严重的环境灾难本是心知肚明,但却肆无忌惮、一意孤行。此等不道德的破坏人类生态环境的行为同西方发达国家内出现的后物质主义价值观大相径庭。

实际上,西方国家的统治者们坚持的是双重价值标准。在国内,许多人接受后物质主义价值观,而对待发展中国家,则坚持殖民主义和反生态主义的价值观。由此可以认定,在当代资本主义国内的后物质主义"文明"图景中已明显打上了对发展中国家实施"反文明"行径的底色。对此,美国学者威廉·格雷德公正地指出:"当美国公司仍自由地把来自它自己国家的有毒废物倒进贫困国家的领土时,美国人却在责备贫困国家破坏自然,这种做法是十分伪善的。如果要改造这个世界,美国和其他发达国家必须先整理好自己混乱的内务。"①

其二,西方发达国家将破坏生态和污染环境的项目从本国转移到发展中国家。随着经济的快速发展,当代资本主义各国每年产生的生态垃圾和有害废弃物的数量是惊人的。虽然有发展中国家做"垃圾场",但这只能解决固体废弃物问题,废水和废气是无法向别国"出口"的。为了彻底解决有害废弃物(尤其是废水、废气)问题,西方发达国家在不断向发展中国家"出口"固体垃圾的同时,还对污染密集型产业实施战略性的国际转移,转移的目的地就是发展中国家。

近几十年来,西方发达国家借助经济全球化及国际资本全球流动的有利时机,利用发展中国家急于发展的心理和环境保护标准的不完善,打着对

① [美]威廉·格雷德:《资本主义全球化的疯狂逻辑》,社会科学文献出版社2003年版,第582—283页。

外援助的旗号,通过直接投资的方式,将大量的高污染产业(如塑料、橡胶、造纸等)、在本国被禁止、严重危害生态环境和人民健康的产业、产品、工艺和设备转移到发展中国家,在这里建立生产企业或生产基地。西方发达国家的此种做法收到了一石二鸟的"理想"效果:既在发展中国家赚取了巨额利润,又把难以治理的工业废水、废气及废物留在了发展中国家。据统计,为了避免本国受到环境污染,日本已将60%以上的高污染产业转移到东南亚和拉美国家,美国也将39%以上的高污染产业转移到其他国家。在印度、印度尼西亚、菲律宾、泰国,化工部门中的外国直接投资额所占的比重居各部门之首;在马来西亚,跨国公司占农药零售额的75%,在菲律宾的258家跨国公司中,60%涉及污染密集型产业。[①] 在日本"最肮脏"生产部门的国外投资中,2/3~3/4是在东南亚和拉丁美洲。

在将"肮脏"生产部门转移到发展中国家的过程中,中国也是受害者。据《中国经济时报》报道,1991年外商在中国设立生产企业11515家,协议外资87.71亿美元,其中污染密集产业达到3353家,占企业总数的29.12%;协议投资额为32.27亿美元,占投资总额的33.68%。污染密集产业在引进外资中所占比例为34%。例如"氟蚜满"乳油是日本研发的一种生产过程严重污染环境的产品,该国已在1975年禁止在国内生产。但日本却在1992年将该产品投放到福建惠龙农药有限公司,在中国生产这一产品。在该产品的生产和使用过程中严重污染了当地的环境并严重影响人体健康。[②] 到二十世纪九十年代中期西方高污染生产部门向中国的转移又有增加。1995年我国第三次工业普查发现,在我国的外商投资产业中属污染密集型的有16698家,工业产值达4513亿元,从业人数达295.5万人,足见其投资规模的巨大。

二十一世纪以来,随着知识经济和信息产业的发展,西方发达国家又出现"去工业化"趋势。他们为了更好地维护本国的人居环境,开始将工业生

---

① 曲如销:《国际贸易对发展中国家生态环境的影响》,《经济与管理研究》2003年第6期。

② 郭宝宏:《经济全球化与发展中国家的发展》,经济管理出版社2003年版,第159页。

产部门逐次向发展中国家转移,这样,就可以将现代工业产生的污染和生态垃圾问题全部甩给发展中国家,而发达国家则重点发展现代服务业、信息产业、技术研发产业。

西方发达国家的"去工业化"以及将"肮脏"生产部门投到发展中国家,给发展中国家的生态环境带来几乎是不可逆转的损害。许多国家空气质量严重恶化,水污染严重,土地肥力锐减。有的地区传染病横行,有的地区民众饮用水常年达不到卫生标准,有的地区因空气质量影响,癌病高发。在发展中国家的许多地区,几乎不适合人居。美国的联合碳化公司将高污染的化肥厂设在印度的波霸罗。1984 年 12 月 3 日,该公司设在印度波霸罗的化肥厂发生甲基异氰酸脂毒气泄露,造成 2000 多人直接死亡,十万人致残,当地环境被严重污染。欧洲国家将各种危险的农药、医药及有害制品放在发展中国家制造和销售,其中,一家石棉公司在印度投资办厂,使 7000 工人中 60% 的人身体受到伤害。①

发达国家的这些不道德的做法表面上是损害了发展中国家的生态环境,实质上是损害了全人类的生态环境,严重恶化了人类可持续生存的环境。

3. 当代资本主义加速别国贫困,换取自身的愉悦生活

后物质主义的基本理念是追求人的健康、生活质量、生态文明和人的自我实现。然而,与上述理念形成悖论的是:主导当今世界发展的当代资本主义国家给发展中国家带来的并不是健康、生活质量、生态文明,而是贫困、疾病和生存环境的严重恶化。正如古巴总理卡斯特罗所说:"资本主义和新自由主义的全球化带给了我们什么,资本主义存在了 300 年之后,此时此刻世界上有 8 亿人口挨饿,10 亿人口是文盲,40 亿人口生活贫困……多个国家内部和多个国家之间的贫富差距不断加大;生态环境遭到无情的、几乎不可

---

① 参见孙昌兴等:《环境污染转嫁分析》,《合肥工业大学学报》2003 年第 1 期;张宗庆:《环境的呻吟》,南京出版社 2000 年版,第 35 页。

逆转的破坏;不能恢复的重要资源正在迅速被浪费和消耗。”①

形成这种悖论的原因很容易理解。

其一,当代资本主义国家为了让国内民众过上优裕的生活,利用不合理的国际政治经济秩序,购进发展中国家的初级产品时压低价格,出口本国的高附加值产品时抬高价格,通过这种不平等交换盘剥发展中国家,使发展中国家的资源逐步枯竭,环境日益恶化,可持续发展能力进一步降低。西方国家以发展中国家逐步降低可持续发展能力为代价,保证了自身的可持续发展;以发展中国家众多民众陷于贫困为代价,保证了西方民众的优裕生活。对此,世界自然保护同盟做了正确的分析:“大多数人,主要但也不完全是生活在低收入国家,他们生活水平从凄惨到无法忍受,使用的地球资源远远少于按计算所应得到的那部分,并在许多情况下,他们患有贫困病”。与此相反,“少数人,大多数但也不完全在高收入国家,享受着很高的生活标准,消费与其应占有的能源、食品、水、矿产和其他资源分量不成比例的那部分,并且染上富裕病(主要与过量消费有关)。”②虽然发展中国家(尤其是非洲国家)的贫穷原因复杂,但西方发达国家的“巧妙”盘剥肯定是其贫穷的重要原因。

其二,当代资本主义国家为了让国内民众有一个良好的人居环境,把自身产生的生态垃圾和有害废弃物倾卸到发展中国家,以发展中国家的人居环境恶化为代价换来了西方民众良好的人居环境,以发展中国家的生态破坏为代价,换取了西方社会的生态文明。在西方发达国家的导演下,致使“我们最为骄傲的物质进步仅被少数人所享受,有的情况下被极少数人所享受,而牺牲了多数人的利益,作为进步的基本尺度的繁荣仅为占全球人类1/4 人口的特权。”③而在占人类1/4 人口的西方民众享受愉悦生活的背后,

① [古]菲德尔·卡斯特罗:《全球化与现代资本主义》,社会科学文献出版社2000年版,第54页。

② 世界自然保护同盟:《保护地球——可持续生存战略》,中国环境出版社1992年版,第31页。

③ [美]施里达斯·拉夫尔:《我们的家园——地球》,中国环境科学出版社1993年版,第12页。

是发展中国家承载着发达国家的垃圾和工业废弃物，承载着西方高污染企业的产业转移，支付着西方发达国家快速发展而导致的生态环境恶化的成本。发展中国家为发达国家作出牺牲的结果是，本国生态环境严重恶化，自然资源日渐枯竭，人的生存条件与经济发展条件的恶化使发展中国家民众陷入极度的贫困之中，健康和生活质量状况下降。

首先，发展中国家众多民众处于极度贫困之中。据联合国开发计划署披露，撒哈拉以南非洲面对着严重的贫困问题，几乎在所有方面都处于停滞状态。一半的非洲人生活极端贫困，1/3 的人处于饥饿。1999 年，撒哈拉以南非洲每日生活费为 1 美元的人口比例为 49%。这些与 10 年前一样，几乎没有发展。[①] 联合国计划开发署负责人布朗的话引人深思。他说："在欧洲国家，一头牛每天的生活标准是 3 美元，但与此同时，却有 40% 的非洲人日均生活费不足 1 美元。在富裕的发达国家，恩格尔系数大多为 10% ~ 19%，而贫困的发展中国家大多为 50% ~59%，有些贫困地区恩格尔系数甚至高达 80% ~90%。"[②]在美国，即使占人口 1/5 最贫困家庭，食物支出也仅占每月预算的 33%，而尼日利亚普通家庭的食物支出占总支出的 73%，埃塞俄比亚和孟加拉是 70%。更为严重的是，许多发展中国家的众多民众长期挨饿，几乎难以生存。据联合国统计，2002 ~2004 年间，全球有 8.62 亿人在遭受着饥饿的苦难，其中 8.3 亿人在发展中国家。2008 年，东非至少有 1400 万人处于饥饿和营养不良状态。厄立特里亚人口营养不足率高达 72%，海地 46% 的人营养不足。全球有 22 个国家处于长期高水平的饥饿(30% 以上的人口食物不足)。这些国家均是发展中国家。[③] 在西方发达国家主流社会高度重视生活质量、人权和人的自我实现的时候，一些发展中国家的民众还处在长期的饥饿之中和营养不良状态中。这里不仅谈不上人的自我实现和生活质量，连人的生存和温饱还是问题。而这些问题的存在

---

① 联合国开发计划署编：《2003 年人类发展报告》，中国财政经济出版社 2003 年版，第 35 页。

② 参见金鑫等主编：《世界热点问题报告》，浙江人民出版社 2004 年版，第 225 页。

③ 参见李慎明等主编：《全球政治与安全报告(2009)》，社会科学文献出版社 2008 年版，第 201—202 页。

西方发达国家负有不可推卸的责任。他们对发展中国家的“生态掠夺”,他们推行的不平等交换的国际贸易,他们对一些发展中国家经济命脉的控制及“巧妙”盘剥是导致发展中国家贫困的重要原因。

其次,发展中国家许多民众的健康和生存状况严重恶化。由于饥饿和极度贫困,由于人居生态环境的恶化,许多发展中国家民众的健康和生存状况更是令人担忧。据联合国开发计划署统计,1998 年在全球 60 亿人口中,有 26 亿人缺少最基本的卫生设施,20 亿人无法喝到符合标准的饮用水。[①] 贫困国家的安全饮用水率(饮用安全水人口占总人口的比重)和卫生设备拥有率不到 30%,有的国家仅为 10% 左右。据联合国“净化与供水协商理事会”统计,全球 60 多亿人口中,有 11 亿人无洁净饮用水,24 亿人生活在无净化水设施的环境中。人居生态环境的恶化,使发展中国家民众的健康受到严重影响。据统计,因缺少洁净水而死亡的人全球每年近 300 万,其中 3/4 是发展中国家的居民。[②] 在南部非洲和南亚地区,大约 1/6 的儿童在 5 岁之前就夭折了。在二十世纪九十年代初期,撒哈拉以南非洲 5 岁以下儿童死亡的可能性是富裕国家儿童的 19 倍,到 21 世纪初,这个差距达到了 26 倍。因健康得不到保障,贫穷国家人民的预期寿命很短。发达国家人均预期寿命是 77 岁,而撒哈拉以南非洲人均预期寿命仅 50 岁。另据联合国开发计划署的统计,2000 年到 2005 年间,出生时无法存活到 40 岁的概率,瑞典、挪威等北欧人在 6% 到 8% 上下,而莱索托、津巴布韦等非洲人则在 60% 以上。[③] 从中足以看出,非洲穷国民众的健康和生存状况的恶化。

追求人的健康、生活质量和丰富多彩的人生是后物质主义的核心议题,也是美好的、与人类文明与进步同步的议题。照理说,坚持后物质主义价值观的人不仅应注重自身和本国民众的健康和生活质量,也应该关注人类所有人的健康和生活质量,这才是彻底的后物质主义者。然而,当代资本主义各国的统治者和主流社会,难以摆脱资本主义制度的“窠臼”。他们在国内

---

① 黄贵荣等:《失衡的世界——20 世纪人类的贫困现象》,重庆出版社 2000 年版,第 171 页。

② 金鑫等主编:《世界热点问题报告》,浙江人民出版社 2004 年版,第 225—226 页。

③ 联合国开发计划署编:《2006 年人类发展报告》,第 293—295 页。

高调关注人的健康和生活质量,追求丰富多彩的人生,而对待发展中国家民众,则“以邻为壑”、“巧妙”盘剥。他们过度开发、消耗发展中国家的物质资源,将源源不断的垃圾倾倒到发展中国家,实际上就是拿发展中国家民众的健康和生活质量做“牺牲”。这是当代资本主义的后物质主义发展趋向所面临的结构性冲突,也是它尚难克服的制度性矛盾。

第七章 当代资本主义出现后物质主义发展趋向的原因

二十世纪八九十年代以来，当代资本主义社会出现了从物质主义到后物质主义的价值转折，后物质主义已经成为发展趋向。后物质主义发展趋向在当代资本主义社会的出现不是偶然的，它有着深刻的社会历史原因。

一、生产力的高度发达为后物质主义的发展奠定了物质基础

历史唯物主义揭示，生产力的发展是人类社会发展的最终决定力量，也是一切社会变革的终极原因。正因如此，恩格斯才明确指出："一切社会变迁和政治变革的终极原因，不应当在人们的头脑中，在人们对永恒的真理和正义的日益增长的认识中去寻找，而应当在生产方式和交换方式的变更中去寻找；不应当在有关的时代的哲学中去寻找，而应当在有关的时代的经济学中去寻找。"①

第二次世界大战以来，当代资本主义各国科学技术快速发展，社会生产力大幅度提高。科学技术与生产力的发展，推动西方资本主义于二十世纪八十年代进入"一个历史的转折点，它以全球化、计算机技术和电子信息程序为特征，并将导致可能比以前当技术和科学时代到来时所产生的更大社

① 《马克思恩格斯选集》第3卷，人民出版社1972年版，第425页。

会政治变革。"[①]这种社会变革集中体现在当代资本主义社会开始由工业社会进入到后工业社会,由工业经济时代进入到知识经济时代。在这一历史发展进程中,当代资本主义各国在科技革命的推动下,社会生产力更加发达,物质基础空前雄厚,物质财富的源泉涌流,科学技术转化为现实生产力的能力大大增强,社会生产力中的科技含量大大增强,劳动生产率达到较高程度,人类改造自然的广度、深度及其能力达到了前所未有的高度。后工业社会生产力的高度发达以及知识经济时代生产力发展的特点为后物质主义的广泛发展奠定了坚实的物质基础。

1. 科学技术的革命性发展使"非物质化"因素在社会发展中的作用凸显

第二次世界大战结束后,当代资本主义各国掀起了新的科学技术革命。原子能技术、电子计算机技术和空间技术的出现是这一场新的科学技术革命的核心标识。原子能的发现和利用是继蒸汽机和电力应用之后,人类征服自然力的又一伟大的动力革命。电子计算机是现代技术革命的龙头。如果说蒸汽机革命和电力革命都是以机械来代替人的手和脚的话,那么电子计算机的应用则是以计算精确度高、运算速度快,有一定逻辑思维功能的机器来代替人脑。从 1946 年第一台电子计算机在美国问世以来,电子计算机技术飞速发展。1976 年美国推出第一台"苹果电脑",开创了个人电脑的新纪元。此后,微型电脑不断更新,性能不断提高。二十世纪八十年代美国研发的巨型电子计算机主频高达 50 ~ 160 兆赫以上,最高速度有的可达每秒 5 ~ 10 亿个浮点结果,主存储器容量为 400 ~ 3200 万字(每字 64 位)。与之相适应,微电脑软件技术也在飞速发展。微软公司先后推出的"Windows95"、"Windows98"、"Windows2000"、"Windows - xp"等电脑操作系统软件和英特尔公司推出的微处理器支持了全球电脑的应用,引领了个人电脑的时代。电子计算机的广泛应用,大大推进了生产自动化、智能化、

① [德]玛利昂·格莱芬·登霍夫:《资本主义的文明化?》,新华出版社 2000 年版,第 20 页。

精确化的发展。战后,以美国为代表的西方发达国家在空间技术上实现了重大突破。美国不仅多次运用航天飞机将宇航员送入太空中的宇宙空间站,还于1969年用"阿波罗"宇宙飞船把两名宇航员送上月球,于1976年将"海盗号"火星探测器发射到火星之上。21世纪初,美国的"勇气号"和"机遇号"火星探测器也登陆火星,开展探测活动。空间技术的发展扩大了人类认识、改造自然的广度,并推动了通讯、航天、冶金、化工、能源、合成材料、电子等行业的发展。

伴随着原子能技术、电子计算机技术和空间技术的发展,新材料技术开始产生。半导体材料、光导纤维材料、耐高温、高强度的结构材料等相继问世。新材料的出现表明,人类加大了改造自然的深度,提高了技术创新的水平。与此同时,生物技术也有飞跃性发展。基因工程、细胞工程、酶工程等等的发展,促进了工农业生产的革命。它正在解决人类面临的粮食、能源、污染等等难题。同信息技术一样,生物技术的出现,使知识、科技资源在经济发展中的地位提升,成为推动经济发展最重要的资源。此外,数字电视技术、克隆技术、纳米技术、互联网络技术、移动通讯技术、转基因技术、全球卫星定位技术、机器人技术等在西方发达国家纷纷被发明出来并广泛应用于各个领域。

新的科学技术革命对当代资本主义的经济、社会发展产生了十分重大的影响。

其一,由微电子技术、电子计算机技术和光纤通讯技术构成的信息技术开始渗透到国民经济各个领域,使知识和科技成了最为重要的生产要素,使当代资本主义开始步入知识经济时代和信息时代。微电子技术、微电脑应用软件技术、光纤通讯技术和互联网的出现,使人们的生产方式、生活方式和行为方式均发生了重大的变化。人们开始在家办公,通过网络视频参加各种会议,查阅各种资料,可以通过网络进行远程医疗;政府借助电子政务履行管理职能,企业借助网络进行商品交易,学校通过网络、多媒体进行授课,民众在网络中可以读书、阅报、对弈、游戏、聊天、欣赏体育比赛、观看电影、电视,获得精神享受。信息服务业不同于物质资料生产部门,它的产品是知识,几乎不产生废弃物。这种知识与具有一定智能的所需者结合,在并入物质资料生产过程时,就会产生物质财富,它能够用较少的资源能源消耗创造较多的物质价值或经济价值。

信息技术使非物质化因素在社会经济发展中的作用日益突出。微电子技术、微电脑应用软件技术、光纤通讯技术和互联网的出现,使当代资本主义社会在减少资源能源消耗的条件下,通过非物质化因素的作用也能推动社会经济发展。恰如比尔·盖茨所说:"我们已经看到在不同的媒介中原子如何转换为比特(bit):那就是说大量的世界的产品丧失了物质的形态,从物质的转变成虚拟的。""拿音乐做个例子吧,自从二十世纪八十年代模拟数据的长时间播放的磁带让位给了光盘之后,音乐就采用了数字的形式,直到最近一段时间你仍然需要某种光盘去装载你的音乐数据。但是,现在音乐完全摆脱了它的物理形式"。[①] 同时,信息产业的发展,也扩大了人们的思想文化交流,彰显了人的精神需求与文化需求在社会生活中的意义,使人们更广泛而深入地认识世界,进而使人们日益重视人的精神需求。"生活价值观念由崇拜物质价值转变为崇拜精神文化价值"。[②]

其二,新的科学技术革命使社会生产力的知识含量、科技含量越来越高,更具智能化的特点。无可否认,电子计算机技术的应用开辟了人类智力解放的新纪元。电子计算机的广泛应用,使生产过程全面自动化、智能化,使生产管理与服务也自动化、智能化了。机器人、机械手、遥感探测仪、自动控制器、自动生产线等广泛应用于采掘、制造、运输、交通等领域,无人驾驶飞机、自动控制轮船、智能化生产车间、智能化钢铁冶炼等已经十分普及。美国的波音777飞机,最大载重量达到229吨,最大航程7200公里,其设计、图纸修改、质量鉴定均通过互联网络(internet)进行,各种零部件的规格达到高度精确的程度,一次组装成功,极大地提高了工效。科技革命将劳动者从简单的、重复的体力劳动中解放出来,去从事复杂的、创造性的思维活

① 参见郑也夫:《后物欲时代的来临》,上海人民出版社2007年版,第105页。

② 谢永亮:《生存危机——新地缘资源》,四川人民出版社2001年版,第203页。

动和脑力劳动。它推动以美国为代表的当代资本主义从“工业化经济”向“智能和创造型经济”转变。科技革命也使当代资本主义的工业结构开始了悄然的变化,劳动密集型和资本密集型产业正在向技术密集型、知识密集型和智能效益型产业转化。一批技术、知识密集型产业迅速崛起,如原子能工业、微电子工业、电子计算机工业、激光工业、光导纤维工业、新型材料合成工业、宇航工业等等。在这些领域里,科研、设计、咨询、情报、专利等“知识产品”行情看好,在生产发展中作用突出。知识和科技在经济增长中的贡献率逐步提高。美国、日本等西方发达国家的科技创新对经济的贡献率已经到达70%以上。

目前,美国的就业结构也发生了很大变化。第一产业占2.2%,第二产业中的制造业占13%,而信息产业则占65%。从事“知识产品”开发和技术研究创新的“金领”工人的人数越来越多,对生产发展的影响力越来越大,而低层次的劳动力则越来越少。在美国“硅谷”所聚集的各类科技人员,其人数之多远远超过从事具体生产活动的人员。在美国的“微软”、“英特尔”等公司中,从事科技研究和新技术、新产品开发的人员已取代从事具体产品生产的人员成为公司员工中的主体。生产力的发展呈现出智能化和非物质化的特点。科学技术的发展和产业结构的变化使知识、文化、科技、创意等“非物质化”因素和后物质价值的地位与作用明显提升。

其三,新的科学技术革命使科学技术转化为现实生产力的能力大大增强。二十世纪八十年代以来,美国在高新科技领域实现了革命性变革,生产力水平达到了相当高的程度。美国借助先进的空间技术,用24颗人造地球卫星,组成了GPS全球定位系统,使卫星导航系统被广泛应用于汽车、轮船和飞机等交通工具之中,也广泛应用于气象分析,使气象预报更加精确。1990年美国通用仪器公司成功地将高清电视信号压缩进6M宽带之中,开发出全数字高清电视系统,也使世界进入了数字电视的时代。1973年美国摩托罗拉公司发明了蜂窝移动电话,1983年推出产品,使世界进入使用手机时代。美国的柯达公司最先发明了数码照相机,引领人类进入了数码时代。美国还运用先进的微电子技术和微电脑应用软件技术和光导纤维技术,推动了信息高速公路和互联网的发展。1983 年,美国率先铺设了从华盛顿到纽约的光导纤维电缆,1988 年又铺设了穿越大西洋的光导纤维电缆,实现了电脑与通讯的结合。此后,由当代资本主义主导的互联网普及全世界,触角延伸到社会生活的方方面面。互联网的出现不仅使社会生产向自动化、智能化、精确化的方向发展,同时也使经济活动便捷、顺畅,交易成本降低,并实现了办公自动化、无纸化。这为后物质主义的发展奠定了技术基础。

2. 生产力的发达奠定了追求后物质价值的物质基础

科学技术的发展必然推动社会生产力的发展。经过几百年的发展,当代资本主义已经具有了十分发达的社会生产力水平。生产制造能力急剧提升,物质基础达到了前所未有的雄厚程度,物质财富的源泉涌流。发达的社会生产力为西方民众追求后物质价值提供了物质前提和基础条件。正如英国学者亚历山大指出:资本主义"确实提高了千百万人的生活水平,并因此不仅增加了许多人的财富,而且也提高了他们的自尊心。"资本主义的"'唯物主义'也带来了非物质方面的好处:更舒适和更丰富多彩的生活。"①

当代资本主义各国经过几百年的发展,到二十世纪八十年代后,其物质生产和制造能力已经达到难以想像的高度,从而积累下极其雄厚的物质基础。

在基础设施方面,纽约、伦敦、巴黎、东京等西方发达国家的大城市中地下铁路密如蛛网、四通八达,且设施完善。美国修建了占世界总量三分之二的高速公路,长达 7 万多公里。凡是 5 万人口以上的城镇均通高速公路。日本、法国、德国的高速铁路辐射到全国各地,交通便捷快速。这些国家的高速列车时速普遍达到 300 公里上下。德国开发的磁悬浮列车将运行速度提高到 500 公里/小时,法国于 2007 年推出的 V150 号子弹头列车瞬间时速达到 574.8 公里。英吉利海峡海底隧道全长 50 公里,海面长度 39 公里,隧

① [英]伊凡·亚历山大:《真正的资本主义》,新华出版社 2000 年版,第 1 页。

道深度在海平面下80米。它将巴黎到伦敦的行程时间缩短到2个多小时。巴黎、伦敦等城市将排水管线、自来水管线、电缆管线、电网线等统一设置在宽敞、坚固的地下通道中,使给水、排水、供电、通信等设施完善、易查、畅通无阻。西方发达国家在将原子能用于军事方面的同时,也掀开了和平利用原子能的新时期。战后,西方发达国家相继建起了上百座核电站,为充足的能源供应奠定了基础。美国和法国的核电生产已经占到世界核电生产的60%(见表1)。

表1 核电站发展情况表(1986年)

国别	机组数量	功率总和(1000兆瓦)	占国内发电量的%
美国	98	83.0	17
法国	44	38.0	65
苏联	51	28.6	11
日本	33	23.6	27
西德	20	16.4	30
英国	38	11.8	19
瑞典	12	9.5	42

资料来源:《世界经济年鉴1988年》,中国社会科学出版社1988年版。

在生产制造能力上,日本制造的油轮已达到50万吨级,仅需钢材就多达数十万吨,需要焊接的焊点已是天文数字,许多焊接工作已由机器人来完成。欧洲制造的空中客车是目前支撑世界民用航空干线运营的主力。空中客车A380,可载555人持续飞行14800公里,最多可载客1000多人,最大起飞重量560吨。飞机所需零部件几百万个之多,涉及电子、电讯、材料、仪表、工程力学、空气动力学、冶金、化工、机械、自动控制等上百个专业领域。通用、福特、大众、丰田等汽车公司已经普遍采用自动控制的装配线和机器人焊接、装配,因而,各公司都具有年产300万至400万辆汽车的生产能力。同时,汽车性能、质量不断提高,成本不断降低,轿车时速(常态条件)已提到了150公里/小时左右。美国通用公司一家就在美国18个州69个城市设有119个工厂,在国外25个国家设有汽车生产线或装配线,在100多个国家中从事汽车推销业务。1996年,美国福特汽车公司一家的销售额就高达1567亿美元,足见其生产规模之大。意大利菲亚特公司的轿车“同时在13个国家的流水线上制造,包括厄瓜多尔、阿尔及利亚、印度、委内瑞拉。有一台电子计算机设在都灵,在这里通过人造卫星对整个物质生产流程进行集中管理,对小汽车的组装进行遥控”。① 二十世纪八十年代以来,以美国、日本为龙头的西方发达国家在机器人的研制和使用上取得了很大的进展,显示了人类的巨大生产能力(见表2)。

表2 机器人拥有量(1985年)

	日本	美国	西德	法国	英国	瑞典
机器人数量	17900	14550	6600	3380	2623	2400
每万人拥有			5.7	4.3	4.8	17.6

资料来源:《世界经济年鉴1988年》,中国社会科学出版社1988年版。

在农业领域,美国等西方国家已经运用转基因技术种植、生产大豆,用无土栽培技术种植蔬菜,用滴灌技术保证植物的生长。

生产制造能力的强大和物质基础的雄厚,使当代资本主义各国的经济实力明显增强,遥遥领先于世界其他国家。战后60多年来,美国一直保持着世界第一经济强国的优势。“到2000年,美国经济占全球经济的比重由1990年的24.2%上升到30.5%。”“根据瑞士洛桑国际发展管理学院的《世界经济竞争力年鉴》资料,自1992年起到2000年,美国恢复并保持了全球竞争力第一。”②日本、德国、英国、法国等也始终占据着世界前五六位的经济强国地位。除中国因走上了中国特色社会主义的正确道路,经济快速发展,其经济总量居世界第二位以外,目前世界前八个经济强国中有七个都是

① 张世鹏等编译:《全球化时代的资本主义》,中央编译出版社1998年版,第78页。

② 中国现代国际关系研究所编:《国际战略与安全形势评估》,时事出版社2002年版,第102页。

当代资本主义国家。据笔者测算,2004 年,美、日、德、英、法、意、加拿大七国的国内生产总值已经占到世界生产总值的 64.7%,而上述七国的总人口则仅占世界总人口的 11%。[①] 由此不难看到,当代资本主义各国一直保持着世界领先的经济优势。

生产制造能力的强大和经济实力的提高必然带来物质的丰裕和物质财富源泉的涌流。当代资本主义各国获取物质财富的能力在加速度地提高,使人们闻所未闻的物质财富络绎不绝地进入社会生活之中。从原子能发电技术、太阳能发电技术的应用到雨水回收系统、中水处理和循环系统的采用,人们保护环境的能力明显提高。从转基因大豆的大量生产到克隆羊的诞生,农业、畜牧业在资本主义制度下已经开始工业化、集约化、专业化经营,丰富的农副产品大大地提高了人们的饮食质量。从轿车进入百姓家到城市地铁线路的密如蛛网,从 30 万吨级油轮在海洋中穿梭到一次载客 500 人的空客 A380 的投入运营,交通运输在资本主义制度下不仅告别了牛车、马车,也告别了蒸汽机车和螺旋桨飞机,进入了喷气式、大功率、自动化时代,它使太空旅游成为现实,使登月旅游指日可待。从化纤制品的普及到高新复合材料的问世及应用,资本主义一方面使人们的衣着物美价廉,另一方面使防辐射、防燃烧、防弹、防污染、防细菌等多种用途的服装应运而生。从手提电脑越做越小、功能越做越强到数字电视的推广,从移动电话的普及到互联网在全球的应用,资本主义使人类真正享受到信息社会给人带来的便利、快捷和舒适。恰如美国学者拉迪·多恩布什所说:"无论是汽车、电视机的人均占有量,电话通讯成本的下降,还是电子计算机容量爆炸性地增长都体现了这种进步。根据这个标准,站在今天的水平上进行比较,1900 年简直就是石器时代。"[②]"过去仅为少数特殊阶级生产服务的产品,如今开始大量产销,向广大的群众市场推出;以往被视为豪华奢侈的享受,如今已成为家常便饭,标准的生活舒适条件,如冰箱、家用洗衣机、电话等等。1971

① 世界经济年鉴编辑委员会编:《世界经济年鉴 2005/2006》,第 525 页。

② 转引自张世鹏:《二十世纪末西欧资本主义研究》,中国广播出版社 2003 年版,第 306 页。

年时,全球已有2.7亿万部电话机,主要是在北美和西欧地区,而其扩展之势,更以加速度的比例增加:10年之后,即已倍增。在已开发的市场经济地区,平均每两人便有一部以上的电话。简言之,这些国家的居民,如今已经可享用他们父辈只有极富之人才能拥有的种种享受。"[①]

物质的丰裕和物质财富源泉的涌流对西方民众的价值追求产生重要影响。物质财富源泉的涌流使西方民众的"购物热潮已持续了10年,我们的壁橱满了,阁楼满了,车库也满了。已经足够了。"已经拥有了所有他们想要的。[②] 胡绩伟先生曾在美国一个普通职员家吃过一顿午饭。这个普通职员家庭,先生在保险公司工作,妻子在中学教书。两个儿子一个上大学,一个上中学。他们还收养了两个韩国孤女。他们一家的住房是一座一层楼和一个地下室,配上一个很漂亮的花园。他们家有三辆小轿车和一辆中型面包车。[③] 在物质上达到如此富裕的程度时,人们便开始从过多地追求物质价值转向追求后物质价值。正如美国经济学家加尔布雷思所说:"一个人只要头脑清醒,肚子饿的时候绝不会把身上仅存的一块钱用去买食物以外的东西。可是一旦衣足食饱,他就会开始考虑其他用途。"[④]诸如艺术享受、人的自由和尊严等等。生产制造能力的增强还使人们的休闲时间增多。"知识经济时代的来临,使资本主义各国的社会生产力快速发展,使人类创造物质财富的能力极大地提高,这使人们有可能将生命中50%的时间用于休闲,发达国家步入了'休闲时代'的门槛。"[⑤]在这样的条件下,人们开始将更多的注意力转向生活质量、自我实现等后物质价值。此外,生产制造能力的强大,也使人们看到了人的本质力量的增强,看到了科学技术等"非物质化"力量对于社会进步的作用。而物质基础的雄厚,使西方社会追求物质生产高速发展的急切性开始降低,追求经济、社会全面、协调、可持续发展的愿

① [英]霍布斯鲍姆:《极端的年代》,江苏人民出版社1999年版,第395—396页。
② 王亮亮:《英美"无趣族"舍得搞慈善》,《环球时报》2008年5月6日。
③ 参见《传记文学》1995年第7期。
④ [英]霍布斯鲍姆:《极端的年代》,江苏人民出版社1999年版,第385页。
⑤ 刘玉良:《炫耀性消费的经济学分析》,辽宁大学出版社2008年版,第123页。

望增强。简言之,生产制造能力的强大和物质基础的雄厚使西方社会具备了推行后物质主义发展模式和生活方式的现实基础。

3. 劳动生产率的提高使人们具有了追求后物质主义的现实基础

伴随着科学技术的进步和生产力的发展,当代资本主义各国的劳动生产率得到大幅度提高。在美国,一户家庭农场几个人就可耕种几千亩土地。大型播种机播种,农用飞机播撒农药,联合收割机收割、脱粒,几乎整个农业生产过程都是机械化。在德国、日本、美国的汽车生产线上,几乎看不到多少工人,汽车组装实现了自动化、智能化。在日本、美国的炼钢厂中,监控炉温,运输钢水、锻压钢板、轧制钢板、冷却、捆扎钢板均有电子计算机自动控制,整个生产车间工人稀少。在西方发达国家,无人车间、无人售票公交车、无人售票地铁、无人售货车、自动取款机等已经普及。生产自动化、机械化、智能化的结果是劳动生产率的大幅度提高。二十世纪九十年代初期,美国的研究人员能够以每秒1400页文本的速度将资料从西海岸的加利福尼亚传送到东北部的马萨诸塞州,而现在用不了40秒就能把牛津大学图书馆藏书的全部内容传送过去![1] 足见生产劳动智能化所带来的劳动效率的大幅度提高。

社会生产在实现自动化、智能化的同时,也进一步大型化、社会化、全球化和网络化。这也意味着劳动生产效率的提高。拥有8.6万名员工的埃克森美孚公司,经营石油天然气的勘探、生产、供给、运输及向全世界行销石油化工产品的业务。其炼油厂每天可以处理600多万桶石油。在过去的10年内获得了1万多项专利,已探明油气储量达220亿桶油当量。每年在150多个国家销售大约2800万吨石化产品。分布在25个国家的45个炼油厂每天的炼油能力达640万桶,在100多个国家销售埃克森、埃索及美孚品牌的油品。公司拥有3.7万多座加油站。2006年的营业收入高达3776.4亿

① [英]菲利普·布朗等:《资本主义与社会进步》,中国社会科学出版社2006年版,第153页。

美元,净利润395亿美元。8.6万员工,每年创造净利润395亿美元,人均创利近46万美元。其劳动生产率之高,令人惊叹。意大利的本内顿(Benetton)只是一家服装生产公司,却在全世界开辟了5000条零售销路,利用了8家工厂,200个转包商,从事着设计、剪裁、制作、成衣等模块式的协作互助、环环相扣的社会化生产经营活动。英国沃克斯霍尔—科萨汽车只有15%的部件是英国制造,发动机由奥地利生产,变速箱来自德国,车身来自西班牙。如此精细的社会分工带来的无疑是极高的劳动效率。

据统计,21世纪初西方主要发达国家的全员劳动生产率都在年人(劳动者)均4.8万美元以上(见表3)。此后,各国劳动生产率一直维持这样的水平。2006年美国劳动力年平均创造财富约为6.3855万美元,居全球劳动生产率之首。其次为爱尔兰(5.5986万美元)、卢森堡(5.5641万美元)、比利时(5.5235万美元)和法国(5.4609万美元)。从劳动力每小时产出方面来看,挪威人均37.79美元,美国人均35.63美元。[①] 在工业制造业领域,发达国家的劳动生产率更高。据国家发改委网站披露:2003年在第二产业,美国劳动者人均创造83985美元,日本人均创造70233美元,德国人均创造61802美元,法国人均61019美元,英国人均74937美元,意大利为58477美元。相比之下,中国人均是4692美元。西方发达国家在第二产业的劳动生产率是中国的十几倍。

表3　主要国家的劳动生产率

（万美元/人）

	美国	英国	德国	法国	日本	中国
2000年	6.7	4.8	4.5	4.89	6.9	0.14
2001年	6.8	4.83	4.5	4.9	6.12	0.15
2002年	6.99	5.29	4.8	5.3	5.87	0.16

中国国家统计局编:《2004年国际统计年鉴》,中国统计出版社2004年版,第156页。

① 艾家静:《美国依然是全球劳动生产率最高的国家》,《国际金融报》2007年9月5日。

如此之高的劳动生产率意义深远。

其一,劳动生产率的提高意味着西方社会在适当降低经济增长速度的条件下也有能力满足社会成员的物质文化需要。如此之高的劳动生产率,意味着西方社会用常态的生产劳动或者说在常态的经济发展条件下能够创造出非常态的巨量的物质财富。在此种情况下,西方发达国家有条件将相当一部分精力用于追求后物质价值,即便因此对经济发展速度产生一点影响,也有能力满足社会成员的物质文化需要。

其二,劳动生产率的提高意味着西方社会在动员社会力量解决环境保护问题、建设更人性化社会的同时也有能力使经济适度增长。较高的劳动生产率意味着西方国家用少量的人从事生产劳动或用少量的生产劳动时间就能够保证经济的适度增长,进而满足社会发展需要。在这样的背景下,民众的价值偏好开始逐步改变:从热衷于经济增长转向热衷于社会的全面发展和可持续发展,从对物质价值的关注转向对后物质价值的关注。因为,人们有了足够的闲暇时间去从事艺术、文化活动,追求丰富的精神生活和精神满足,享受愉悦的生活,追求自我价值的实现。社会也有足够的人去关注生态环境、关注人的自由和社会公共利益,进而建设更人性化的社会。

其三,劳动生产率的提高使西方发达国家进入了“丰裕社会”,使民众普遍富裕起来。劳动生产率的提高对西方民众的生活和理念的影响是深刻的。它使西方民众的物质生活舒适起来,大多数人可以不再为物质满足发愁。正如美国学者斯科特女士所说:“美国物质生活的舒适已经让人们对此麻木了,现在有一半的美国人过着50年前只有5%的美国人才能过上的生活。”[①]据统计,1993年全德国共有3561万个家庭,其中有3480万个家庭拥有多少不等的货币财产,只有81万个家庭没有货币财产。也就是说,全德有97.7%的家庭拥有一定的货币财产。[②] 这意味着绝大多数德国家庭的物质生活是富裕的,其物质需求的满足是不成问题的。这样一来,他们便可以

① [美]珍妮·斯科特、大卫·雷昂哈特:《挥之不去的阶级界限》,《新华文摘》2006年第2期。

② 参见刘立群:《联邦德国调节居民收入措施探析》,《欧洲》1998年第2期。

不再为衣食住行等基本物质需求问题发愁,而将更多的注意力转向后物质价值方面。

资料显示,西方发达国家的人均国民收入目前已达到2.5万至4万美元的程度(见表4),其人均国内生产总值都在3万美元左右。2004年世界人均国内生产总值最高的国家是卢森堡,人均47926美元;第二是挪威,人均39198美元;第三是日本,人均39195美元,第四是美国,人均36790美元,第五是丹麦,人均30930美元;第六是爱尔兰,人均29118美元;第七是瑞典,人均28912美元。此外,英国列第九(26507美元),第十是芬兰(25107美元),德国、法国分列第15、16位,分别是人均23209美元和23157美元。在世界人均国内生产总值最高的前20个国家中,除中国香港(27597美元)和新加坡(23636美元)外,其余都是西方发达资本主义国家。

表4　西方发达国家人均国民总收入(美元)

	美国	英国	法国	德国	卢森堡	瑞典	丹麦	挪威
2001年	34640	25230	22880	23540	41550	26750	30470	36960
2002年	35400	25510	22240	22740	39479	25970	30260	38730

资料来源:国家统计局编:《2004年国际统计年鉴》,中国统计出版社2004年版,第51—54页。

根据马斯洛的需求层次理论,在西方民众的富裕和西方社会的"丰裕"已达到如此之高的程度时,在人均国民收入高达二三万美元的条件下,维持生存和人身安全等物质主义方面的需求已经解决,而环境保护、自我实现等后物质主义方面的需求必然凸显出来。此时,西方民众追求物质占有、物质享受、物质价值的急迫性和热情可能降温。从生存与发展需要的角度看,西方民众的物质需求已经得以满足,现有的物质满足足以保证西方人的健康生存和发展。在这样的情况下,西方民众转而关注健康、环保、人权、自由与丰富多彩的生活,更多地追求精神满足和生活情趣,追求人的全面发展和自我实现,追求后物质价值是符合历史发展逻辑的。

二、社会福利制度的完善为后物质主义的发展提供了社会条件

恩格斯指出："人们首先必须吃、喝、住、穿，然后才能从事政治、科学、艺术、宗教等等"，这是"历史的发展规律"。"因而一个民族或一个时代的一定的经济发展阶段，便构成为基础"。[①] 毫无疑问，后物质主义的出现与发展也是有条件的，它是一定的经济发展阶段的产物。人们只有在衣食无忧的条件下才能倾注精力关注后物质价值，只有在物质生活得以保障的条件下才有追求生活情趣和精神满足的热情。在人们整天还要为温饱发愁、物质生活朝不保夕的时候，不可能出现后物质主义的发展趋向。第二次世界大战结束以来，当代资本主义进入到这样一个经济发展阶段，其生产力的发展有力支持这些国家为民众提供完善的社会福利和社会保障。尤其是二十世纪七八十年代以来，这些国家的社会福利制度日趋完善，人们的物质生活在较高的水平上得到了保障。在西方民众的"吃、喝、住、穿"均得以解决和保障的情况下，后物质主义的产生与发展具有了社会基础和条件。

1."从摇篮到坟墓"的社会福利使人们的价值取向发生改变

第二次世界大战结束以来，西欧资本主义各国相继确立了横向上覆盖全民、纵向上"从摇篮到坟墓"的社会福利制度。美国确立的社会福利制度虽然没有"从摇篮到坟墓"保障民众终生，但也实现了对民众的基本生活保障。当代资本主义各国的社会福利种类繁多，保障全面。几乎每个公民都享有医疗保险、失业保险、工伤保险和养老保险。生病有医疗，失业有救济，养老有依靠，民众的物质生活得到很好的保障。

其一，西方国家的社会保险使民众生活无忧。失业救济金是西方社会中低收入阶层生活有保障的重要福利形式，也是西方各国普遍推行的福利

① 《马克思恩格斯选集》第3卷，人民出版社1972年版，第574页。

形式。二十一世纪初，法国的失业工人第一年能拿到相当于原工资90%的生活补助，第二年是80%，从第三年起开始拿集体补助。单身的人每月最低生活补助金为405欧元，两个人为每月608欧元。[①] 瑞典规定，失业救济金随物价上涨而调整，但不超过纳税后平均工资的92%，1989年，失业救济金实际达到职工平均税后收入的90%。50岁以下的人最多可领取300天的救济金；54岁以上者，可领取450天的救济金，每天领取金额大约有400克朗左右。领取失业救济金期满后如仍没有就业则转为发放最低生活救济金。据福布斯调查显示：在过去3年里（指2005年至2008年）工作了52周的丹麦失业者能够在接下来的4年里领取相当于其平均收入的90%的津贴。在卢森堡，一位在过去一年中工作6个月以上的失业者，可获得相当于原工资80%的津贴。在挪威，失业者可以在失业后500天内领取相当于原工资87.6%的津贴。芬兰的失业者在失业一年内可以领取原工资85%的津贴。在瑞典、德国、日本，失业者可以申请领取相当于原工资66%到90%的补贴。[②] 在养老保障方面，西方各国老年养老金的覆盖面达到了90%以上，几乎所有职工都参与了养老保险，所有退休老人都能领取养老金。与此同时，西方国家的医疗保险、工伤保险十分完善和优越。在瑞典，凡有正式收入的家庭，只需将收入的12.8%交纳医疗保险税，全家就可在被指定的医院享受免费医疗待遇。在美国，凡是处在政府规定的生活贫困线以下的家庭都可以享受免费医疗待遇。

社会保险制度的推行，使民众有了切实的生活保障，即使是社会底层的民众也能生活无忧。2005年德国一个长期失业的公民全家5口人，主人每月的救济金为345欧元，夫人得到的救济金289欧元，3个孩子每人每月补助207欧元。该家庭每月总共可领到1255欧元的现金作为生活费。此外，他家750欧元的房租和医疗健康保险均由政府支付。该家庭的实际收入同德国职工平均工资（月收入2800欧元）的差距已经不大。[③] 2004年居住在

① 柴野等：《高福利让"老欧洲"骑虎难下》，载《环球时报》2006年3月27日。

② 王佚锋：《北欧失业津贴全球最高》，《环球时报》2008年8月28日。

③ 柴野等：《高福利让"老欧洲"骑虎难下》，《环球时报》2006年3月27日。

英国北部城市布莱克浦的麦高雷,有五个女儿。6个人没有工作,一家人每年净收入近3万英镑,全是政府发放的各种救济金。全家住在一套三居室的福利房中,养了8条宠物狗,生活上衣食无忧。[①]

其二,西方国家名目繁多的福利补贴使民众的物质生活需要得到满足。首先,西欧国家普遍向民众发放家庭补贴。为了使多子女的家庭人均收入不至于降低,瑞典对16岁以下的孩子实行补助。每个孩子每年补助950克朗;16~18岁在校小孩每月补助250克朗,小孩住处离学校6公里以上者,每月还可获得150~450克朗的交通补贴。法国规定,任何有两个孩子的家庭,每月可领取218法郎;有三个孩子的家庭可领取607法郎;三个孩子以上的家庭,每增加一个孩子,便可领取332法郎;每一个有3岁以下儿童的家庭或拥有三个孩子的家庭收入不超过一定限度的,每月可领取455法郎的补助。德国则规定(2002年修订),多子女津贴标准:第一到第三个孩子,每人每月能领取154欧元;从第四个孩子开始,每人每月领取179欧元,到18周岁。[②] 为了改善中低收入阶层的生活状况,法国还规定,工龄30年以上者发基本工资1%的津贴;所有职工均可获得每月23法郎的交通补贴;服务员可获得每年307法郎的服装费,106法郎的皮鞋费;每个有孩子的有职业的家长可获家庭补贴,包括:一个孩子月补贴15法郎,两个孩子补贴工资的3%,3个孩子补贴工资的5%,5个孩子补贴工资的6%。

其次,各国向民众发放医疗现金补贴。它包括病人津贴、怀孕津贴、做父母津贴等。在瑞典,工人病休津贴一般为工资的90%。同时,政府规定,孕妇在分娩前一个月停止工作,并领取家长津贴。瑞典现行的儿童照顾假法案规定,夫妇一共可享受450天育婴假期,可采用一次或分期的方式,在孩子6岁前的任何时候休完。休假期间,夫妇可拿80%的工资。[③] 法国规定,妇女怀孕时国家每月补贴855欧元怀孕津贴,生下婴儿后领取母亲津贴每月171欧元,一直给到小孩3岁。1991年,欧共体提出了母亲保护的基

---

① 《现代快报》2004年11月1日。
② 参见《环球时报》2003年9月17日。
③ 参见《环球时报》2003年7月28日。

本方针。根据这一方针，西欧、北欧多数国家向产妇提供相当于全额工资的母亲津贴。英国规定，雇员上下班享受一定数量的交通费津贴，工作中发给一定数量的生活费津贴，还有长期供职奖励。1987 年英国出台的《法定产假工资》还规定，雇主必须支付生小孩的女工 18 周的产假工资，假满后允许恢复工作。瑞典还规定，丧失劳动能力的，可领取丧失能力抚恤金。丈夫去世时有 16 岁以下的子女，本人 36 岁以上并与丈夫结婚至少 5 年的妇女可领取寡妇抚恤金，直到 65 岁。18 岁以下，父母一方或双方去世者，可领取儿童抚恤金。子女在 16 岁以下需要特殊监护或因生病等情况需照料 6 个月以上时，父母可领取照料津贴。

如果说各种社会保险是雪中送炭的话，那么，名目繁多的补贴、津贴就是锦上添花。社会保险解决了人们的基本生活保障，各种补贴和津贴则使人们的物质生活更舒适、惬意，使人们的各种物质生活需要能够得到满足。

其三，西方发达国家的最低工资立法保证了民众的稳定收入和体面的生活。为了防止资方将劳动者的工资压得过低，保证劳动者工资收入的稳定增长，西方发达国家均制定了最低工资标准，颁布了最低工资立法。这一立法就保护劳动者利益的有关方面做了重要规定。如规定最低工资率和工资额，加班工资津贴，规定最低工资标准要随经济增长和物价上涨而调整，禁止使用童工等等。这些规定对于保障劳动者的稳定收入以及收入的稳定增长，对于保证广大中低收入者的利益是具有重要作用的。近几十年来，各国最低工资标准总的变动趋势是不断上调的。从 1995 年起，法国的法定最低工资逐年提高。每小时最低工资从 35.56 法郎提到 36.98 法郎，每月最低工资从 6009 法郎增到 6250 法郎，2007 年，每小时最低工资增加到 8.71 欧元，每月最低工资增加到 1254 欧元。美国的最低工资标准 1980 年为每小时 3.10 美元，1984 年为每小时 3.25 美元，2000 年增加到为 5.60 美元。最低工资标准的实施，使民众的收入得以稳步提高，进而保证了民众能够比较体面的生活。

需要说明的是，西方发达国家的社会福利不是可有可无的权宜性措施或随时可以改变的特殊政策。它已经成了一种社会制度，具有了法律的依据。二十世纪八十年代以来，德国相继颁布了《工人疾病保险法》、《工伤事故保险法》、《工人老年与残废保险法》，修订完善了《失业保险法》、《农民老年救济法》、《联邦社会救济法》、《联邦儿童补贴法》、《联邦住房补贴法》、《联邦教育促进法》。其他国家与德国类似也颁布了一系列社会保障法律。这些法律的实施，使社会福利成了以国家强制为特征的基本制度，成了法律保证的公民权利。

完善的社会福利与社会保障制度给西方社会和西方民众带来重要影响：

第一，完善的社会福利制度为西欧民众建立了物质生活的"安全网"，提供了"无风险社会"的制度基础。所有民众都不必为衣食住行分忧，每一个人的物质生活都能得到切实保障。无论是失业、竞争失败、破产抑或患有重病，社会成员都能得到体面生活的物质保证。"每一个人"都"能从这块共有的蛋糕中取得更大的一份来满足自己需要填充的胃"。[①] 正如有的记者所说："几乎没有任何美国穷人存在温饱问题，实际上，在政府福利待遇的帮助下，他们摄入的蛋白质和营养成分一点也不比一般的美国人低。美国的'穷人'43%有自己的房屋，73%有轿车或卡车，80%家里装有空调，99%的人有冰箱，64%的有自己的洗衣机，57%有烘干机，97%拥有彩电，78%有录像机或DVD机，超过1/3的'穷人'有个人电脑。"[②]就基本物质生活而言，西方民众确实进入到"无风险社会"之中。西欧各国有90%以上的人口在疾病、失业、工伤事故、老年或丧失劳动力的情况下，享受社会福利制度提供的保护。据驻外记者介绍："高福利让丹麦人几乎没有什么生存上的压力。丹麦政府为国民提供免费医疗服务，仅凭一张身份证就可以免费看病、住院、接受手术和治疗。社会保障覆盖面大而且深入。一位丹麦朋友说：'对每个丹麦人来说，从我们出生开始就很有保障，这使我们能够随心所欲地做自己想做的事。'"[③]窥一斑可见全豹。生活有保障，医疗有保障，

① 张小劲：《从职能社会主义到基金社会主义》，黑龙江人民出版社1989年版，第16、13页。

② 管克江：《美国有3000多万"穷人"》，《环球时报》2007年8月30日。

③ 关莉等：《丹麦人生活简单又快乐》，《环球时报》2008年7月23日。

失业有保障，丧失劳动能力有保障，老年有保障、居住有保障已成为西欧、北欧各国民众社会生活的基本底线。

完善的社会福利使人们有了物质生活的安全感，同时更增强了人们心理上的安全感。这样，人们便不再把过多的注意力放到物质生活方面，人们追求物质价值的急切性因此而明显降温。基于物质生活的安全和无风险，越来越多的人在"无风险社会"中开始关注人的健康、人的自由、人的全面发展、人的自我实现，开始追求生活的丰富多彩和生活的内涵，开始关注可持续发展、环境保护等社会的公共议题。社会福利制度和"无风险社会"为西方民众追求后物质主义提供了有力的制度保障。

第二，完善的社会福利制度，意味着政府和社会为民众提供了完善的物质保障，使民众的物质生活需要得到满足。西方各国（特别是西欧国家）的社会福利，不仅为民众设立了物质生活的"安全网"，而且在较高水平上满足了民众的物质生活需要。社会保险、福利补贴、津贴、反贫困计划等等的推行，提高了民众物质生活水平，使民众物质生活方面的需要在较高程度上得到满足。近十年来，西方各国的恩格尔系数大幅度降低。美国的恩格尔系数1955年为46.9%，1978为27%，21世纪初达到16%；德国恩格尔系数1950年为46%，1978年为22%；法国恩格尔系数1947年为44%，1978年为25.9%，而1977年的瑞士只为16.8%。小汽车、彩色电视机、电冰箱、洗衣机等高档耐用消费品已在民众中普及。据多次赴美国考察的张泽清先生介绍，1990年美国有9334.7万户，平均每户2.56人，每户平均有1.77辆汽车，每户平均上班人数1.27人。[①] 在日本，1979年97.8%的家庭有彩色电视机，99%的家庭有洗衣机，99%的家庭有电冰箱。1990年法国74.6%的家庭拥有小汽车，94.5%的家庭装有电话，94%的家庭有彩色电视机，97.5%的家庭有冰箱，85%的家庭有洗衣机。[②] 民众的居住需要也得到了满足。据统计，二十世纪七十年代末，发达国家65%的家庭拥有私人住

① 张泽清：《美国，你为何强大?》，中国城市出版社1999年版，第178页。

② 《世界知识年鉴(1993/1994)》，第464页。

房,人均住房面积30平方米左右,相当多的家庭还有乡间别墅。八十年代中期,美国、欧共体、日本家庭平均住房面积分别达到474平方米、315平方米和277.5平方米。[①] 同时,各国政府均保证了贫困家庭的福利住房或廉租房。调查证明,当今就连西方最贫困的人,其物质生活的各种需要也能得到满足。据《今日美国》所作的2003年美国贫困人口生活状况调查报告披露,在美国3000多万穷人中,73%拥有汽车,这其中又有近1/3有两辆车或以上,46%拥有自住房,平均值超过10万美元,76%的家庭装有空调,平均每家有三个睡房,一个半浴室,一个车库。

由于社会福利制度的实施,西方普通民众(包括穷人)的物质生活需要已经得到很好的满足。这种制度安排造成了一个格局:政府和社会福利制度为西方民众提供了满足物质生活需要的几乎全部物质条件,使西方民众即使不去热衷追求物质价值,也能得到较好水平的物质生活保证;政府和社会福利制度为西方民众提供了满足物质生活需要的几乎全部物质条件,使西方民众可以将更多的精力投放到那些后物质主义的议题上。西方民众追求环境保护、人权和人的自由,追求健康、生活的丰富多彩、自我价值实现等等,已经没有后顾之忧。覆盖全民的、"从摇篮到坟墓"的社会福利足以支持西方民众底气十足地追求后物质主义,物质生活需要的"充分"满足也必然促使人们在价值取向和行为方式上逐步远离物质主义,而追求或接受后物质主义。

2. 贫富差距的缩小使人们关注后物质主义议题

随着社会生产力的快速发展,随着覆盖全民的、"从摇篮到坟墓"的社会福利制度的施行,西欧发达国家的贫富差距开始缩小,有的国家甚至走向了共同富裕。

基尼系数是反映一国贫富差距的核心指标。一般来说,基尼系数在0.2以下属于收入绝对平均,基尼系数在0.2至0.3之间属于收入比较平均,基

① 参见顾雪生等主编:《资本主义概论》,上海翻译出版公司1991年版,第325页。

尼系数在0.3~0.4之间属于收入差距合理,基尼系数在0.4以上属于贫富差距悬殊。当前西欧、北欧国家的基尼系数很小,表明这些国家的贫富差距在缩小。据最新统计,奥地利的基尼系数为0.231;丹麦的基尼系数为0.247,瑞典,基尼系数是0.25,挪威,基尼系数0.252,芬兰,基尼系数0.256,德国,基尼系数0.281,日本,基尼系数是0.285。英国和法国的基尼系数略高,也只有0.36和0.32。[①]。这一数据得到了我国著名经济学家刘国光先生的证实。他曾指出:"一些成熟的市场经济国家为了缓解社会矛盾,致力于实行社会公正的措施,使其收入差距比较缓和,基尼系数保持在0.3~0.4的合理区间(如英、法、德、加等国)。尤其北欧诸国,是公认的市场经济高度发达的国家,他们推行宏伟的贫富拉平计划。其基尼系数2002年,挪威为0.258,瑞典为0.250,芬兰为0.256,均属世界上收入差距最小的区间。"[②]基尼系数如此的小,说明西欧、北欧国家坚持收入均等化,将贫富差距控制在较小的范围内。

按惯例,国际上除用基尼系数测量一国贫富差距外,还用最富10%人口的收入比照最穷10%人口的收入来测算贫富差距。从最贫困的10%人口的收入与最富裕10%人口的收入之比上看,挪威(1995年)最富10%人口的收入占全部收入的21.8%,最穷10%人口收入占全部收入的4.1%,二者之比是5.3倍;瑞典(1992年)最富10%人口的收入占全部收入的20.1%,最穷10%人口的收入占全部收入的3.7%,二者之比是5.4倍;德国(1994年)最富10%人口的收入占全部收入的23.7%,最穷10%人口的收入占全部收入的3.3%,二者之比是7.1倍;日本(1993年)最富10%人口的收入占全部收入的21.7%,最穷10%人口收入占全部收入的4.8%,二者之比是4.5倍;法国(1995年)最富10%人口的收入占全部收入的25.1%,最穷10%人口收入占全部收入的2.8%,二者之比是9.1倍;法国虽然差距比上述几国大一些,但也在合理范围之内。另据英国学者的统计,

① 参见赵晓:《数据日本》,《读者》2005年第1期;朱唯一:《美国大选中的贫富牌》,《南方周末》2007年6月14日。

② 刘国光:《向实行"效率与公平并重"的分配原则过渡》,载《新华文摘》2003年第9期。

2001年西方各国最富10%人口的收入与最穷10%人口收入之比的情况是:丹麦,2.7倍;瑞典3.0倍;德国,3.3倍,法国,3.4倍。① 一般来说,最富10%人口的收入与最穷10%人口收入之比在10倍以下,意味着该国的贫富差距较小,而贫富差距悬殊的国家这一指标都在二十几倍乃至40倍。统计数字表明,西欧、日本等国的确是贫富差距很小的国家。

上述规范的统计数据还可以得到各国的具体统计数据的支持。据统计,1990年法国领工资者年均净工资收入为10.93万法郎,即月工资为9108法郎。企业主和管理人员年均净收入23.21万法郎,职员年收入8.31万法郎,熟练工人8.7万法郎,非熟练工人7.43万法郎。② 企业主和高级管理人员的净收入与非熟练工人净收入的差距只有3.1倍。这个差距是不算大的。诚如荷兰经济学家简·丁伯根所说:"1950年至今发生的最大变化就是资本所有者掌握的国民收入份额下降。1950年左右,大约有40%国民收入落到资本所有者手中,而现在法国,资本所有者只掌握20%国民收入,在斯堪的纳维亚国家,在荷兰,这一比例更低……国民收入分配变得更平等了。"③1989年,瑞典占全国家庭10%的上层家庭拥有家庭总收入的17.7%,占全国家庭10%的下层家庭拥有家庭总收入的6.3%。二者间的收入差距大体上在2.8:1左右。难怪二十世纪八十年代末有人说,瑞典只要拿出国民生产总值的0.5%资金就可以把所有人的收入拉平。④

大量的统计数字虽然具有普遍性意义,但却显得抽象、枯燥。而亲眼目睹的事实虽不具有普遍意义,但却是生动的,真实直观的。多年生活在瑞典的记者认为,瑞典"绝大多数人实际收入的差距都不是很大。如政府最高领导人的工资比一般职工的工资,在税前的差距可能达四五倍,但税后往往只有两三倍"。"瑞典的收入差距在世界各国中可能是最小的。"⑤王震同志访

---

① [英]安德鲁·格林:《放纵的资本主义》,东方出版社2009年版,第161页。

② 《世界经济年鉴》1992年Ⅱ,第91—92页。

③ 丁·伯根:《收入差异》,转引自徐景翀:《趋同论的源流及其实质》,《北京师范大学学报》1991年第2期。

④ 王金标:《陷入危机的西方"福利国家"》,《国际工运》1995年第2期。

⑤ 吴江:《社会主义资本主义沟通论》,中国社会科学出版社2003年版,第36页。

问英国时曾走访过伦敦一个失业工人的家。这个失业工人住着一栋一百多平方米的两层楼房，有沙发、电视机，装饰柜子里有珍藏的银具，房后还有一个约50平方米的小花园。由于失业，他可以不纳税，享受免费医疗，子女免费接受义务教育。[①] 显然，由于有了完善的社会福利，无产阶级“中产阶级”化、穷人“中产”化已成现实。尤其北欧各国，几乎100%的家庭生活富裕、舒适。共同富裕在北欧民众的实际生活中得到实实在在的体现。

贫富差距的缩小给西方民众带来了重要影响。

第一，贫富差距的缩小使人们的生活方式趋于同质化，而生活方式的同质化使人们不再热衷于追求物质价值。在社会生产力高度发达基础上出现的贫富差距的缩小，对西方民众的生活方式和价值理念产生了重大影响。目前西方发达国家的民众在衣食住行方面几乎无大差别，绝大多数人正常的物质生活需要都能得到满足。正如美国学者所说：“如今，美国已向‘无阶级’社会迈进了巨大的一步，各种各样的美国人所过的奢华生活足以令他们的祖父母瞠目结舌，社会的多样性早已抹去了很多旧时的阶级痕迹。现在想要从美国人的衣服、开的车、投的选票、信仰的宗教以及不同的肤色上辨别出一个人的身份地位，已经变得越来越难了。”[②]说西方已是“无阶级”社会肯定不对，但物质生活同质化却是事实。

在西方发达国家，政府官员很少有特权，官民享受着无明显差别的同质性的物质生活；少数大富豪虽然富有，但其金钱的“边际效用递减”，其更多的财富和金钱对于其正常的物质生活已无实质性意义。而平民百姓虽不如大富豪富有，但在正常物质生活方面足以保证生存、发展和体面，并不比大富豪寒酸，也并不显得地位底下。在物质生活同质性增加的社会条件下，富人炫耀财富和富有的土壤逐步减少。因为物质生活的同质性，富人炫耀财富与富有显得不合时宜，也无人喝彩。在人们的正常物质生活几乎没有大的差别的时候，炫耀个人的财富与富有，与其说是能证明自己的显赫地位，

① 参见《炎黄春秋》1999年第2期，第3页。

② 珍妮·斯科特等：《挥之不去的阶级界限》，《社会科学报》2005年9月22日。

不如说暴露了自己的粗鄙、没文化和落伍。同样，在物质生活同质性增加的社会条件下，“穷人”追求物质生活更奢华，觊觎成为富豪的迫切心理明显降低。物质生活的同质性使绝大多数人更希望彰显自身的才华、教养，更追求丰富个人的阅历和内涵。简言之，“丰裕社会”条件下贫富差距的缩小，使西方社会民众不再过多关注利润、产值、收入分配等与个人直接相关的物质价值的领域，而更加关注诸如健康、人权、自由、尊严、生活愉悦、自我实现等后物质价值，人们将更多的注意力转向更加广泛的社会领域，如环境保护、社会救助、政治参与等。

第二，贫富差距的缩小使人们的心理认同发生变化，越来越多的人对自己的物质生活和经济地位表示满意。由于社会福利制度的完善和贫富差距的缩小，有越来越多的西方民众满意现有的物质生活。据法国 CSA 民意调查公司进行的民意测验显示，“84% 的法国人觉得自己的个人生活很快乐。法国人始终过着令欧洲邻居们羡慕的、充满浪漫和小资情调的生活。”[①]而在比利时，70% 以上的人认为自己的生活很幸福。在西方发达国家绝大多数人在心理上认为自己属于中产阶级，能够体面地生活。这种心理认同的变化使人们对自己的物质生活和经济境遇充满自信和认同。因此，越来越多的人不再过分羡慕或崇尚富豪显贵，也不再过于贪恋物质财富。在几乎所有社会成员均能享有体面的物质生活的时候，炫耀富有和显摆经济地位的显赫失去了意义，摆阔、显富显得很另类。在此种社会背景下，人们开始远离物质主义，转而接受后物质主义，越来越多的人开始关注社会公益、社区事务、政治参与、自我实现等问题。

三、工业社会带来的生态危机是后物质主义兴起的直接原因

自资本主义“工业革命以来，人类对自然的开战，资本对价值的贪婪追

① 夏瑾等:《法国人不相信衰落》,《环球时报》2006 年 3 月 3 日。

逐,使人类将地球作为财宝箱和垃圾桶。只要有利可图,就不惜打乱自然界循环的链条,迫使大地献出超量的果实,将大量由于循环链断裂而成为废弃物的物质倾倒于大自然中。"①致使全球生态环境日益恶化:大气污染、臭氧层破坏、酸雨频发、地球变暖、淡水危机、森林资源锐减、荒漠化加剧。生态环境的恶化,不仅严重影响着人们的生活质量,同时也开始威胁人类的生存。在生态危机面前,西方发达国家的一些有识之士开始检讨资本主义曾经走过的物质主义发展道路。在思考如何摆脱生态危机,使人类走上可持续生存、可持续发展道路的过程中,一种新的价值理念——后物质主义应运而生。

1. 工业社会带来的生态危机威胁到人类的生存与发展

美国学者托夫勒指出:"工业社会把生态污染问题和资源使用问题带入一个空前绝后的新境界。历史上从来没有一个文明使用这么多方法来摧毁整个地球,整个海洋满是毒气,整个种族一夜间从地球上消失,……矿进在地球表面造成伤害,发胶使得臭氧层宣告枯竭,热污染威胁到地球的气候。"②托夫勒的论述绝非危言耸听,工业社会带来的生态危机已经威胁到人类的生存与发展。

(1)工业社会带来的生态环境问题已经恶化为生态危机。

在资本主义工业社会,人们一味追求产值、利润、经济增长、生产规模、产品产量,不考虑地球资源的承受力和生态环境的承受力,人们一味追求占有更多的物质财富,得到更多的物质享受,不考虑资源和环境的保护。年复一年、日复一日的物质主义发展使人类生存的生态环境日益恶化,终于转化为生态危机。

首先,人类对自然资源的过度开采已经导致资源危机。其突出表现是:

其一,土地严重退化和荒漠化。根据 1991 年为联合国环境发展大会所

① 张宗庆:《环境的呻吟》南京出版社 2000 年版,第 180 页。

② [美]阿尔文·托夫勒:《第三次浪潮》,中信出版社 2006 年版,第 77 页。

准备的评估报告的统计，全球荒漠化面积已经从1984年的34.75亿公顷增加到1991年的35.92亿公顷，约占全球陆地面积的1/4，已影响到世界1/6的人口。目前全球有9亿多人受到土地荒漠化的影响，其中一半左右的人居住在荒漠化严重的地区。有100多个国家和地区受到荒漠化的危害，非洲55%的土地面积为沙漠，北美洲为19%，南美洲为10%，亚洲为34%。此外，全球每年表土流失达240亿吨，全世界用于农业的57亿公顷旱地的70%已经退化，近半个世纪以来，全球有12亿公顷的有植被覆盖的土地发生中等到极强度的土壤退化。每年有600万公顷土地变为沙漠，另有2100万公顷潜在的肥沃土地丧失经济价值，失去生产能力。[①]

其二，水资源的短缺已经成为世界各国最为突出的社会问题之一。工业社会对水资源的无节制的、过量的开采，导致淡水短缺成为世界性问题。根据世界银行1995年8月的一份报告统计，全世界196个国家中有80多个国家是面临淡水资源危机的，这意味着世界有40%的人口面临饮用水危机。据统计，全球有20个国家人均拥有淡水不足1000立方米。全球的大江大河多半水流量减少，尼罗河、黄河、恒河、科罗拉多河都曾出现断流。2/3的非洲国家每年都面临干旱威胁。水资源的过量开采，还导致大量地区出现海水倒灌、陆地沉降。正如美国学者桑德拉·波斯泰所说："我们正进入一个新的水源奇缺的时代。随着湖泊面积缩小，江河断流以及地下水位日渐下降，缺水的迹象已在全球范围内明显可见。"[②]另外，人类生活和工业生产排放出越来越多的各种污水，致使越来越多的淡水资源被污染。到20世纪末，全球有一半的地下水源受到污染，水中有害物的种类与含量已达到相当严重的程度。这无疑加剧了淡水危机。

其三，森林资源锐减。工业社会过度发展的必然后果之一是对森林资源的无情砍伐，是"水泥荒漠"对成片森林的无情取代。据联合国环境保护机构统计，二十世纪九十年代以来，每年大约有1000～2000万公顷森林被

① 参见陆忠伟主编：《非传统安全》，时事出版社2003年版，第196页。

② 美国《未来学家》，1993年5月第3期。

毁掉,热带雨林每年大约减少1100万公顷。据科学家估计,亚马孙河流域平均每6分钟就有一片足球场大小的林地被毁。拉丁美洲每年森林面积减少500~1000万公顷,非洲每年减少200万公顷,亚洲每年减少500万公顷。非洲的森林覆盖率从20世纪初的60%减少到目前的10%。自战后以来,地球上的热带雨林面积已经减少了一半。巴西境内热带雨林的覆盖率已从80%减少至40%。地球森林资源的锐减,严重破坏生态平衡,造成全球生态环境的灾难性恶化。世界各国风调雨顺的年景越来越少,而地质灾害则频频发生。

其四,生物种群急剧减少。生物多样性是社会物质财富的源泉。然而,半个多世纪以来,地球上的生物多样性受到严重威胁,许多生物相继灭绝。据联合国环境规划署估计,在1972年至今的30年间,地球上大约有1130种哺乳动物(占整个哺乳类动物的24%)和1183种鸟类(占整个鸟类各类的12%)濒临灭绝。生物多样性的减少,限制了人类生存发展机会的选择余地,压缩了人类适应环境变化的空间。

据总部设在瑞士格朗的世界自然基金会(WWF)发表的《2006年地球生命力报告》中指出,2003年人类对地球生态环境再生能力及物质资源的消耗已超出其可承载力的20%,而人类社会按现在的资源消耗速率,到2050年时,将消耗掉两个地球可提供的资源。[①] 人类的生存危机不言自明。

其次,工业社会对废水、废气和废物肆无忌惮地排放,已经导致人类的环境危机。

其一,废气的过量排放对大气构成严重的污染与破坏。全球每年排入大气中的二氧化碳总量高达1.5亿吨。据联合国环境规划署1999年公布的报告:全球二氧化碳排放量在1996年接近239亿吨的新记录,是1950年的4倍。[②] 二氧化硫与空气中的水蒸气结合,形成酸雨、酸雾及酸雪,对动植物造成很大危害。据欧洲大气化学监测网近20年连续监测的报告,20

① 郭媛丹:《2050年人类将耗掉两个地球》,《法制晚报》2006年10月25日。

② 阮宗泽:《第三条道路与新英国》,东方出版社2001年版,第243—244页。

年来,欧洲雨水的酸度增加了10%。到二十世纪九十年代全世界向大气中排放的氟里昂已达2000万吨,这造成的后果是臭氧层破坏。据世界气象组织报告,南极臭氧层衰退已达到极限。除赤道以外其他地区上空的臭氧量的减少,中纬度地区近30年来平均减少8%~10%。北极上空的臭氧含量累计减少60%以上。[①] 1986年,英、美两国科学家发现南极上空有相当于美国国土面积大小(936.4万平方公里)的臭氧空洞,2000年9月这个臭氧空洞已经扩展到2830万平方公里。

废气的过量排放还使地球变暖。由于工业污染的加剧,地球大气中二氧化碳、甲烷、氟里昂增多,致使气温上升,地球变暖。1988年由联合国环境规划署(UNEP)和世界气象组织(WMO)联合设立的政府间气候变化委员会(IPCC)指出,在20世纪的100年间,地球的平均气温大约上升了0.6℃。2000年10月28日一份为世界各国政府起草的报告称,全球变暖的速度超乎人们的预料。全球温度比1990年上升了6摄氏度。气候变暖使北冰洋的冰雪不断融化,海岸线提高使许多岛屿被淹没,珊瑚礁大量死亡。

其二,废水的过量排放使地球上的水资源受到严重污染。上百年工业社会的发展在为人类创造丰富物质财富的同时,也给人类带来了环境污染问题。其中,工业废水和生活污水的排放严重污染了人类赖以生存的淡水资源。据统计,二十世纪八十年代,美国40%的饮用水受到污染,许多河流和湖泊已成为众多工厂倾倒垃圾和污水的场所。美国的伊利湖实际上已经变成了“死湖”。[②] 欧洲的莱茵河也一度污染严重,水生物急剧减少,德国在二十世纪七十年代也有许多地区地下水被严重污染。截止到20世纪末,全球90%以上的江河湖泊被用于排放工业废水和生活污水,每年全球排向河流的污水高达4200亿吨,使5.5万多亿吨的水体遭受不同程度的污染。2001年联合国资助的“21世纪世界水事委员会”经过对世界25条流域面积最大的河流的调查,发现全球大江大河受污染程度日益加重,整体水质普

① 参见周荣坤主编:《跨世界的世界经济》,时事出版社1998年版,第225页。

② 黄也平主编:《今日美国全书》,中国城市出版社1998年版,第1358—1359页。

遍不好。其中，恒河、莱尔马河、黄河、锡尔河、阿姆河、科罗拉多河的水质已达到非常差的程度。[①] 据世界卫生组织调查，到20世纪末世界上有70%的人喝不到安全卫生的饮用水，到2002年，全世界尚有12亿人无法得到安全的饮用水。发展中国家约有10亿人口喝不上清洁水。

其三，废物和垃圾的倾倒带来了严重的土地和环境的污染。据统计，全世界每年大约产生工业废料和生活垃圾450亿吨，由此而产生的固体废弃物污染日趋严重。二十世纪八十年代，发达国家商品包装物占家庭垃圾重量的30%和体积的50%，而且垃圾中不易回收或再生的容器所占比例不断上升。在日本、美国和欧洲的一些国家，已经很难再找到新的垃圾堆放场所，垃圾堆已接近饱和状态。垃圾不经无害化处理的大量倾倒，使土地污染、地下水污染、空气污染，使人们的生存环境日益恶化。

（2）生态危机已经威胁到人类的生存与发展。

2001年美国世界观察研究所撰写的《2001年世界报告》指出："世界许多地区的生态系统都处于危险的边缘：北极冰冠已经变薄42%，世界27%的珊瑚礁完全消失；环境恶化导致更多自然灾害的发生，在过去十年中，世界因此总共损失了6080亿美元，相当于之前40年的总和，其中1998年至1999年发生的自然灾害使全世界至少12万人死亡，另外几百万人流离失所"。其他"一系列问题也将随之爆发，如淡水奇缺、粮食产量下降和致命疾病的大规模蔓延，加之森林毁灭、生物多样性减少、臭氧层的破坏和损耗，人类赖以生存的家园已千疮百孔，岌岌可危。"[②]上述言论丝毫没有夸大其词。生态危机使人类面临的形势已经十分严峻。生态危机使世界经济发展受到严重限制，使生产和生活环境恶化，加剧了落后国家的贫困，导致世界各国人口死亡率的上升。生态危机已经威胁人的健康与生活质量，威胁人的生存，威胁人类的可持续发展。

首先，人类的粮食危机日益加深。随着工业社会的过度发展，地球上的

---

① 陆忠伟主编：《非传统安全论》，时事出版社2003年版，第222—223页。

② 参见陆忠伟主编：《非传统安全论》，时事出版社2003年版，第194—195页。

自然资源日益匮乏,生态环境日益恶化。资源匮乏、环境恶化的直接后果是粮食危机。由于土地的荒漠化、水污染的严重、气候的异常、自然灾害的频发,人类的粮食生产形势急剧恶化。据统计,从二十世纪七十年代初到八十年代中期,发展中国家处于饥饿状态的人口由4.6亿增至7.3亿。据联合国粮农组织最新公布的《2001年世界粮食安全状况》,目前世界粮食安全形势仍然不容乐观:全球面临异常粮食紧急情况的国家多达36个,处于饥饿状态的人口仍高达8.26亿,占世界人口的13%,其中发展中国家的饥民有7.92亿,占发展中国家总人口的20%。全世界每年有600万学龄前儿童因饥饿而夭折。从1968年到1997年,发展中国家直接死于饥饿的人数达700万。据联合国有关资料披露:非洲50多个国家中有80%的国家不能为其人民提供粮食以满足其基本的生存需要。撒哈拉以南的非洲40多个国家中有近30个国家的食品人均供应量低于人们的最低需要量。饥荒十分现实地威胁着人类的生存。2004年非洲因干旱和蝗灾有2500万灾民挨饿。马里有30%左右的儿童因饥饿而营养不良,许多贫困居民食不果腹,有150万人缺粮挨饿。在刚果(金)6000万人口中,有70%的人营养不良,因长期挨饿,许多人瘦的皮包骨头。2008年发生的世界粮食危机涉及到66亿人口的一半以上即30多亿人口,有20多个粮食主产国和30多个缺粮国均受到了不同程度的影响,有12个严重缺粮国家引发了社会骚乱。尽人皆知,民以食为天。无论现代工业发展到何等程度,人们解决吃饭问题的根本原料只能是粮食。粮食生产形势的严峻,意味着人类生存遇到了威胁。

其次,人的健康受到严重威胁。二十世纪七十年代,工业生产及汽车行驶所造成的空气污染严重影响了人们的健康,使16亿人遭受空气污染的危害。当时在大城市生活的儿童的寿命要比那些住在空气较好的乡村儿童的寿命平均缩短5年,吸入工业废气的儿童肺炎发病率比没有吸入的要高2倍,工业城市儿童的生长要比农村地区明显缓慢。① 1985年英国因河水污染造成威尔士地区200万居民中的44%的人中毒。随着化学品的广泛使

① 安丽梅:《浅析德国绿党兴起的历史背景》,《安阳师范学院学报》2008年第1期。

用，致癌、致畸、毒性残留等问题越来越严重地损害着人们的健康；重大的环境污染事件频繁发生，使各国非正常死亡、残疾、患病的公害事件不断发生。工业废水、废物的排放严重污染了水资源，而水资源的污染则严重威胁着人的健康。据世界卫生组织统计，全球有20%的人口缺少安全的供水，有50%的人口缺少卫生的饮水。因水污染，世界上患腹泻、疟疾、血吸虫病的人大量增加，有近20亿人濒于疟疾的威胁。世界上平均每天有2.5万人由于饮用污染的水而得病或因缺水而死亡。因不安全饮水，全球每年有500万人死亡。[①] 此外，臭氧层的破坏，使人类患皮肤癌与白内障的病人增多，使人体免疫力下降，近几十年中世界多处地区传染病发病率增加。人类社会用大机器工业代替手工业，以工业社会代替农耕社会的终极意义无非是使人类的生活更舒适，更有益于人的健康和发展。然而，工业社会在为人类提供了大量物质财富的同时，也给人类带来了生态危机。而这种生态危机已经严重威胁到人的健康和人的发展。这是人们推动工业社会发展使所未曾料到的。

再次，人类的生存条件急剧恶化，人的生存面临威胁。由于生态环境的恶化，近几十年来，干旱、洪水、风暴等自然灾害接连不断，令人类损失惨重。因气候变暖，世界各国近几十年来频频受到酷热、干旱的袭击，风暴灾害也越来越多。1980年美国南部各州受到热浪袭击，难忍的高温持续一个多月，热浪夺去了上千人的生命。[②] 1994年高温席卷亚、欧、美洲，1995年西欧出现暖冬，致使法国伤亡人数高于海湾战争几倍，致使荷兰发生特大洪水，多个城市被淹，25万人弃家远走。2003年夏，气温高达40摄氏度的酷暑袭击欧洲大陆，导致近万人生病、死亡。人类的生存环境严重恶化。2006年世界自然基金会发表了《2006年地球生命力报告》。报告指出："从20世纪80年代起，人类对自然资源的消耗就已经开始超过了地球自然资源的再生能力。全球人均'生态足迹'是2.2公顷，而大自然只能再生相当于1.8

① 王逸舟主编：《全球化时代的国际安全》，上海人民出版社1999年版，第318页。

② 曲格平：《人类活动对大气的影响》，《环境保护》1981年第3期。

公顷的人类生存资源。在2001年,地球资源的透支程度只是21%,但到了2003年,人类'生态足迹'已经超出地球生态承载力的25%。"[①]面对岌岌可危的人类生存环境,人类不得不思考:造成生态危机的原因到底是什么?如何才能真正解决生态危机?

2. 后物质主义是实现生态文明的必然选择

在人类生存与发展面临威胁的危急时刻,资本主义的有识之士开始关注生态问题和环境保护问题。人们逐步意识到,气候异常、臭氧层破坏、生物多样性减少、荒漠化等环境问题的积聚不仅恶化了人类的生存空间,还对人类的经济发展及人的健康构成了巨大威胁。保护生态环境成了事关人类生存与发展的重大问题。西方发达国家的一些学者开始著书立说研究生态环境问题。1962年,美国学者雷切尔·卡逊(Rachel Carson)发表了她的名著《寂静的春天》。论证了工业污染对地球上的生命形式的损害,向人们描述了一个没有蓝天丽日、鸟语花香的死寂的春天。卡逊的这部书为人类敲响了生态危机的警钟,唤醒了世人的环境意识。1972年罗马俱乐部推出了美国麻省理工学院管理学教授丹尼斯·梅多斯等人的研究报告——《增长的极限》。报告从定性和定量两个角度,对影响世界经济增长的五种主要因素:世界人口、粮食生产、工业发展、污染和资源消耗等方面进行了系统研究,最后得出结论是:如果上述各个因素按照现有趋势继续下去,那么在未来100年内,人类将面临全球规模的增长极限,最终结果很可能是人口和工业生产能力发生非常突然和无法控制的崩溃。[②] 报告重点强调了资源枯竭、环境污染等"全球性问题",引起了人们对环境保护问题的高度关注。受该报告的影响,1972年在瑞典斯德哥尔摩召开了联合国人类环境会议。大会发表了《人类环境宣言》,宣言明确提出,我们应该做些什么,才能保持地球不仅成为现在适合人类生活的场所,而且将来也适合子孙后代居住。

---

① 参见龚臣编著:《资源战争之迷》,光明日报出版社2009年版,第166页。

② 参见池元吉主编:《世界经济概论》,高等教育出版社2003年版,第85—86页。

1974年罗马俱乐部委托梅萨罗维克和佩斯泰尔推出又一份报告《人类处于转折点》,提出了"有限增长"理论。1976年,罗马俱乐部又委托荷兰经济学家丁伯根提出了《重建国际秩序的报告》。报告提出,要防止崩溃,就要有效利用资源解决好经济发展与节约资源的辩证关系。受上述观点影响,1992年,在巴西里约热内卢召开世界环境与发展大会,会议形成全球性的共识:人类应坚持可持续的发展,既要满足人类当前需要而又不削弱子孙后代满足需要之能力,这是全人类的共同发展战略。

在知识精英从理论层面呼唤环境保护意识的同时,资本主义世界兴起了声势浩大、经久不衰的绿色运动,越来越多的人自觉参与到环境保护运动之中,越来越多的人自觉采取环境保护的行动。1970年4月22日,美国爆发了有2000万人参加的公民环境保护运动,并将这一天命名为"地球日"。1971年,加拿大戴维、麦格塔格特发起成立国际性环境保护组织"绿色和平组织",以非暴力抗议形式,在世界范围内维护自然生态环境,促进人类与自然环境和谐相处。该组织后来日益发展壮大,而今已拥有400多万会员,分支机构遍布于欧美100多个国家。1972年6月,西方民众在瑞典的斯德哥尔摩召开了全球性的环境大会——"人类环境大会"。环保人士巴巴拉·沃德所做的非官方报告——《只有一个地球——对一个小小行星的关怀和维护》强调了环境问题对人类社会的极端重要性,极大地激发了人们的环境保护意识。此后,各种环境保护组织在各国相继成立。"环境保护—绿色行动"、"未来—绿色行动"、"环境保护—绿色名单"、"地球之友"、"自然之友"、"世界卫士"、"第三条道路行动"等环保团体脱颖而出,并迅速发展壮大。联邦德国的"环境保护—全国自发组织联合会"最初有30万成员,10年后便拥有150万成员。日本到1976年涌现出1000多个民间环境保护组织。1981年,世界上最早的"绿党"在瑞典诞生,它宣称"不依附于任何集团",其任务是对现存的环境破坏全面出击。在环境保护运动中,人们提出明确的口号:"我们不是从父母那里继承了地球.而是从子孙那里借来了这个地球"。美国纽约市还将造成环境污染的行为视为犯罪,并依法加以惩戒,该市还建立了绿色环保警察队伍。1982年,绿色大学在意大利成立,设置有生态平衡、替代能源、自然医疗、废料处理、环境保护等课程。从此，环境保护成了当代资本主义各国主流社会的自觉意识和一致行动。

参加环境保护运动的人们遍及社会各个层面，既有生态学家、工程技术人员、教师、学生、医生、律师，也有工人、农民和家庭妇女。人们自觉进行垃圾分类投放，不乱扔垃圾；自觉保护环境，维护环境的整洁；积极参与植树造林，绿化环境。人们还走到一起，呼吁保持和扩大森林面积，阻止对森林的乱砍乱伐；要求净化空气，保护淡水资源，阻止工业废水向江河湖泊中不经处理的直接排放；要求工业企业减少垃圾，加大废物的回收利用率，实现工业无毒化。

在各界广大民众积极参与的声势浩大、经久不息的环境保护运动的感召之下，在民众一浪高过一浪的绿色抗议的推动之下，当代资本主义各国政府开始重视环境保护问题，相继设立环境管理机构，制定和实行保护环境和防止污染的法律、法规，将环境保护纳入国家的发展议程，同时拨出大量资金用于环境保护工作。经过多年的努力，西方世界几乎达成共识：保护环境、维护生态平衡就是拯救人类共同的家园，因此没有人会反对保护生态环境，人们都积极参与到环境保护活动之中。

然而，环境保护工作并不像人们想象的那样简单，环境保护的效果也不像人们想象的那样乐观。尽管二十世纪七十年代西方世界掀起了声势浩大的绿色运动，尽管从社会精英到普通民众，从政府机构到民间社团都积极推动环境保护工作，但二十世纪七十年代和八十年代世界性的生态危机并未缓解，相反有进一步加深的趋势。

为什么在人们积极投身于环境保护工作的同时，人类的生态环境还会进一步恶化？在保护环境的实际工作中西方社会民众终于发现：多年来，人们在不改变传统的经济发展方式与生活方式的前提下所开展的环境保护工作，只能治标，不能治本，事倍功半。要真正解决生态环境问题，必须放弃物质主义的发展模式和生活方式，转而坚持后物质主义的发展方式和生活方式。

第一，放弃传统的物质主义发展模式是人类摆脱生态危机的唯一出路。

自资本主义制度产生以来，资本主义世界推行了几百年的物质主义发展模式。这种发展模式是破坏生态环境的罪魁祸首。

其一，这种发展模式忽略了地球物质资源的有限性以及诸多物质资源的不可再生性。它将人类的经济发展不恰当地建立在对物质资源的过度使用和消耗之上，为此，它必然要对地球上的物质资源进行无节制的、肆无忌惮的开采。这必然使人类进入一个恶性循环的怪圈：经济越发展，地球上的物质资源越少，资源危机越加深；物质资源越少，经济发展越难以为继，甚至威胁人类生存。正如国外学者所说：按照资本主义的物质主义发展模式，“1999 年，人类对自然资源的需求与索取已超过地球再生能力的 20%，即人类在 12 个月中消耗的自然资源，地球生物圈需 14.5 个月才能再生，或者说，需要 1.2 个地球才能满足人类对资源的消耗。”[①]显而易见，在不改变物质主义发展模式条件下的环境保护工作是无济于事的。因为物质主义发展模式的本质，就是要无节制地消耗地球的物质资源，这是一般性的环境保护所阻止不了的。正是基于这样的认识，许多发达资本主义国家的人士发出呼吁：“人类面临着生态资源过度消耗的问题，消耗速度超过地球资源再生的速度”。“如果要避免资源的浩劫，人类就要改变自己的生活方式”，“依照可持续发展的观念来思考和规划人类的行动。”[②]

其二，这种发展模式忽略了人类发展过程中所产生的废弃物对生态环境的巨大破坏性。它错误地将地球当成了有无限自净能力的垃圾场。为此，这种发展模式鼓励人们过度生产、过度消费，鼓励人们追求更多的物质享受和更奢侈地物质生活。这样做的结果，是源源不断的、越来越多的工业垃圾、生活垃圾来不及进行处理便涌向地球，致使空气污染、水污染、环境污染。尽管人们拥有的物质财富越来越多，物质享受的水平越来越高，但人们的生存环境则越来越恶化，人们的健康越来越受到威胁。在此情况下，一般意义上的环境保护根本招架不住数量巨大的、与日俱增的废水、废气、废物

① 毛磊：《人类自然资源消耗量超过地球再生能力》，《中国环境报》2002 年 6 月 29 日。

② 参见龚臣编著：《资源战争之谜》，光明日报出版社 2009 年版，第 166 页。

向地球的"轰炸"。要真正解决环境问题,必须从源头上减少废水、废气和废物的产生,而这就需要改变过度生产、过度消费的物质主义的发展模式与生活方式。

第二,全面接受后物质主义的发展理念,实行后物质主义的发展方式与生活方式是实现人类与自然和谐发展的必由之路。

首先,在生态危机已经威胁到人类的生存与发展的危急时刻,人类终于发现:地球上的各种物质资源及生态环境是人类赖以生存与发展的基础条件。人类的实践活动与经济发展活动应以不破坏自然资源和生态环境的自我平衡为条件。人与自然的物质变换,应该是通过劳动使自然物的形式做出有利于人类自身的改变,同时又能够实现生态的自我平衡。人与自然的变换应是自然循环的一个环节,这意味着在生产过程产生的废弃物与生活过程中产生的废弃物,会由于自然力的作用而解体。而要做到这一点,就必须以后物质主义的理念、后物质主义的生活方式和发展方式代替物质主义的理念、生活方式和发展方式。后物质主义的发展理念是一种人与自然和谐发展的理念。它强调,人在改造自然的过程中要运用人类发展起来的科学技术自觉维护自然界和生态环境的自我平衡。后物质主义为此积极倡导实行循环经济、节能经济,倡导物质享受合理化,这是推动社会发展,维护生态平衡的最佳选择。正如美国斯坦福大学社会学家古鲁斯基所言,后物质主义是全球正在崛起的生态社会化意识的产物。经济的蓬勃发展和地球不断恶化的生态环境促使人们对生活和消费方式进行思考。由此"会出现一个文化和人口的'完美风暴',将推动我们走向极端的后物质主义形式"。[①]

其次,在生态危机已经威胁到人类的生存与发展的危急时刻,人类还发现:在当代资本主义的物质主义生活方式中,西方民众享受到的那种过度的、奢侈的物质消费已经远远超出了人们生存和发展所需要的限度。在物质主义生活方式中,有相当数量的物质消费是浪费性的、超出人的生存、发展需要的。这种生活方式的长期发展,必然破坏资源与生态的自我平衡。

---

① 王亮亮:《英美"无趣族"舍得搞慈善》,《环球时报》2008年5月6日。

而后物质主义坚持“足够”不求“更多”，坚持物质享受合理化和物质享受理性化，拒绝那些不必要的、浪费性的物质消费。实践证明，占有和挥霍越来越多的物质财富，享受越来越奢侈和优裕的物质生活并不等于生活幸福。人需要物质享受，但物质享受不是越多越好，不是越奢侈越好。事实上，一旦实现了物质享受的合理化，在此基础上所增加的物质消费和物质享受对人的生存、发展已无实质性意义，因而，对人们的幸福生活也显得有些多余。这其中的原因在于，由于受人的生理条件的限制，人的物质享受在客观上是有限的。超过客观限度的物质享受对人的生存、发展不再具有正面的、积极的意义。由此说来，后物质主义生活方式既是实现人类与自然和谐发展的必然选择，也是人们舒适生活、惬意生活的必然选择。

再次，在生态危机已经威胁到人类生存与发展的危急时刻，人类也发现：物质享受并不是人们幸福生活的全部内容。诚然，人的幸福生活离不开富裕的物质生活享受，但富裕的物质生活享受肯定不是幸福生活的全部和幸福生活的本身。精神愉悦和精神世界的充实与丰富亦是幸福生活不可或缺的内容。毫无疑问，人对幸福生活的追求是无限度的。但这并不仅限于物质享受，它更多的是对精神生活和精神世界的追求。后物质主义特别强调，人们在物质享受合理化、理性化的基础上将把更多的精力用于追求健康、自由、尊严、体面，追求丰富多彩的人生、人际交往的和谐和愉快、自我价值的实现、生活的意义、政治上的参与等。基于这样的分析不难理解，坚持后物质主义的发展理念、发展方式与生活方式是把维护生态平衡与追求人的幸福生活有机统一起来的唯一选择。

第八章 当代资本主义的后物质主义发展趋向的理论启示

恩格斯曾经指出：世界是“各种物体相互联系的总体”，“它们是相互作用着的，并且正是这种相互作用构成了运动。”[①]因此，科学研究的实质，就是要在事物的相互联系中理解事物，找出其中的内在联系及其客观规律。二十世纪九十年代以来，当代资本主义出现了后物质主义发展趋向，这是当代资本主义新发展的重要表现形式。这一发展趋向蕴涵深刻，时代特色鲜明。对此进行深层次分析与解读有助于人们深化对当代资本主义的认识和对后物质主义的认识，同时也有助于人们在比较分析中领悟科学发展观的时代意义。

一、后物质主义的发展凸显了现代人类文明发展的共同规律

人类社会是一个具有多种结构和层次的、不断变化着的社会有机体，因此，社会历史的发展是错综复杂的。“各个社会形态不仅以自己特有的规律相互分开着，而且以一切社会形态所共有的经济规律相互联系着。”[②]一个社会的发展既要遵循该社会制度的特殊发展规律，也要遵循人类文明发展的共同规律。“这样就有无数相互交错的力量，有无数个力的平行四边形，

① 《马克思恩格斯选集》第3卷，人民出版社1972年版，第492页。

② 《斯大林选集》下卷，人民出版社1979年版，第593页。

而由此就产生出一个总的结果,即历史事变。”[①]当代资本主义所出现的后物质主义发展趋向同样是无数交错力量相互作用的结果。

1. 当代资本主义发展既遵循资本主义发展的特殊规律,又遵循现代人类文明发展的共同规律

多年以来人们有一种误解,似乎资本主义的发展只遵循资本主义的经济规律,因而它只会滋生现代剥削制度的“特质”,而不会开出人类文明的“花朵”。事实并非如此。资本主义是在现代人类文明发展共同规律与资本主义发展特殊规律的合力作用下发展的。其中,资本主义社会的特殊发展规律使资本主义继续滋生现代剥削制度的“特质”,而现代人类文明发展的共同规律则迫使当代资本主义走出新的轨迹,开出人类文明的“花朵”。后物质主义发展趋向就是当代资本主义遵循现代人类文明发展共同规律的集中表现。

由资本主义的社会发展阶段及其社会性质所决定,资本主义国家必然要遵循资本主义社会发展的特殊规律。正如马克思指出:“生产剩余价值,赚钱发财,”是资本主义“这个生产方式的绝对规律。”[②]几百年来,资本主义各国始终没有改变对这一规律的遵循。在资本占有形式上,不论是趋于“保守”的美国模式,还是看似“激进”的西欧、北欧模式,其财产私人占有制的基础地位均没有改变,私有财产权依然是资本主义社会中神圣不可侵犯的制度安排和人们相互恪守的社会契约。在运行机制上,利用“贪婪的无情竞争力量和致富的欲望竭力实现利润的最大化”是资本主义各国始终没有改变的内在本质。[③] 资本主义社会是一种“人的独立性”“以物的依赖性为基础的”社会,[④]是以雇佣劳动为基础的、施行现代剥削制度的社会。这个社会唯有遵循剩余价值规律方能带来资本主义经济的繁荣和现代剥削制度的

---

① 《马克思恩格斯选集》第4卷,人民出版社1972年版,第478页。

② 马克思:《资本论》第1卷,人民出版社1963年版,第680页。

③ [美]莱斯特·瑟罗:《资本主义的未来》,中国社会科学出版社1996年版,第292页。

④ 《马克思恩格斯全集》第46卷上册,人民出版社1979年版,第104页。

繁荣。

然而，尽管剩余价值规律是资本主义的绝对规律，这也丝毫不影响资本主义在遵循这一规律的同时，还要遵循人类文明发展的共同规律。资本主义社会不仅是施行现代剥削制度的社会，同时也是人类文明发展的重要阶段。它不仅衍生着阶级剥削的"罪恶"，同时也在积累着人类文明的成果。因此，资本主义在遵循资本主义发展特殊规律的同时，也必然要遵循人类文明发展的共同规律。唯有如此，人类文明才能够绵延不绝地向前发展，也唯有如此，资本主义才不会被人类文明大潮所抛弃，才可能具有"经久"的生命力。尤其是进入后工业化时期，现代人类文明发展的共同规律凸显，强力制约着人类文明的发展。在此条件下，不论是社会主义国家还是资本主义国家，只有遵循现代人类文明发展的共同规律才能免遭社会动荡不安、经济停滞不前以及现存制度走向崩溃的厄运。

随着后工业化时期的到来，现代人类文明发展的共同规律对当代社会（包括当代资本主义国家和当代社会主义国家）发展的制约作用日益明显，进而使人们对现代人类文明发展共同规律的认识逐步清晰和深刻。时下，无论是当代资本主义国家还是当代社会主义国家的主流社会都深刻认识到：现代社会（包括当代资本主义国家和当代社会主义国家）必然要遵循多种所有制经济功能互补规律、计划与市场有机结合规律、效率与公平兼顾规律、民主与法治强势推进规律、人与自然和谐发展规律等等。唯有如此，现代社会方能实现持续、健康、快速发展，方能实现经济、社会的协调与和谐发展。这些规律是现代人类文明发展的共同规律，谁蔑视这些规律，谁就会受到客观规律的惩罚，就会被现代人类文明的大潮所抛弃。人类目前所遇到的资源危机、环境危机无疑是人们违背人与自然和谐发展规律所受惩罚的表现。为此，在现代人类文明发展的共同规律面前，不论社会主义国家还是资本主义国家都不得不在一定程度上放弃对原有价值观和制度模式的固守，按照现代人类文明发展的共同规律修正发展轨迹。

后物质主义发展趋向就是当代资本主义遵循现代人类文明发展共同规律的集中表现，也是当代资本主义在一定程度上放弃对原有价值观和制度模式的固守,按照现代人类文明发展的共同规律修正发展轨迹的重要表现。资本主义制度是以“生产剩余价值,赚钱发财”为目的的,因而也是以物质价值作为“拜物教”的。照理说,资本主义制度同后物质主义发展趋向是矛盾的。但现代人类文明发展的共同规律不可抗拒,它迫使当代资本主义走出了后物质主义的发展轨迹。正因如此,整理、分析当代资本主义的后物质主义发展趋向,就成了我们探寻现代人类文明发展规律的契机。

2. 后物质主义发展趋向引领现代人类文明发展趋势

虽然后物质主义发展趋向出现在当代资本主义社会,带有资本主义“印记”,但它解决的不是特定社会制度和特定意识形态的问题,而是人与自然如何和谐共处的问题、如何实现人的全面发展问题以及其他人类文明发展的共性问题。它所遵循的不是特定社会制度的特殊发展规律,而是现代人类文明发展的共同规律。后物质主义发展的根本意义在于有助于推动现代人类文明的发展,其受益群体是整个社会民众。实践已经证明,现代人类文明的发展和社会进步,并非表现为人类对自然的“征服”以及人类对物质财富的肆意占有和挥霍。实际上,人类文明和社会进步集中体现在人与自然的和谐发展和人的全面发展之上。这是世界各国的“同质”性价值,也是人们对现代人类文明发展的规律性认识。由于当代资本主义率先进入知识经济时代,率先成为经济发达国家,先于其他国家着手解决后工业社会遇到的问题,在解决后工业社会遇到的问题时遵循了现代人类文明发展的一般规律,因而,当代资本主义国家出现后物质主义发展趋向,引领现代人类文明发展是符合历史逻辑的。

后物质主义发展趋向的出现提示人们,从物质主义转向后物质主义是现代人类文明发展的必然趋势。人类社会在其漫长的发展过程中,从认识自然、利用自然、征服和改造自然到人与自然和谐发展,体现了人类对自然界认识的逐步深化和理性,体现了人类从必然王国向自由王国的文明发展进程。人们从追求物质价值到追求后物质价值,体现的是人从“对物的依赖性”中的解放与人的自由、全面发展,体现的是人的生活质量的提升与生活内涵的丰富,体现的是社会的进步与文明。人们从关注物质财富和自身的生存能力到追求生态文明与自我实现,展示了人类文明的发展轨迹。历史唯物主义认为,社会存在决定社会意识,社会意识是一定社会存在的反映。当代资本主义国家出现从物质主义向后物质主义的转变恰恰体现了社会生产力的巨大进步和人类文明的重大发展。人类价值理念、生活方式的转变同社会生产力的进步与人类文明的发展紧密相连。封建社会的农业文明必然产生小农意识;资本主义工业文明必然产生物质主义发展理念和发展模式;而今,人类正在进入后工业化时代和信息时代,后物质主义的兴起正是后工业社会和信息社会文明发展的必然结果。

后物质主义发展趋向的出现提示人们,在当今世界,人们既要面对带有鲜明意识形态色彩的问题,也要面对“解意识形态化”的问题。不同社会制度的国家之间既存在意识形态的对立,亦存在“解意识形态化”的“同质”性价值;既存在社会制度之间的争斗,亦存在共同面对的全球性问题。因此,不同社会制度的国家不可避免地面临两个并行不悖的价值选择:一是高度重视意识形态领域的分歧和对立,维护其主流意识形态在本国的主导性和影响力,保证国家的政治安全。二是加强各种思想文化的相互激荡、碰撞和交流,实现“同质”性价值的借鉴与传承,解决好人类面临的全球性问题。为此,无论当代资本主义国家抑或当代社会主义国家,都既要遵循各自社会发展的特殊规律,也要遵循人类文明发展的共同规律。后物质主义发展趋向的出现是人们遵循现代人类文明发展共同规律的必然反映。

3. 后物质主义发展趋向为我们选择正确的发展道路提供了重要启示

后物质主义遵循现代人类文明发展的共同规律,从源头上推动了人与自然的和谐相处,引导人们由过多关注物质满足和物质享受转向更多关注精神满足和自我价值的实现;由追求生活方式的奢华转向向往生活方式的质朴、恬静;由感性主义消费转向理性主义消费。所有这些均有助于人们合理利用资源,保护环境,有助于构建资源节约型、环境友好型社会,实现生态现代化。后物质主义为正确处理经济发展与保护环境的关系，为工业化国家实现可持续发展提供了有价值的思路和范式。梳理和探究当代资本主义的后物质主义发展趋向，可以为我们深刻理解和提升科学发展观提供借鉴。

首先，后物质主义启示我们，在社会主义现代化建设的进程中，应重视经济发展与环境保护相协调，经济发展与人的全面发展相协调的问题，重视人与自然和谐相处的问题，经济、社会可持续发展问题。还应重视正确处理努力发展经济与节约资源、保护环境相互关系的问题。它对我国走新型的社会主义工业化道路，具有重要的借鉴意义。后物质主义启示我们，要总结资本主义工业社会发展道路的经验教训，防止走入先污染、后治理的歧途，避免出现大力发展、大量浪费、过度消费、严重污染的恶性循环。要在现有条件下，坚持合理利用资源，倡导循环经济和循环消费，努力保护环境，构建资源节约型、环境友好型社会。

其次，当代资本主义的后物质主义发展趋向为我们深入思考新的发展理念和发展思路提供了有益的资料和启示。后物质主义发展趋向表明，衡量一个社会的生活水准不仅要看社会成员的物质生活水平，还要看非物质方面的生活水平（如文化生活、自然环境）。人们只有达到物质满足和非物质满足的最佳结合，才是科学发展和全面发展。从这个意义说来，尽管后物质主义发展趋向产生于当代资本主义国家，但由于它为解决人与自然和谐共处问题以及人的全面发展问题进行了初步的有益探索，具有“解意识形态化”的“同质”性价值，因此，它对我国建设科学发展和全面发展的和谐社会也具有重要的借鉴意义。后物质主义启示我们，要把经济发展同提高民众的生活质量紧密结合起来，使民众在经济发展中能够得到生活的实惠。要把经济发展和政治、文化、社会发展紧密结合起来，既要实现物质文明，也要实现政治文明、精神文明和生态文明，实现社会和谐。后物质主义启示我们，随着我国全面进入小康社会，亿万中国人民已经有条件在关注物质价值的同时，也关注后物质价值。因此，在我国也应积极重视文化产业、旅游产业、民众休闲、体育锻炼、慈善事业、社团活动、政治参与等非物质化领域的发展，重视民众幸福指数和人类发展指数的提升。

二、后物质主义的发展凸显了当代资本主义的矛盾角色

建立在社会化、现代化大生产基础之上的,以生产资料私人占有制为基础的资本主义社会存在着严重的内在矛盾和结构性冲突。后物质主义的发展也凸显了当代资本主义的这种矛盾角色:一方面,当代资本主义社会中兴起的后物质主义引领着现代人类文明的发展趋势,而另一方面,资本主义制度又将限制后物质主义文明的进一步发展。

1. 后物质主义标志着现代人类文明发展的新阶段

在发达资本主义国家率先兴起的后物质主义引领现代人类文明的发展趋势,标志着人类文明发展进入了一个新阶段。后物质主义是社会文明和社会进步的产物,也是社会文明和社会进步的体现。后物质主义价值观倡导人与自然的和谐发展,倡导生态文明,主张"更全面的生活,即更生态化的生活"。主张合理利用资源,关注人的健康、生活质量、人生意义、自我实现等后物质价值。后物质主义倡导运用现代科技推行循环经济、节能经济、非物质化经济,坚持经济社会的可持续发展,反对对物质资源的无节制开发,对物质资源过度的、不合理的消耗。目前在西方发达国家中,无论是普通民众还是社会精英都有了保护环境的自觉意识和自觉行动,节能、环保、循环经济、循环消费正在得以积极推动。这些均体现了人类对客观世界认识的深化和理性,展示了人类文明的提升。

后物质主义主张物质享受合理化,追求"足够",而不追求"更多",认为物质占有和物质享受的程度不是人生幸福的唯一指标,甚至也不是主要指标。后物质主义体现了人们对生活的理解已经升华,人们开始追求物质的、精神的、全面的、和谐的生活幸福,选择更健康、更自然、更人性化的生活方式。由于生产力的发达、劳动生产率的提高和社会福利制度的完善,目前许多西方社会民众"可以花更少的时间工作","可以拿出更多的时间来追求自己喜欢的事情,享受生活。""像摇滚音乐人那样拿起吉他尽情欢唱;像计

算机迷那样在网上冲浪,享受网络为其带来的无尽的资源;人们也可以照顾孩子,从事园艺工作等等。”①这种后物质主义追求人生的丰富多彩,追求人权、自由、政治参与、自我价值的实现,关注人的全面发展和社会的全面进步。这样一种超越物质价值,关注后物质价值的发展理念表现了时代和社会的进步趋势。所有这些都说明,后物质主义发展理念是人类对现代人类发展规律认识的深化。它代表着现代人类文明的发展趋势,标志着人类文明发展进入了一个新的阶段。

2. 资本主义制度将成为后物质主义文明进一步发展的羁绊

由资本主义的社会性质所决定,资本主义必然会成为后物质主义文明进一步发展的制度性障碍。资本主义社会是以生产资料私人占有制为基础的,以雇佣劳动为主要形式,以获取剩余价值为生产目的的社会。在这个社会中,资本家的唯一追求是对物质财富的占有,赚钱发财。正如马克思所说:在资本主义社会,“支配着生产和交换的一个一个的资本家所能关心的,只是他们行为的最直接的效益。不仅如此,甚至连这种效益——就所制造的或交换的产品的效用而言——也完全退居次要地位了;销售时可获得的利润成了唯一的动力。”②马克思向人们揭示了一个事实:资本主义的生产目的是不断地追求高额利润或剩余价值,而不是满足人们的物质文化的实际需要。因为“在资产阶级看来,世界上没有一样东西不是为了金钱而存在,连他们本身也不例外,因为他们活着就是为了赚钱,除了快快发财,他们不知道还有别的幸福,除了金钱损失,也不知道还有别的痛苦。”③

资本主义的生产目的和资本家对利润的追逐决定了资本主义的基本“游戏规则”。其一,为了实现利润的最大化,资本家会想方设法提高劳动生产率,提高劳动强度,这必然会使劳动者身心俱疲,使身心健康受到损害。尽管在发达资本主义国家,劳动者的收入明显增加,但这并未带来劳动的愉

① [英]安德鲁·格林:《放纵的资本主义》,东方出版社2009年版,第173页。
② 《马克思恩格斯选集》第4卷,人民出版社1995年版,第385页。
③ 《马克思恩格斯全集》第2卷,人民出版社1957年版,第564页。

快、身体的健康和精神生活的丰富与充实。由于竞争的加剧，"在发达国家，工人或消费者确实都在为了不落后，而争分夺秒地做着单调的工作。"人们陷入"工作与消费的恶性循环"。[①] 正如西方学者所说，"资本主义企业管理首要关注的并不是来如何使劳动变得更加愉快，使生产与自然相平衡，或者确保它的产品仅仅服务于公众为其自身所选择的目标。它首先关注的是花最少的成本而生产出最大的交换价值。"[②]这是资本主义必然的生产逻辑。其二，由于一切为了赚钱，资本主义生产方式必然要不顾一切地从自然界中索取资源，使土地、资源、环境受到破坏。出于对利润最大化的追求，资本主义把自然界视为没有成本的材料库。为了降低成本，增加利润，资本主义生产方式必然要对自然资源进行疯狂地掠夺。大量生产、大量消费、大量倾倒废弃物，进而破坏了人与自然之间正常的物质变换关系是资本主义最常见的生产模式。对此，西方学者明确指出：在资本主义的生产条件下，"任何一个企业都对获取利润感兴趣。这也就意味着资本家会最大限度地去控制自然资源"。[③] 至于自然资源枯竭后人类如何生存，这是资本主义生产目的之外的事情，也是资本家阶级不感兴趣的事情。在利润最大化的支配下，资本主义的任何企业都不愿意把治理环境污染的费用纳入生产成本，而是想尽办法使这部分成本外在化，转嫁给社会。

事实表明，在资本主义社会中不仅存在资本家阶级对劳动者阶级的剥削关系，同时还存在资本主义对自然资源和生态环境的剥夺关系。因此，资本主义必然陷入一种矛盾角色：在这个社会中兴起的后物质主义文明引领着现代人类文明的发展，而这个社会的制度又必然成为后物质主义文明进一步发展的障碍。正是基于这样的事实，西方马克思主义者佩珀先生认为，只要资本主义制度存在，"可持续发展、'绿色'资本主义就成了一种不可能实现的梦想，从而成为一种自欺欺人的骗局。"[④]虽然当代资本主义社会出

① ［英］安德鲁·格林：《放纵的资本主义》，东方出版社 2009 年版，第 170 页。

② Andre Gorz. Ecology As Politics, South End Press, 1980, p. 5.

③ Andre Gorz. Ecology As Politics, South End Press, 1980, p. 5.

④ David Pepper. Eco – Socialism: From Deep Ecology to Social Justice, Routledge, 1993, p. 95

现了后物质主义发展趋向，但受资本主义制度的制约，后物质主义在资本主义社会中很难打开进一步全面发展的空间，资本主义制度是后物质主义进一步全面发展的制度性障碍。要在后物质主义理念下真正使人们身心健康、生活幸福，实现人的全面发展，必须改变资本主义的利润动机，改变资本主义生产方式。

三、后物质主义的发展凸显了社会进步对物质生产力发展的依赖性

马克思曾经指出："我们判断这样一个变革时代也不能以它的意识为依据；相反，这个意识必须从物质生活的矛盾中，从社会生产力和生产关系之间的现存冲突中去解释。"人们所能解决的问题"只有在解决它的物质条件已经存在或者至少是在形成过程中的时候，才会产生。"[①]也就是说，一定时期人们价值理念的转变以及人们对经济发展模式和生活方式的选择，不是由人们的主观意志决定的，它是由一定历史时期的生产力水平和物质条件所决定的。后物质主义发展趋势在当代资本主义社会的出现不是凭空的和孤立的，它是社会生产力发展到较高阶段的产物。

1. 后物质主义的发展既是对物质主义的否定，又是物质基础雄厚的产物

二十世纪九十年代以来，西方发达国家出现了后物质主义发展趋向。越来越多的社会民众正在抛弃单纯对物质富裕、经济增长和产值的迷恋，转而追求环保、节能、洁净、效益、生态平衡、资源合理利用等科学发展和可持续发展的目标。人们不再将过分追求物质占有、物质享受和物质消费作为生活中的主要追求，而开始关注人的健康、生活质量、人权与公民自由等后物质价值，并将其视为最为重要的价值指标。人们追求物质的、精神的、全

① 《马克思恩格斯选集》第2卷，人民出版社1972年版，第83页。

面的、和谐的生活幸福,希望享受丰富多彩的人生和自我价值的实现。显而易见,后物质主义是对物质主义理念和物质主义发展模式的否定。在后物质主义语境下,人们不再热衷于经济增长和财富占有,不再将产值、产量、利润等物质价值看成经济活动中唯一重要的变量,人们开始对一味追求"赚更多的钱,开更豪华的汽车,住更大的住房,穿更华丽的服装,吃更精美的食物,过更奢侈的生活"的"物质主义者"持鄙视态度,开始斥责那种只讲产值、利润、经济增长,而对环境保护不闻不问的"经济主义"。

从现象上看,这种超越物质价值,关注后物质价值的后物质主义发展趋向的出现,似乎意味着物质价值在社会发展与进步中的作用和地位开始走低,似乎在后物质主义"时代",物质价值已经无关紧要。事实并非如此。后物质主义虽然是对物质主义的否定,但绝不是对物质价值的否定。当代资本主义之所以会出现后物质主义发展趋向正是因为社会生产力的高度发达,物质基础的雄厚;西方民众之所以会超越物质价值,转而关注后物质价值恰恰是因为人们物质生活水平的提高。后物质主义的兴起高度依赖物质生产力的发展。

其一,在后物质主义语境下,人们之所以开始追求物质的、精神的、全面的、和谐的生活幸福,要享受丰富多彩的人生,其前提条件是人们的物质生活已经达到较高水平,基本的物质需求均能得到满足,人们已经进入物质生活的"无风险社会",在物质生活上无后顾之忧。而所有这些都需要生产力的高度发展和物质财富的丰裕。正如西方学者所说:"一种非物质性的文化正在出现,它的存在仅仅是因为一种雄厚的物质基础在支持它,使它成为可能。"[①]也就是说,只有生产力的高度发展,人们精神的、全面的、和谐的生活幸福才能有坚实的物质支撑,只有具备了充分的物质条件,只有在物质财富已经丰裕的基础上,人们才有可能享受到丰富多彩的人生,才有可能无顾忌地去追求后物质价值。

其二,在后物质主义语境下,人们之所以不再将产值、产量、利润等物质

---

① 参见郑也夫:《后物欲时代的来临》,上海人民出版社2007年版,第112页。

价值看成经济活动中唯一重要的变量,转而关注环境保护与可持续发展,其前提条件是人们改造自然,从自然界中获取物质财富的能力已经大大提高,物质财富的源泉已经涌流,人们当下的经济发展问题已经解决。由于物质生产力的高度发展,西方社会已经能够解决当代人的生存与发展问题。因此,时代才提出新的、需要解决的可持续发展问题和环境问题。由于生产力的高度发展,人们也具备了从战略上解决环境保护和可持续发展的物质基础和技术手段。由此看来,人们从关注产值、利润转向关注环境保护和可持续发展是社会物质生产力发展的结果,而非忽视生产力发展的表现。

其三,在后物质主义语境下,人们的主要关注点之所以不再是物质价值而是后物质价值,其根本原因是人们已经获取了足够的物质价值,物质条件已经不再是社会发展的制约因素,社会发展面临的主要问题不再是物质匮乏,而是非物质性问题。

显然,后物质主义发展趋向的出现实质上是社会物质基础雄厚的反映。正如法国学者第亚尼所说:"一种非物质性文化正在出现",这种生活与文化"的形成是需要一定的条件的,这个条件就是:只有立足于一个宏伟而坚实的硬件或物质基础上,它才能维持下去。"①

2. 后物质主义发展趋向是物质生产力从工业社会发展到后工业社会的反映

列宁曾经指出:"在分析任何一个社会问题时,马克思主义理论的绝对要求,就是要把问题提到一定的历史范围之内"。② 在资本主义工业化时期,资本主义主流社会高度关注物质价值,奉行物质主义,应当说这是工业社会的必然产物。在资本主义工业化时期生产力尚不够十分发达,物质财富尚不丰裕,社会上有相当多的人还需要为温饱等基本的生存问题奔波。在此条件下,人们亟待解决的是物质丰裕问题,生产力快速发展问题,因而

① [法]马克·第亚尼编著:《非物质社会》,四川人民出版社 1998 年版,第 37、38 页。

② 《列宁选集》第 2 卷,人民出版社 1960 年版,第 512 页。

奉行物质主义顺理成章。至于后物质主义的兴起，则是资本主义进入后工业社会的必然。资本主义进入后工业社会后，生产力已很发达，科技水平较高，物质财富的源泉涌流，资本主义进入“丰裕社会”，人们的物质生活条件已很优裕。在此条件下，人们亟待解决的不再是物质价值方面的问题，而是后物质价值的问题。后物质主义发展趋向的出现，实质上是物质生产力从工业社会发展到后工业社会的反映，是社会物质基础雄厚的反映。

正因如此，在生产力水平已很发达、物质基础十分雄厚、民众的物质生活水准达到“丰裕”程度的条件下，在社会发展步入后工业社会的历史时期，人们对后物质价值的关注超过对物质价值的关注，进而接受后物质主义的发展方式和生活方式是符合历史发展规律的。但在生产力落后、民众物质生活尚不富裕，甚至要为衣食发愁的条件下，在生产力上停留在工业化建设时期，甚至刚刚迈入工业化社会的历史时期，人们必然要高度关注物质价值，必然要把增加物质财富放在首位，这也是符合历史发展规律的。如果不讲物质条件和生产力水平，孤立地渲染当代资本主义的后物质主义引领人类文明，就容易误导经济文化不发达的发展中国家“邯郸学步”，走入歧途。人们的价值观念与生活方式等需要以一定的生产力水平和物质条件为基础。在不具备较高、较雄厚的物质基础的条件下，后物质主义发展趋势是不可能出现的。

当然，这不等于说经济文化不发达的发展中国家要重走西方资本主义物质主义发展模式的老路，过度生产、过度消费、过度消耗资源、严重破坏生态环境。我们只是强调，在生产力发展水平尚不发达的时候，经济文化不发达的发展中国家仍需把发展生产力，增加物质财富放在首位，仍需高度重视物质价值问题。当然，在此过程中，应借鉴后物质主义发展理念，强调经济的“增长必须是一个理性的、为了每个人的平等利益的有计划的发展。因而，它将是有益于生态的。”①应总结资本主义物质主义发展模式的教训，正

① ［英］戴维·佩珀：《生态社会主义：从深生态学到社会正义》，山东大学出版社 2005 年版，第 336 页。

确处理好经济发展与保护环境的关系。

四、后物质主义折射科学发展观引领现代人类文明发展的先进性

我国在以胡锦涛为总书记的党中央领导下，坚持科学发展观，遵循社会主义发展规律和现代人类文明发展规律，显示出科学发展观引领现代人类文明发展的先进性。几十年来，中国共产党几代领导集体带领中国人民成功地进行了中国特色社会主义的现代化建设。在社会主义建设进程中，我们党坚持一切从实际出发，解放思想、实事求是、与时俱进、求真务实，不断探索社会主义建设规律和现代人类文明的发展规律，既坚定不移地坚持社会主义道路，发挥社会主义制度的优势，又“大胆吸收和借鉴人类社会创造的一切文明成果，”尤其是“资本主义发达国家的一切反映现代社会化生产规律的先进经营方式、管理方法。”①在成功进行中国特色社会主义现代化建设的实践中，以胡锦涛为总书记的党中央提出了科学发展观，全党全国也开始积极践行科学发展观。科学发展观在诸多方面契合了后物质主义发展趋势，显示了引领现代人类文明发展的先进性。

1. 科学发展观同后物质主义发展趋向具有“契合”之处

后物质主义是当代资本主义国家进入后工业社会时所出现的一种价值变迁和生活方式及经济发展方式的转变。后物质主义是对物质主义的检讨和合理替代。它淡化对“物”的过分追求和享受，注重“提升人类精神”和人的全面发展，其核心理念是追求生活质量、人的健康、自我实现、公民自由、生态环境的保护。

后物质主义作为价值理念深刻影响着人们的生活方式和经济发展方式。

① 《邓小平文选》第3卷，人民出版社1993年版，第373页。

在后物质主义影响下，当代资本主义各国的主流社会开始重视环境保护，重视人的健康和生活质量，重视人的全面发展。接受后物质主义价值观的人们不再将过分追求物质占有、物质享受和物质消费作为生活中的主要追求。人们对待物质价值开始趋向理性，逐步摒弃对物质的过分贪欲，越来越多的人接受不求更多，只求足够，不求奢侈，只求合理的物质生活理念，人们对生活的理解已经升华。人们奉行物质享受合理化，摒弃过度享乐的生活模式，追求生活的真实与简约、质朴而惬意。人们在满足生存与发展的基本物质需要后追求"物质需要以外的真正需要"：注重提高生活质量，告别过度工作，奉行"慢活"人生，重视人的全面发展，追求丰富多彩的人生和精神世界的满足，重视自我价值的实现，追求人生意义，追求物质的、精神的、全面的、和谐的生活幸福。

后物质主义深刻影响着社会精英的认知结构，进而影响社会精英对社会经济发展方式的认识和决策。在后物质主义语境下，人们不再将产值、产量、利润等物质价值看成经济活动中唯一重要的变量，而将生态平衡、资源合理利用、人的健康、经济的可持续发展以及良好的环境保护视为与产值、产量、利润等物质价值同等重要的变量，甚至将这些后物质指标视为最为重要的价值指标。后物质主义主张经济发展与生态文明的和谐与互动，倡导循环经济、节能经济、"减物质化"和"非物质化"经济，追求环保、节能、洁净、效益等经济的可持续发展，追求环境保护、经济发展、高质量的人民生活三者和谐统一的目标。后物质主义反对以牺牲和破坏生态环境为代价的传统经济发展模式，反对把人异化为物质财富的"奴隶"，反对为了物质财富的攫取、占有不惜牺牲人的健康和幸福，主张经济发展同生活质量提高的一致性。

后物质主义注重"生活质量而非只是财富积累，可持续发展而非无限制的物质增长，深度游戏(deep play)而非单调的持续劳作，普遍人权及自然界的权利而非只突出财产权，全球合作而非单边主义的霸权实践。"从这个意义上说来，后物质主义是当代资本主义社会出现的"一种新的公民意识，一种新的思想观念”,①是一种标志着社会文明和进步的行为模式。

毫无疑问,科学发展观与后物质主义有本质区别。科学发展观是马克思主义在当代中国的新发展,是马克思主义中国化的最新理论成果,是中国特色社会主义建设的理论指针。而后物质主义则是当代资本主义社会的一种新的价值理念。

虽然二者有本质区别,但其“相通”之点和“契合”之处还是明显存在的。

首先,科学发展观强调经济的可持续发展,强调人与自然的和谐关系,这同当代资本主义的后物质主义发展趋向异曲同工,同样遵循了现代人类文明发展的基本规律。实践证明,现代人类文明的发展和社会进步,并非表现为人类对自然的“征服”以及人类对物质财富的肆意占有和挥霍。实际上,人类文明和社会进步集中体现在人与自然的和谐发展和人的全面发展之上。这是世界各国的“同质”性价值,也是人们对现代人类文明发展的规律性认识。后物质主义发展趋势在当代资本主义社会的出现,就是当代资本主义多年推行物质主义发展模式受到现代人类文明发展规律的惩罚后,所进行的一种校正,是开始遵循现代人类文明发展规律的表现。中国改革开放和社会主义现代化建设三十多年来,我们党在不断总结实践经验的基础上,敏锐地认识到人与自然和谐发展的极端重要性,认识到人的全面发展的重要性,敏锐地认识到,社会主义现代化建设不仅要遵循社会主义发展的特殊规律,也要遵循现代人类文明发展的共同规律,自觉遵循现代人类文明发展的基本规律是中国特色社会主义事业健康发展的保证。正是在这样的背景下,胡锦涛同志提出了科学发展观,强调全面、协调、可持续的发展,重视节约资源,保护环境,强调人与自然的和谐发展。所有这些,准确把握了现代人类文明的发展规律,契合了发达国家的后物质主义发展趋势。

其次,科学发展观坚持以人为本,注重人的全面发展,这同当代资本主义的后物质主义发展趋向一样,引领现代人类文明发展趋势。注重人的健

① [美]丹尼尔·A.科尔曼:《生态政治——建设一个绿色社会》,上海世纪出版集团2006年版,第196页。

康、人的生活质量、人的全面发展是现代人类文明发展的大趋势。从物质主义转向后物质主义，从追求物质价值到追求后物质价值，体现的是人从"对物的依赖性"中的解放与人的自由、全面发展，体现的是人的生活质量的提升与生活内涵的丰富，表现了时代和社会的进步与文明，标志着人类文明发展进入了一个新的阶段。改革开放三十年来，我国社会生产力快速发展，物质文明与经济进步程度迅速提高。虽然目前我国尚未进入后工业社会，但经济总量已经位居世界第二，人均 GDP 已经超过 4000 美元，13 亿人民的生活质量显著提高，人均预期寿命、人的健康指数以及人的幸福感均大幅度提升。同时，以胡锦涛为总书记的党中央带领全国人民在建设中国特色社会主义的进程中，既脚踏实地、求真务实，又高瞻远瞩，远见卓识，既深刻揭示社会主义发展规律，又敏锐认识现代人类文明发展的共同规律，这使我们同样捕捉住了现代人类文明发展的大趋势。正是基于对现代人类文明发展趋势的把握，科学发展观坚持以人为本，注重人的全面发展，注重全面提升人民的健康水平，提升人民的生活质量，努力为人民创造物质的、精神的、全面的、和谐的生活幸福。所有这些，同样引领了现代人类文明的发展趋势。

2. 科学发展观具有引领现代人类文明发展的先进性

第一，科学发展观的核心是以人为本，促进人的全面发展。

科学发展观坚持以人为本，坚持发展为了人民、发展依靠人民、发展成果由人民共享。科学发展观"尊重人民主体地位，发挥人民首创精神，保障人民各项权益，走共同富裕道路，促进人的全面发展。"[①]坚持把改善人民生活，提高民众生活质量，实现社会公平正义，促进社会和谐作为发展中国特色社会主义的重大任务，把"推动社会全面进步，促进人的全面发展"视为"社会主义现代化建设的本质"。[②] 同后物质主义发展理念一样，科学发展

① 胡锦涛：《在中国共产党第十七次全国代表大会上的报告》，《现代快报》2007 年 10 月 25 日。

② 江泽民：《在中国共产党第十六次全国代表大会上的报告》，《十六大报告辅导读本》，人民出版社 2002 年版，第 13 页。

观否定了“以物为本”的物质主义发展模式，在社会发展中将人民生活、人民的主体地位、人的全面发展作为核心价值，坚持把人民的生活幸福作为基本诉求，将满足人的需要、提升人的素质、丰富生活内涵、实现人的全面发展作为终极目标。

为了提高人民的生活质量，我国努力提高人民的生活水平，加大社会福利和社会保障力度。经多年努力，我国已使农民的人均纯收入从1998年的2162元增加到2010年的5919元，12年中翻了1.7倍多，使城镇居民的人均收入从1998年的5425元增加到2010年的19109元，12年中翻了近3倍。同时，社会福利和保障的力度也在快速提高。截至2008年底，全国参加城镇基本养老保险、城镇基本医疗保险、失业保险的人数分别为21891万人、31822万人、12400万人，城镇社会保险覆盖率已经接近80%，截至2008年底，全国参加新农村合作医疗保险人口达8.14亿，已经超过了农村居民人口总数，在中国农村地区，新农村合作医疗保险实现了全覆盖，全民医保的目标已初步实现。从2009年下半年起，新农合报销最高限额达到当地农民人均纯收入的6倍以上。目前，城镇职工的医疗、城镇居民的医疗和农村最低生活保障等三大体系已经覆盖全国11亿多人，几乎覆盖全国居民。

在践行科学发展观的进程中，我国民众的健康水平、生活水平、生活质量明显提高。据统计，我国人均公园绿地面积从1990年的1.8平方米，已经增加到2007年的人均9平方米，城市绿化覆盖率由1981年的10.1%提高到2007年的35.1%。2005年世界平均预期寿命为67.3岁，我国民众平均预期寿命是71.4岁，高出世界平均水平4岁。2006年，我国民众平均预期寿命72岁，比1990年增长了3岁，比世界平均水平高出3.8岁。2007年我国民众平均预期寿命达到72.9岁，已经接近发达国家的水平。根据联合国开发计划署的《人类发展报告》，2005年世界人类发展指数平均是0.743，其中，高收入国家是0.936，中等收入国家是0.776，低收入国家是0.57。中国2005年的人类发展指数是0.777，超过世界平均水平，达到中等收入国家的水平。[①] 中国的人类发展指数已经由1999年世界排名第105位升至2007年的第81位,成为发展中国家人类发展指数提高最快的国家。联合国开发计划署的报告说,人类发展状况自1980年以来总体改善了15%,其中中国大陆、伊朗和尼泊尔改善幅度最大。[②] 考虑到我国拥有13亿人口,人口基数过大的情况,人们会更深切地感受到中国近些年来在提高人民生活质量方面的巨大进步。

在提高人们生活质量的同时,科学发展观高度重视人的全面发展问题。在科学发展观的指导下,我国大力发展国民教育事业,完善现代教育体系,提高全民受教育的程度,形成了终身教育体系。目前,九年制义务教育已经普及,农村中小学教育免收学杂费、书费。普通高校在校生已从1990年的206.33万增加到2007年的1884.9万。[③] 科学发展观强调人民的主体地位,要"从各个层次、各个领域扩大公民有序政治参与",保障人民享有更多更切实的民主权利,在基层"实行自我管理、自我服务、自我教育、自我监督",尊重和保障人权。目前,我国的人民民主建设、人民政治参与程度和人权状况均达到了中国历史上的最高水平。在科学发展观的指导下,我国大力发展文化事业,丰富人民的精神文化生活,在促进人的全面发展方面有了长足的进步。近些年来,我国的体育事业、文化产业、生态旅游产业的发展已经不亚于发达国家,亿万人民在体育、文化、旅游等活动中享受了丰富多彩的生活,陶冶了情操。教育事业的发展突飞猛进,为人的全面发展打下了良好基础。资料显示,我国人均国内旅游从2003年的427元人民币,增长到2007年的483元人民民币。以人为本的理念、人的全面发展理念在上述努力中得以彰显。

第二,科学发展观的基本要求是全面、协调、可持续的发展

科学发展观坚持全面、协调、可持续的发展,坚持走有中国特色的新型工业化道路。在全面、协调、可持续发展理念下,我国坚持以信息化带动工

① 国家统计局编:《2008国际统计年鉴》,中国统计出版社2008年版,第363页。
② 参见中国经济网2009年10月12日。
③ 国家统计局编:《2008中国统计年鉴》,中国统计出版社2008年版,第315、779页。

业化,以科技进步为动力,以提高经济效益为中心,正在走出一条科技含量高、经济效益好、资源消耗低、环境污染少、人力资源能够得到充分利用的新型工业化道路。为此我国正在大力推进信息化与工业化的融合,淘汰落后生产能力,提升高新技术产业,大力发展信息、生物、新材料、航天、海洋工程等产业,大力发展现代服务业。同时,我国还正在实现经济增长方式由粗放型向集约型的转变,也正在实现经济发展方式的转变:即促进经济增长由主要依靠第二产业带动向依靠第一、第二、第三产业协同带动转变;促进经济增长由主要依靠物质资源消耗向主要依靠科技进步、劳动者素质提高、管理创新转变。这些做法节约了资源、保护了环境,正确处理了经济发展与合理利用资源、维护生态平衡的关系。

在全面、协调、可持续发展理念下,我国坚持统筹兼顾的方针。一是统筹经济社会发展,在推动经济持续、健康发展过程中,也注重推进政治发展、文化发展和社会发展。随着经济的进步,我国人民的生活水平、生活质量显著提高,社会福利、社会保障事业迅猛发展,民主法制建设、精神文明建设、社区建设、新农村建设也都有了长足的进步。我国已经从社会的一维经济发展,走向了经济、政治、文化、社会多维繁荣,经济效益、社会效益和生态效益相统一的发展道路。二是统筹城乡发展,在加快城市发展过程中,更加注重社会主义新农村建设,加快农村的发展。经过多年努力,我国正在逐步消除城乡二元结构,形成以城带乡、城乡联动、城乡协调发展的格局。三是统筹人与自然和谐发展,在推进经济发展过程中,注重保护资源和环境,保证经济的可持续发展。坚持把经济建设与人口、环境、资源统筹考虑,不仅要安排好当前的发展,还要为子孙后代着想,为未来的发展创造良好条件,不仅要推动经济发展,还要努力营造优美、洁净、舒适的生产生活环境,实现人与自然的和谐统一。四是统筹区域发展,使东部、中部、西部共同发展,协调发展。近几年以来,我国实施了西部大开发战略和振兴东北老工业基地的战略,在一个高起点上,推动了东、中、西部的协调发展,尤其是在加快西部发展的同时,也推动了西部环境保护工作卓有成效地展开,为我国经济的可持续发展打下良好的基础。在全面、协调、可持续发展理念下,我国坚持生产发展、生活富裕、生态良好的文明发展之路,全面推进经济建设、政治建设、文化建设、社会建设,实现经济社会的全面发展。

中国虽然还是一个处在工业化时期的发展中国家,但我国在科学发展观的指导下,注意总结西方工业社会推行物质主义的经验教训,积极探索现代人类文明发展规律,既脚踏实地,又高瞻远瞩,在坚持把发展作为第一要义的同时,也高度重视全面、协调、可持续发展和统筹兼顾的问题。我国正在朝着物质文明、政治文明、精神文明和生态文明完美统一的社会主义现代化方向奋勇前进。

第三,科学发展观坚持建设资源节约型和环境友好型社会

胡锦涛同志曾经指出:"坚持节约资源和保护环境的基本国策,关系人民群众切身利益和中华民族生存发展。必须把建设资源节约型、环境友好型社会放在工业化、现代化发展战略的突出位置,落实到每个单位、每个家庭。"[①]根据这一精神,我国近些年来一直在致力于建设资源节约型和环境友好型社会。

在科学发展观的指导下,我国在推动经济持续、快速发展的过程中,坚持以节约使用能源资源和提高能源资源利用效率为核心,以节水、节能、节材、节地、资源综合利用为重点,注重形成节约能源资源和保护环境的产业结构、增长模式和消费模式。近些年来,节能环保的风能发电、太阳能发电、沼气发电等节能经济在我国有了飞跃性的发展。到 2007 年年底,我国太阳能发电的光伏系统累计装机容量达到 10 万千瓦(100MW),从事太阳能电池生产的企业达到 50 余家,太阳能电池生产能力达到 290 万千瓦(2900MW),太阳能电池年产量达到 1188MW。2008 年我国风电装机容量已经超过 1200 万千瓦。经过努力,我国可再生能源占一次能源消费总量的比例已由 2005 年的 7.5% 提高到了 2008 年的 9%。各种新能源汽车,如锂离子电池纯电动客车、混合动力轿车、客车、氢燃料电池轿车等相继问世,并

① 胡锦涛:《在中国共产党第十七次全国代表大会上的报告》,《现代快报》2007 年 10 月 25 日。

在2008年奥运会上投入使用。同时,风力发电、沼气发电在我国各地也正在推行。截止到2009年6月,我国已累计关停耗能高、污染大的小火电机组达5407万千瓦,相当于每年减排二氧化碳1.24亿吨。截止到2009年6月,我国单位GDP能耗在2005年基础上已累计降低13%,到2010年已累计降低20%左右。在努力发展节能经济的同时,我国还特别重视经济发展中的环境保护,努力建设环境友好型社会。我国在全国范围内大面积地推行退耕还林、退耕还草、封山育林、植树造林、恢复植被的工作。近几年来,在全球年均减少森林面积1亿亩的情况下,我国森林面积年均增加6000万亩。森林覆盖率由二十世纪九十年代的13%增加到20.36%。人工林保存面积达到8亿多亩,占世界人工林面积的1/3,居世界第一。① 为了保护环境,我国开发了二氧化碳捕集技术,并已达到世界先进水平。目前我国已经在华能北京热电厂安装了二氧化碳捕集系统,这是世界仅有的三套装置之一。它将发电企业排放的二氧化碳捕集下来,回收成液体罐装,一年回收3000多吨供下游产业使用,很好地实现了废弃物的循环利用。

在科学发展观的指导下,我国在经济发展过程中,坚持以环境承载能力为基础,以遵循自然规律为核心,以绿色科技为动力,努力实现经济、社会、环境协调发展,尽量处理好经济发展与人口、资源、环境的关系。为此,我国积极推进循环经济的发展,坚持以提高资源利用率为核心,以资源综合利用和清洁生产为重点,鼓励企业循环式生产,推动产业循环式组合。在这样的背景下,带有循环经济特点的现代工业园区在我国各地大批量涌现。工业园区节约了能源资源,降低了废物排放,正在实现物质文明与生态文明的结合。

为了在节约资源和保护环境的基础上发展经济,我国还加快了信息产业的发展。电脑、电子计算机、互联网、手机等全面普及,无纸化办公、无粉笔授课、无纸化授课、远程教育、视频电话会议、无纸化书信正在全国推行;网上购物、网上会诊、网上炒股、网上交易已经成为人们经济生活的一部分;

① 参见金涌主编:《资源、能源、环境、社会》,化学工业出版社2009年版,第322页。

网络媒体、手机报纸、手机飞信、网络小说、网络期刊、网上交友、网上聊天等已经成为人们文化生活的有机组成部分。信息产业的兴起，推动了我国经济、社会的发展，节约了资源。

基于科学发展的理念，为了实现资源节约型、环境友好型社会的目标，我国已经全面制定了节能减排、保护环境的行动目标，到 2020 年要使我国单位国内生产总值二氧化碳排放比 2005 年下降 40% 至 45%，非化石能源占一次能源消费的比重要达到 15% 左右。同时，通过植树造林和加强森林管理，森林面积要比 2005 年增加 4000 万公顷，森林蓄积量比 2005 年增加 13 亿立方米。国家的"十二五"发展规划则将改善民生、提高人民生活质量做为发展重点。为保证目标的实现，我国开始实施一系列的有效举措。

实践证明，我国虽然还处在工业化时期，但由于以胡锦涛为总书记的党中央及时提出了科学发展观，带领全国人民在建设中国特色社会主义的进程中，既脚踏实地，又远见卓识，既深刻揭示社会主义发展规律，又敏锐认识人类社会发展规律，既注重经济的持续发展，也注重人民生活质量的提高和人的全面发展，统筹经济和社会的全面发展，既注重满足人们日益增长的物质文化需要，又重视节约资源，保护环境。因而，我国的科学发展、协调发展和可持续发展准确把握了现代人类文明发展的共同规律，契合了发达国家的后物质主义发展趋势，同样引领了现代人类文明的发展。

参考文献

1.《马克思恩格斯选集》第1卷。

2.《马克思恩格斯选集》第2卷。

3.《马克思恩格斯选集》第3卷。

4.《马克思恩格斯选集》第4卷。

5.恩格斯:《自然辩证法》人民出版社1971年版。

6.《邓小平文选》第2卷。

7.《邓小平文选》第3卷。

8.胡锦涛:《在中国共产党第十七次全国代表大会上的报告》。

9.[古]菲德尔·卡斯特罗:《全球化与现代资本主义》,社会科学文献出版社2000年版。

10.[韩]赵永植:《重建人类社会》,东方译文出版社1995年版。

11.[英]彼德·桑德斯:《资本主义——一项社会审视》,吉林人民出版社2005年版。

12.[德]托玛斯·迈尔:《社会民主主义的转型》,北京大学出版社2001年版。

13.[德]玛利昂·格莱芬·登霍夫:《资本主义的文明化?》,新华出版社2000年版。

14.[英]锡德尼·维伯等:《资本主义文明的衰亡》,上海世纪出版集团2005年版。

15.[美]大卫·施韦卡特:《超越资本主义》,社会科学出版社2006年版。

16. [英]伊凡·亚历山大:《真正的资本主义》,新华出版社2000年版。
17. [美]乔恩·厄尔斯特等编:《资本主义的替代方式》,重庆出版社2007年版。
18. [英]菲利普·布朗等:《资本主义与社会进步》,中国社会科学出版社。
19. [美]莱斯特·瑟罗:《资本主义的未来》,中国社会科学出版社1996年版。
20. [英]安德鲁·格林:《放纵的资本主义》,东方出版社2009年版。
21. [英]戴维·佩珀:《生态社会主义:从深生态学到社会正义》,山东大学出版社2005年版。
22. [德]斐迪南·穆勒—罗密尔等主编:《欧洲执政绿党.》,山东大学出版社2005年版。
23. [英]克里斯托佛·卢茨主编:《欧洲执政绿党西方环境运动:地方、国家和全球向度》,山东大学出版社2005年版。
24. [英]安德鲁·多布森:《绿色政治思想》,山东大学出版社2005年版。
25. [美]A·托夫勒:《第三次浪潮》,三联书店1983年版。
26. [印]萨拉·萨卡:《生态社会主义还是生态资本主义》,山东大学出版社2008年版。
27. [美]威廉·格雷德:《资本主义全球化的疯狂逻辑》,社会科学文献出版社2003年版。
28. [瑞典]霍刚·吉古斯:《变化中的北欧国家创新体系》,知识产权出版社2006年版。
29. [美]埃里希·弗洛姆:《在幻想锁链的彼岸》,湖南人民出版社1986年版。
30. [加]本·阿格尔:《西方马克思主义概论》,中国人民大学出版社1991年版。
31. [美]弗·卡普拉、查·斯普雷纳克:《绿色政治——全球的希望》,东方出版社1988年版。
32. [英]霍布斯鲍姆:《极端的年代》,江苏人民出版社1999年版。

33. [美]丹尼尔·A. 科尔曼:《生态政治——建设一个绿色社会》,上海世纪出版集团 2006 年版。
34. [美]施里达斯·拉夫尔:《我们的家园——地球》,中国环境科学出版社 1993 年版。
35. [美]詹姆斯·奥康纳:《自然的理由》,南京大学出版社 2003 年版。
36. [美]阿伦·利普哈特:《民主的模式》,北京大学出版社 2006 年版。
37. [美]埃里希·弗洛姆:《健全的社会》,中国文艺出版公司 1988 年版。
38. [法]米歇尔·克罗齐耶:《法令不能改变社会》,上海人民出版社 2008 年版。
39. [美]凡勃伦:《有闲阶级伦——关于制度的经济研究》,商务印书馆 2002 年版。
40. [美]艾伦·杜宁:《多少算够——消费社会与地球的未来》,吉林人民出版社 1997 年版。
41. [美]赫伯特·马尔库塞:《单向度的人——发达工业社会意识形态研究》,上海译文出版社 1989 年版。
42. [德]沃夫冈·拉茨勒:《奢侈带来富足》,中信出版社 2003 年版。
43. [加]让-伯努瓦·纳多等:《六千万法国人不可能错》,东方出版社 2005 年版。
44. [英]安东尼·吉登斯:《第三条道路——社会民主主义的复兴》,北京大学出版社 2000 年版。
45. [美]西摩·马丁·李普塞特:《一致与冲突》,上海人民出版社 1995 年版。
46. [英]唐纳德·萨松:《欧洲社会主义百年史》下册,社会科学文献出版社 2008 年版。
47. [美]阿尔文·托夫勒:《第三次浪潮》,中信出版社 2006 年版。
48. [日]堤清二:《消费社会批判》,经济科学出版社 1998 年版。
49. [德]赫尔穆特·沃尔曼:《德国地方政府》,北京大学出版社 2005 年版。
50. [美]丹尼·罗德里克:《新全球经济与发展中国家:让开放起作用》,世界知识出版社 2004 年版。
51. [美]约翰·S·戈登:《财富的帝国》,中信出版社 2007 年版。
52. [英]戴维·佩珀:《公社与绿色视点:反文化、生活风格和新时代》,伦敦绿色图书出版社 1991 年英文版。
53. [英]P. 班亚德、F. 摩根－格伦威尔:《绿色选择》,伦敦梅修恩出版社 1987 年英文版。
54. [英]齐格蒙特·鲍曼:《被围困的社会》,江苏人民出版社 2006 年版。
55. 曾文婷:《"生态学马克思主义"研究》,重庆出版社 2008 年版。
56. 刘玉良:《炫耀性消费的经济学分析》,辽宁大学出版社 2008 年版。
57. 黄海峰等编著:《德国循环经济研究》,科学出版社 2007 年版。
58. 戴备军主编:《循环经济使用案例》,中国环境出版社 2006 年版。
59. 中关村国际环保产业促进中心:《循环经济》,人民出版社 2006 年版。
60. 吴宗杰等:《从传统经济到循环经济的产业转型研究》,人民出版社 2007 年版。
61. 张婉茹等编著:《日本循环经济法规与实践》,人民出版社 2008 年版。
62. 魏全平等:《日本的循环经济》,上海人民出版社 2006 年版。
63. 何怀宏主编:《生态伦理——精神资源与哲学基础》,河北大学出版社 2002 年版。
64. 金涌等编著:《资源·能源·环境·社会》,化学工业出版社 2009 年版。
65. 王名等:《德国非营利组织》,清华大学出版社 2006 年版。
66. 臧立:《绿色浪潮》,广东人民出版社 1998 年版。
67. 韩立新:《环境价值论》,云南人民出版社 2004 年版。
68. 谢永亮:《生存危机——新地缘资源》,四川人民出版社 2001 年版。
69. 张宗庆:《环境的呻吟》,南京出版社 2000 年版。
70. 卢风:《人类的家园——现代文化矛盾的哲学反思》,湖南大学出版社 1996 年版。
71. 陈百明等:《谁在养活美国》,商务印书馆 1988 年版。
72. 龚臣编著:《资源战争之谜》,光明日报出版社 2009 年版。

73. 郭宝宏:《经济全球化与发展中国家的发展》,经济管理出版社 2003 年版。
74. 黄贵荣等:《失衡的世界——20 世纪人类的贫困现象》,重庆出版社 2000 年版。
75. 吴季松:《看世界——欧洲的循环经济与北非的水》,中国发展出版社 2007 年版。
76. 华业:《浪漫要学法国人》,中国商业出版社 2008 年版。
77. 王虹编:《当代英国社会与文化》,上海外语教育出版社 2003 年版。
78. 阮宗泽:《第三条道路与新英国》,东方出版社 2001 年版。
79. 冯英等著:《外国的志愿者》,中国社会出版社 2008 年版。
80. 冯英等编著:《外国的慈善组织》,中国社会出版社 2008 年版。
81. 田军主编:《志愿服务理论与实践》,立信会计出版社 2007 年版。
82. 李亚平等编:《第三域的兴起》,复旦大学出版社 1998 年版。
83. 刘大椿等:《知识经济:中国必须回应》,中国经济出版社 1998 年版。
84. 陆忠伟主编:《非传统安全》,时事出版社 2003 年版。
85. 王逸舟主编:《全球化时代的国际安全》,上海人民出版社 1999 年版。
86. 陈学明编:《苏联东欧剧变后国外马克思主义趋向》,中国人民大学出版社 2000 年版。
87. 徐崇温:《当代资本主义新变化》,重庆出版社 2004 年版。
88. 俞可平主编:《全球化时代的“社会主义”》,中央编译出版社 1998 年版。
89. 周淑真:《政党和政党制度比较研究》,人民出版社 2001 年版。
90. 裘援平等:《当代社会民主主义与“第三条道路”》,当代世界出版社 2004 年版。
91. 王长江:《政党现代化论》,江苏人民出版社 2004 年版。
92. 吴江:《社会主义资本主义沟通论》,中国社会科学出版社 2003 年版。
93. 鱼小辉:《战后西德两大社会思潮比较研究》,陕西人民出版社 1992 年版。
94. 刘东国:《绿色政治》,上海社会科学院出版社 2002 年版。

95. 朱世达主编:《美国市民社会研究》,中国社会科学出版社2005年版。
96. 余谋昌著:《文化新世纪》,中国林业大学出版社1996年版。
97. 张世鹏:《二十世纪末西欧资本主义研究》,中国广播出版社2003年版。
98. 钱俊生等:《环境、资源、人口与可持续发展》,党建读物出版社2000年版。
99. 钱乘旦等:《在传统与变革之间——英国文化模式溯源》,浙江人民出版社1991年版。
100. 郇庆治:《当代欧洲政党政治》,山东大学出版社2007年版。
101. 龙宏甫:《荆棘狭道星满天》,安徽大学出版社2005年版。
102. 汤易诚:《促进社会和谐的瑞典经验:制度变革与政策选择》,中国社会出版社2008年版。
103. 郑也夫:《后物欲时代的来临》,上海人民出版社2007年版。
104. 卫建林:《历史没句号》,北京师范大学出版社1997年版。
105. 罗纳德·英格尔哈特:《全球化与后现代价值观》,《国外社会科学文摘》2001年第4期。
106. 周穗明:《"后现代"的选择:西方兴起后物质主义价值观》,《马克思主义与现实》1999年第1期。
107. 任军峰:《后工业·后物质·政党》,《欧洲研究》2003年第6期。
108. 吴鲁平:《西方发达国家青年价值结构的转型及其社会经济根源》,《中国青年政治学院学报》2002年第2期。
109. [澳]F. 玛休斯等:《超越现代和传统:发展的第三种模式》,《南京林业大学学报》2006年第2期。
110. 陈佐:《非物质化——人类社会经济发展的必然趋势》,《铁道劳动安全卫生与环保》2007年第3期。
111. 马胜利:《法国左右两大派的分野、变迁及前景》,《欧洲研究》2006年第2期。
112. 崔昌淑:《日本大学的志愿者活动》,《东疆学刊》2001年第2期。
113. 谭融:《美国公共利益集团政治评析》,《外交学院学报》2002年第2

期。

114. 胡连生:《从物质主义到后物质主义》,《当代世界与社会主义》2006 年第 2 期。

115. 胡连生:《当代资本主义非物质化趋向评述》,《江汉论坛》2009 年第 3 期。

116. Ronald Inglehart, The silent revolution: Changing Values and Political Styles among Western Publics. Princeton University Press 1977.

117. Ronald Inglehart, Modernization and Postmodernzation: cultural, economic, and political change in the 43 societes, Princeton University Press. 1997.

118. William McDonough and Michael Braungart, Cradle to Cradle: Remaking the Way We Make Things, North Point Press, New York, 2002.

119. Elmar Altvater, The Future of the Market. An Essay on the Regulation of Money and Nature after the Collapse of "Actually Existing Socialism", trans. Patrick Camiller, Verso, London 1993.

120. Pertti Pesonen, "Change and Stability in Finnish Party System", in Lauri Karvonen & Stein Kuhnle eds. Party System Voter Alignments Revisited, Routledge: London, 1998.

121. David Vogel, Lobbying the Corporations, Basic Boods, 1978.

122. Frank, Capitalism and Underdevelopment of Latin America, New York, 1967.

123. David Pepper. Eco – Socialism: From Deep Ecology to Social Justice, Routledge, 1993.

124. John Bellamy Foster. Ecology Against Capitalism. New York: Monthly Review Press, 2002.

125. Ted Benton, The Greening of Marxism. New York: The Guilford Press, 1996.

126. William Leiss. The Limits to Satisfaction, McGill – Queen's University Press, 1988.

127. Charles McCarry, Citizen Nader, N. Y. Saturday Review Press, 1972.

128. Jan W. Van Deth and Elinor Scarbrough, The Impact of Values, Oxford, 1998.

129. Rokeach, ed. , Understanding Human Values, New York: Free Press, 1979.

130. Andre Gorz. Capitalism, Socialism, Ecology, Verso, 1994.

131. Andre Gorz. Critique of Economic Reason, Verso, 1989.

132. Andre Gorz. Ecology As Politics, South End Press, 1980.

后记

本书为国家社会科学基金项目——《当代资本主义的后物质主义发展趋向研究》(08BKS040)的最终成果。在研究及写作过程中,得到了诸多学者及同仁的帮助。南京师范大学的王永贵教授、中共江苏省委党校的布成良教授及南京财经大学的杨玲教授对本书初稿提出了有益的修改意见,使本书增色不少,南京财经大学的钱之佳博士为本课题研究提供了部分英文资料,南京财经大学科研处的领导和同事为本课题的研究及结项做了很多具体工作。

此外,承蒙人民出版社抬爱,愿意出版此书,责任编辑陈寒节先生认真审阅了书稿,提出了很好的修改意见,保证了本书的质量。

在此,向上述给我提供热心帮助的朋友表示真挚的感谢!

胡连生

2011年1月1日